이민 가면
행복하냐고 묻는
당신에게

이민 가면

행복하냐고 묻는

당신에게

토론토에서

장혜진 지음

REFERENCE by B

차례

들어가는 글   6

1   토론토 너구리   12
2   사랑이었을까   44
3   장애아의 엄마   74
4   파랑새 루시 이야기   100
5   맹가랍국 장씨   140
6   환치기는 이렇게 하는 것이다   170
7   증여세를 내기 싫으면 이민 가면 된다   194
8   도서관에서 만난 한 노인   222
9   남자답게 이 사랑을 지키겠습니다   266
10   불행한 여자는 한국을 떠나라   300

들어가는 글

이민 바람이 유행처럼 불던 2000년대 초, 30대 중반이었던
남편과 나는 어린 딸들의 손을 잡고 캐나다로 이민했습니다.
지금 생각해보면 무슨 배짱이었는지, 잘 다니던 대기업에
사직서를 제출하던 남편을 만류하지 않았습니다. 그만큼
캐나다 이민을 향한 기대가 컸나 봅니다.

　캐나다에 도착한 지 얼마 지나지 않아 남편은 다시 공부를
시작해서 대학원생이 되었고, 한동안 우리는 큰 걱정 없이
살았습니다. 남편이 다니는 대학에서 나오는 장학금만으로도
가족이 생활하는 데 어려움이 없었고, 영주권자 신분이라
다양한 정부 지원도 받을 수 있었기 때문입니다. 그렇지만
아이들이 자라면서 미래에 대한 불안감이 커졌습니다.
남들처럼 경제적인 여유가 있는 것도 아니었고 20대
젊은이들처럼 실패가 두렵지 않은 나이도 아니었습니다.

언제까지 태평하게 '정착할 준비'만 하고 살 수는 없다는 강박감이 밀려올 때쯤, 내 몸에 병이 생겼습니다. 자칫하면 우리 가족의 삶이 수렁으로 빠져 버릴지도 모른다는 위기감에 쫓기듯 한국으로 되돌아갔습니다. 금의환향은 아닐지라도 부모·형제는 두 팔 벌려 맞아 주었습니다. 그러나 한국에서의 새로운 출발도 이민생활만큼 힘들기는 마찬가지였습니다. 남편은 긴 공백 탓에 대학을 갓 졸업한 신입사원처럼 직장생활을 시작했고, 나는 다행히 병을 이겨낸 후 캐나다에서 하던 유학·이민 업무를 계속했습니다.

그러던 중 첫째 아이가 미국 명문대학에 합격했습니다. 부모의 삶도 만만치 않아 제대로 돌봐줄 겨를이 없었건만 무슨 오기로 덤볐을까요. 치열한 경쟁 속에서 악전고투했을 아이가 안쓰럽기까지 했습니다. 다만, 여자아이 혼자 미국으로 보낼 용기가 나지 않더군요. 부모의 경제력에 비례해 학비와 기숙사 비용을 낼 수 있는 학교다 보니, 첫째의 미국 대학 진학을 반대할 평계가 없었습니다. 마침 한국에서 학교생활을 힘겹게 버티던 둘째 아이도 캐나다를 그리워하는 눈치였습니다. 고민 끝에 나는 아이들과 함께 한국을 다시 떠나기로 했습니다. 첫째 아이가 다닐 학교와 비행기로 한 시간 남짓한 거리인 토론토에 자리를 잡았습니다. 남편 홀로 한국에 남았고, 우리는 흔한 기러기 가족이 되었습니다.

한국에서 결혼 후 7년, 캐나다로 이민을 떠나 7년, 다시 한국으로 돌아가 7년을 살다가 또다시 캐나다로 돌아와 지내기를 만 5년. 그새 첫째 아이는 대학을 졸업했고, 둘째 아이도 대학교 2학년이 되었습니다. 나는 이제 한국으로 돌아갈 준비를 하고 있습니다. 지독한 역마살이 문제였을까요? 태어난 곳에서 평생을 보내다가 생을 마감하는 사람도 많다는데, 나는 아직도 어디에 정착할지 정하지 못했습니다.

누군가는 내 삶을 부러워할지도 모르겠습니다. 하지만 실은 고단한 인생입니다. 이쪽에 있을 때는 저쪽이 그립고 저쪽에 살면서는 이쪽에 대한 추억을 되새기는, 외로운 떠돌이입니다. 문득 왜 이민을 떠났을까 후회가 밀려오는 순간도 있습니다. 그러나 가끔은 거부할 수 없는 운명이라는 생각이 들기도 합니다.

요즘은 내가 하는 일마저도 팔자소관처럼 느껴집니다. 한국의 조기유학 열풍 덕에 캐나다에 살던 한인들이 한 집 건너 한 집꼴로 유학 비즈니스를 하던 시절, 지인의 지인들 소개로 아름아름 유학 안내를 하면서 나도 이 일에 발을 들였습니다. 가사를 책임져야 하는 상황에서 어린아이들을 돌보며 출퇴근 걱정 없이 할 수 있는 일이라는 장점도 있었지만, 사람 만나기를 좋아하는 내 적성과도 잘 맞았습니다. 세월이 지나 조기유학 열풍이 사그라질 무렵부터는 이민 수속 대행으로 방향을 바꿔, 17년 동안 같은 일을 하고 있습니다. 한때는 캐나다에서, 또 다른 시점에는 한국에서, 참 많은 사람을 고객으로 만나 다양한 경험을 했습니다.

고객과 마주 앉아 이민 정보를 안내하다 보면 예상보다 많은 대화가 오갑니다. 이야기의 시작은 주로 왜 한국을 떠나고 싶은지 설명하는 하소연입니다. 최근 들어 새롭게

등장한 미세먼지부터 해묵은 고민거리인 자녀교육 문제, 꽤
낭만적으로 들리는 워라밸(저녁 있는 삶), 일자리를 찾아
나선 젊은이들까지, 비슷비슷한 사연을 한마디로 요약하자면
'헬조선 탈출'입니다. 마치 난민처럼 지옥에서 벗어나고
싶다는 열망을 가득 품고 도망치듯 고국을 떠나려는 것입니다.
내가 대한민국을 떠나던 2000년대 초반과 지금 상황이 다르지
않아 쓸쓸합니다. 그들이 이민자로 살면서 겪는 일 역시
그때나 지금이나 별반 다르지 않습니다.

　　어떤 이의 주장에 따르면 캐나다 영주권의 가치는 적어도
2억 원, 많게는 20억 원 정도라고 합니다. 기회비용까지
따져 보면 경제적 가치에 비할 바가 아니라는 게 중론입니다.
국가적인 차원에서 보더라도 해외 거주 국민이 많을수록
국익에 도움이 된다는 사실은 중국을 보면 알 수 있습니다.
중국이 국민들을 이민 보내 결국 세계를 점령하려 한다는
농담이 진지하게 들릴 정도입니다. 개인적으로나 국가적으로
이민으로 얻는 이득은 분명 있습니다. 그런데 요즘은 경제적인
가치보다도 '이민 가면 행복하냐'고 묻는 사람들이 부쩍
많아졌습니다. 이런 질문을 들을 때마다 긍정도 부정도 할 수
없습니다. 너 나 할 것 없이 잘 사는 척, 행복한 척하는 사람들
속에서 크고 작은 아픔을 애써 감추며 살아가는 사람들도
많이 만났기 때문입니다. 행복과 불행의 크기를 가늠할 수는
없겠지만, 캐나다 이민자의 삶이 한국에 살고 있는 사람들과
크게 달라 보이지는 않습니다.

　　이 글을 쓰기로 마음먹은 계기가 있습니다. 첫째
아이가 대학에 합격하고 요란한 축하를 받는 와중에 책을

내라는 농담 쉬인 권유를 여러 번 받았습니다. 인맥을 통해 구체적인 제안을 건네는 출판사도 있었습니다. 그들이 듣고 싶은 이야기는 주로 역경을 이겨낸 성공 스토리였습니다. 쟁쟁한 집안 아이들이 갈 법한 명문대학교에 평범한 아이가 입학했다고 하니 비결이 궁금했겠죠. 하지만 자랑할 만한 성공담도 없고, 자기계발서를 쓸 만큼 모범적인 삶을 산 것도 아니라서 그들이 원하는 이야기를 들려줄 자신이 없었습니다. 오히려 이민자로 살면서 보고 듣고 겪은 이웃들의 이야기가 자꾸 떠올랐습니다. 그래서 이민 가면 행복하냐고 묻는 사람에게 들려주고 싶은 이야기를 하나씩 쓰기 시작했습니다. 그 사연들이 한 권의 책으로 엮일 분량만큼 나왔을 때 마침 브런치 공모전에 응모했고, 책을 내기에 이르렀습니다. 내가 고단한 이민자가 아니었다면, 유학 및 이민 업무를 밥벌이 수단으로 택하지 않았다면 결코 할 수 없는 이야기입니다.

  몇 개월 동안 글을 쓰면서 어찌나 행복했는지 모릅니다. 적지 않은 노동 강도를 이겨내고 글을 써내는 작가의 카타르시스를 조금이나마 경험한 시간이었습니다. 긴 세월 뿌리내릴 곳을 찾지 못하고 떠돌던 지난한 삶에 대한 보상 같은 것이 아닐까 하는 위안도 얻었습니다. 독자들과 이 즐거움을 온전히 나누고 싶지만, 되레 누군가에게는 불편하고 기분 나쁜 이야기나 표현이 있을지도 모르겠습니다. 워낙 고상한 것과는 거리가 먼 사람이라, 애써 고급스러운 표현을 찾거나 순화하지 않았습니다. 글 쓰기 훈련을 받은 적도 없다 보니 어설픈 부분도 있어서 죄송스러운 마음도 듭니다. 이야기를 풀어가는 과정에서 이민제도나 수속을 설명하는 내용이 나오지만, 이야기의 흐름상 필요해서 쓴 것일 뿐 이민 안내서는 아닙니다. 물론 이민을 권장하거나 가지 말라고 주장하는 글도 아니니 오해 없으시길 바랍니다.

고객과 주변 지인들의 이야기 혹은 누군가에게 들은 이야기를 모티브로 쓴 글이지만, 이름과 직업, 나이 등 해당 인물을 떠올릴 만한 내용은 표나지 않게 각색했습니다. 소설이라 생각하고 편안하게 읽어주셨으면 합니다.

2019년 여름, 토론토에서 장혜진.

1

토론토 너구리

토론토는 캐나다에서 가장 크고 번화한 도시지만 다운타운을
조금만 벗어나도 도시 전체가 공원 같다. 반듯하게 정비된
주거 지역에도 수십 년생 아름드리나무들이 그늘을 드리우고
집마다 잘 정돈된 잔디가 자랑처럼 깔려 있다. 마당을 보면
집주인이 얼마나 많은 시간과 돈을 들여 정원 관리를 하는지
알 수 있다.

긴 겨울 내내 자기 자리를 묵묵히 지키던 나무들이 혹한을
이긴 위엄을 잊은 채 보드라운 잎사귀를 내놓기 시작하면
토론토 사람들은 이웃끼리 경쟁이라도 하듯 꽃이나 나무를
사다 심는다. 뽑아도 뽑아도 새로 뿌리내리는 민들레와
잡초가 온 마당을 점령하면 아예 잔디를 걷어 내고 새로
깔기도 한다. 원하는 시기와 장소에 꽃이 피기를 바라며
정원을 관리하는 집주인에게 제 맘대로 씨를 날려 아무 데나

꽃을 피우는 민들레는 가장 큰 적이다. 나처럼 잡초나 들꽃이 애처로워 뽑아 버리지 못하는 데다 게으르기까지 한 사람이 옆집에 살면 동네 가치가 떨어진다며 소송을 불사하는 사람도 있다더라.

산이 없는 토론토는 수십 킬로미터 너머로 펼쳐진 지평선까지 몽실몽실 나뭇잎 새순이 피어오르다 온통 짙은 녹음으로 덮인다. 고층 빌딩에서 내려다보이는 푸른 나무숲 사이로 지붕의 흔적과 사람들의 움직임을 보고 나서야 그곳에 집이나 길이 있다는 사실을 눈치챘다. 겨울이 길었던 토론토에 드디어 여름이 온 것이다. 나는 토론토 주택가를 느린 걸음으로 산책한다. 후다닥 스쳐 지나가는 여름을 붙잡는 가장 좋은 방법이다.

굵직굵직한 가로수가 그늘을 드리운 곳을 걷다 보면 예상치 못한 곳에서 의외의 모습으로 인간의 구역을 얼쩡거리는 동물을 만난다. 차량이 많이 오가는 번화가 사거리에서 캐나다 구스가 가족을 이끌고 보란 듯이 횡단보도를 건너는 모습을 본 적도 있다. 구스 가족이 무사히 횡단보도를 건널 때까지 차량은 한 대도 움직이지 않았다. 길 가던 사람들도 멈춰 서서 싱글싱글 웃거나 입을 떡 벌리고 사진을 찍어댔다. 횡단보도의 쓰임새를 구스 가족도 아는 것일까 싶어 신기했다.

어디선가 불쑥 나타났다 사라지는 도도한 사슴도 1년에 한두 번은 볼 수 있다. 사람이 많이 살지 않는 북쪽 동네의 고속도로에서 길을 지나던 곰과 부딪쳐 응급실로 실려 간 운전자 이야기를 듣다 보면 멀지 않은 곳에 곰도 사는 것 같고,

애완견과 산책하던 사람이 코요테의 공격을 받았다며 뉴스 앵커가 호들갑스럽게 겁을 주니 산책로 숲속에 코요테도 사는 듯하다. 가을에는 토론토를 관통하는 강줄기를 타고 연어 떼가 거슬러 올라오고, 쌀쌀해지는 초겨울 무렵에는 손가락 마디보다 가느다란 뱀도 곧잘 보인다. 날갯짓 한 번 하지 않고 하늘에 떠 있던 매가 쏜살같이 사냥감을 쫓는 모습도 흔한 풍경이다.

잘못 건드리면 몇 날 며칠 동안 고약한 냄새에 시달려야 하는 스컹크가 집 뒷마당에서 어슬렁거릴 때는 은근히 긴장되고, 겉모습은 귀여워도 텃밭 채소를 죄다 못 쓰게 만드는 토끼도 반갑지 않기는 마찬가지다. 시멘트 건물만 즐비한 한국의 대도시 생활을 하다 토론토에 온 지 얼마 안 되었을 때는 파란 잔디에서 분주하게 움직이는 청설모조차 신기했지만, 요즘은 시도 때도 없이 불쑥 앞길을 막아서니 더 이상 반갑지 않다. 한가하게 산책길을 걷다 보면 청설모 대여섯 마리가 일제히 나를 쳐다볼 때도 있다. 내가 구경거리가 된 것이다. 매번 마주치는 청설모지만 자세히 구별하기는 쉽지 않다. 덩치만 조금씩 다를 뿐 검거나 짙은 회색빛의 청설모는 죄다 그놈이 그놈이다.

예상치 못한 곳에서 만나는 커다란 너구리는 마주칠 때마다 당황스럽다. 집 근처 담장을 가림막 삼아 쓰레기통을 뒤지거나 길거리에 떨어진 먹이를 두고 다투는 녀석들을 만날 때면 교활하고 민첩한 모습에 혀를 내두르게 된다. 너구리도 청설모처럼 덩치만 조금씩 다를 뿐 대체로 그놈이 그놈 같다. 이 녀석들은 사람 사는 집 근처에 터를 잡고서 작정하고 먹을

것을 구걸하거나 사람 사는 집에 들어가 먹을 것을 훔치기도
한다. 심지어 어린아이가 들고 있는 음식을 빼앗아 도망갈
만큼 인간 세상에 영리하게 적응하기까지 했다.

나 역시 아이들이 어릴 때 자주 찾던 캠핑장에서
미니 오븐에 굽던 돼지갈비를 통째로 너구리 무리에게
도난당하기도 했고, 밤이 깊도록 텐트 주변을 맴돌며
먹이다툼을 하는 놈들 소리에 시달린 일도 있었다. 그 후
나에게 너구리는 더 이상 귀여운 동물이 아니었다. 너구리
때문에 피해를 본 지인들의 이야기를 듣다 보면 세상에
그보다 더 파렴치한 동물이 있을까 싶을 정도다. 어떤
녀석들은 늦은 아침이나 이른 저녁에도 길거리를 배회하고
때로는 새끼까지 끌고 나와 먹을 것을 찾아 헤맨다. 집
뒷마당에 배설물을 묻혀 놓는다거나 마당 텃밭을 망쳐놓는
일은 다반사다. 집 지붕을 뚫고 들어가 터를 잡기라도 하는
날에는 집이 망가지는 것은 물론이고 쫓아내기도 쉽지 않다.
너구리에게 먹을 것을 주면 나중에 다시 찾아와 귀찮게 할
수도 있고, 그 와중에 물리기라도 하면 광견병에 걸릴 수
있다는 경고를 듣기도 한다. 하지만 불과 100여 년 전만 해도
이 구역은 동물들의 터전이었다. 엄밀하게 보자면 이 구역의
침입자는 도시를 세워버린 인간들이 아닐까. 가끔은 터전을
빼앗긴 동물들에게 미안한 마음이 들기도 한다.

토론토에는 동물만큼이나 다채로운 인종, 민족, 국가의
사람들이 함께 살아가고 있다. 단순히 피부색이 희거나
검거나 노란 정도로만 구별할 수 없는 다양한 같음과
다름이 있다. 백인도 다 같은 백인으로 보이지만 유대인,

동유럽인, 러시아인, 영국인, 이탈리아인뿐만 아니라 인도계나 북아프리카 지역 사람들도 있다. 완벽한 영어를 구사하는 2~3세 이민자는 백인이라 해도 혈통 구별이 쉽지 않다. 그래도 방금 도착한 1세대 이민자들은 자세히 들여다보면 그 차이를 알 수 있다. 햄버거 뱃살이 거대한 미국인도 고유의 백인 혈통을 만들어 가는 추세다. 흑인은 아프리카계, 남미계, 서인도 계통이나 중동이 뿌리인 사람도 있다.

　피부색의 밝기와 신체 특징에 따라서 국적이나 민족, 혈통을 가늠하기도 하지만 나처럼 관심 없는 사람에게는 백인은 백인, 흑인은 흑인일 뿐이다. 중동 지역의 이란, 이집트, 이라크, 시리아, 사우디, 아랍에미레이트… 엇비슷한 억양과 외모 때문에 특별한 관심이 없으면 분간하기 어려운 것은 마찬가지다.

　그리고 아시아인. 다른 인종들은 우리를 구별하기가 쉽지 않다고 말한다. 인종 차별을 하는 못된 인간들에게는 한국인도 중국인, 중국인도 중국인이다. 모조리 다 '칭챙총'이라 놀려댄다. 그러나 우리끼리는 겉모습만 보고도 베트남계, 필리핀계 등 동남아시아인과 한국인을 어렵지 않게 구별할 수 있다. 간혹 일본이나 중국인 중에는 한국인과 구별하기 어려운 사람들이 있기도 하다. 한류 열풍으로 한국 사람과 비슷한 옷차림과 화장을 한 아시아인들이 많아졌지만, 걸음걸이나 표정, 심지어 냄새 같은 미세한 차이는 남아 있다.

　토론토에는 무수히 많은 인종 덕에 각각의 언어가 곳곳에서 들린다. 언어적 차이를 보고 출신 국가를 구별하는 일도 어렵지 않다. 그러나 같은 언어를 사용한다고 해도 체류 신분이나 체류 기간은 알 수 없다. 한국말을 하는 사람 중에도 영주권자, 시민권자, 유학생, 취업비자로 일하고 있지만 비자가 만료되면 떠나야 하는 사람, 오랫동안 불법 체류자 신세인 사람, 심지어 중국 교포거나 북한을 탈출한 후 한국에서 살다가 캐나다까지 흘러들어온 '난민' 신청자도 있다. 시민권을 가지고 있지만 영어를 잘하지 못하는 사람도 있고, 영주권이 없어도 영어를 잘하는 사람도 있으니 영어 구사 능력이 그 사람의 체류 신분을 나타내는 것도 아니다. 짧게는 몇 개월, 길어도 일 년 미만으로 캐나다를 방문한 단기 유학생도 있고 대학 졸업 후 진로 모색을 하러 온 젊은이도 제법 많다. 한국에서 대학을 다니다 어학연수차 오거나 캐나다 영주권에 도전하기 전에 답사차 오는 사람들, 워킹홀리데이 비자로 와서 공부와 일을 병행하는 젊은이들도 적지 않다. 비자가 끝나면 미련 없이 돌아가는 사람도 있지만 캐나다에 남는 길을 택하는 사람도 있다. 이들은 대학에 진학해서 장기 유학생 반열에 오르기도 하고 취업비자에 도전하기도 한다.

영주권 취득이 목표라면 좀 더 지난한 과정이 기다리고 있다. 한국에서 부모가 보내주는 돈으로 호의호식하면서 부족함 없이 사는 '금수저'도, 근근이 아르바이트로 생활비를 벌어가며 수단 방법 가리지 않고 비자 연장을 해야 하는 '흙수저'도, 학력 좋고 대단한 경력을 가진 사람도, 영주권을 얻으려면 비슷한 과정을 거쳐야 한다.

캐나다 시민권은 영주권을 받은 후 3년 이상 거주하면 신청할 수 있다. 한국이 이중국적을 인정하지 않기 때문에 캐나다 시민권자가 되려면 대부분 한국 국적을 포기해야 한다.

따라서 캐나다 시민권자는 더 이상 한국 사람이 아닌 동포로 분류된다. 다양한 사연으로 캐나다 시민권자가 되었지만 나이가 들면서 한국으로 돌아갈 구실을 찾는 이도 더러 있다. 언제나 그리운 고국 쪽으로 머리를 두고 잠이 드는 '수구초심' 인생이다.

체류 신분이 무엇이든 이민자의 삶은 팍팍하고 외로운 데다 혼자 힘으로 해결하기 버거운 일이 꼬리를 문다. 그럴 때 군소리 없이 나서서 도와줄 누군가 혹은 편안하지 않은 삶에 대해 하소연할 누군가를 찾기 마련이다. 나는 간혹 그들에게 '누군가'가 되는 일을 마다할 수 없다. 나도 그들과 같은 고민을 하고 비슷한 외로움을 느끼며 살고 있는 이민자이기 때문이다.

몇 년 전, 도움이 필요했던 영이도 수시로 내 사무실을 들락거렸다. 고작 16살이었던 영이는 너구리처럼 오동통한 볼살에 무심한 눈빛을 가진 아이였다. 처음에는 아르바이트 자리를 소개해달라고 했다. 캐나다는 나이가 어려도 고용해주는 사람만 있다면 어디서든 일할 수 있다. 영이도 편의점이나 아이스크림 가게, 패스트푸드점에서 닥치는 대로 일하고 있었다. 하지만 수입이 충분치 않아 돈을 더 많이 벌 수 있는 일을 찾는 중이었다. 나는 소개할 만한 일자리가 없다며 돌려보냈지만, 영이는 몇 번 더 비슷한 이유로 찾아와서 푸념과 체념이 섞인 제 이야기를 하다 돌아갔다. 어울리지 않는 어색한 화장을 하고 찢어진 청바지에 스니커즈를 신은 모습이 그 또래 아이와 다를 바 없었다.

하지만 부끄러움을 모르는 아이가 아닐까 싶을 만큼

영이는 푼수 없이 수다스러웠다. 어떤 때는 철없는 아이 같기도 하고 또 어떤 때는 산전수전 다 겪고 막장까지 흘러들어온 촌부 같기도 했다. 수치스러울 법한 이야기를 목욕탕 사우나에서 동네 아줌마들 수다 떨듯 아무렇지도 않게 줄줄 쏟아 낼 때는 신기하기도 하고 징그럽기도 했다.

영이는 언제나 평일 이른 오후에 나를 찾아왔다. 어느 날 무심결에 "학교에 있을 시간인데 이렇게 돌아다녀도 되니?" 하고 물었더니, "안 가도 돼서 안 가요. 뭐하러 학교를 그렇게 열심히 다녀요. 대학에 갈 것도 아닌데. 그래도 졸업은 할 수 있어요"라며 시큰둥한 답변이 돌아왔다.

영이는 영주권자다. 몇 년 전 영이네 가족은 한국에서 영주권을 받아 캐나다에 왔다. 그런데 캐나다에 사는 동안 부모의 불화가 끊이지 않더니 급기야 영이의 아빠가 가족을 두고 한국으로 먼저 가버렸다. 얼마 지나지 않아 엄마도 두 살 터울 남동생을 데리고 한국으로 돌아가 영이만 남았다. 영주권이 있으니 학비를 낼 필요가 없었고, 요령껏 세금 보고를 하면 영이가 성인이 될 때까지 부모는 양육 수당을 받을 수 있었다. 큰돈 들이지 않고 유학 보낸 셈 치자며 영이만 남겨두고 떠난 것이었다. 남동생으로부터 부모가 한국에서 이혼했다는 이야기를 들었지만 영이는 신경 쓰지 않았다. 어차피 자신과는 상관없는 일이었다. 부모가 보내주는 돈으로 캐나다 생활을 즐기면 그만이었다.

문제는 영이가 9학년이 될 무렵부터 시작됐다. 들쑥날쑥 보내오던 생활비가 어느 날부터 확연히 줄어들더니 급기야 생활하기에 턱없이 부족한 금액이 간간히 왔다. 아르바이트도

하고 한인 단체나 교회의 도움을 받기도 했다. 거들기 좋아하는 어른들은 캐나다 정부에 요청해 도움을 받아보라고 했다. 그렇지만 캐나다 정부에서 영이의 상황을 알게 되면 어떤 일이 벌어질지 몰라 두려웠다. 한국으로 쫓겨나거나 고아원으로 끌려갈지도 모를 일이었다. 한국으로 돌아갈 생각도 해봤지만 소문만으로도 무시무시한 한국의 학교에서 살아남을 자신이 없었다. 부모와는 연락도 자주 하지 않았다. 엄마가 가끔 전화 너머로 "힘들면 한국으로 들어오라"고 말했지만, 말 속에 담긴 진심이 무엇인지 알 수 없어서 "잘 살고 있으니 걱정하지 말라"며 답했다.

하숙비를 낼 수 없는 형편이 되자 영이는 돈 많은 유학생 언니·오빠들이 자취하는 집에 얹혀살기로 했다. 먹고사는 일 대부분을 스스로 해결해야 했기 때문에 '쩨쩨하게 굴지 않는 사람'을 찾아 형편 닿는 대로 옮겨 다니면서 살았다. 그들은 가끔 영이를 좋은 차에 태워 여행을 데려가거나 맛있는 음식을 사줬다. 비싸서 엄두를 내지 못했던 한국 음식을 사주기도 했다. 엄마가 한국으로 돌아간 후 잠시 머물렀던 한국인 하숙집에서 나온 이래로 영이에게 한식은 항상 그리운 음식이었고, 먹어도 먹어도 질리지 않았다.

어느 날 나는 영이에게 그들을 어디서 어떻게 만났는지 물었다. 영이와는 부류가 다른 유학생인데, 도대체 누가 어째서 어리고 가난한 영이를 무리에 끼워줬을까. 영이는 노스 요크(North York) 중심가에 있는 학교 몇 곳의 이름을 댔다. 영이가 어울리는 언니·오빠들은 그 학교 학생이거나 졸업생이었다.

광역 토론토에는 다운타운을 기점으로 남북을 관통하는 영 스트리트(Yonge Street)가 있다. 지하철 1호선은 영 길 선상의 노스 요크 지역에 있는 핀치 에비뉴(Finch Avenue)까지 이어진다. 다운타운에서 지하철로 30분이면 닿는 마지막 종착역 인근에는 한글 간판이 빼곡하게 들어선 한인 타운이 있다. 노래방, 피시(PC)방, 당구장, 한국식 중식당, 냉면집, 불고기와 갈비를 파는 고깃집, 감자탕집, 부대찌개집, 한국식 닭튀김집, 매운 떡볶이집 등 한국에 가지 않아도 맛볼 수 있는 한국 음식점이 즐비하다.

한국 책을 팔거나 빌려주는 서점도 있고, 크지는 않아도 있을 것은 다 있는 한국 마트가 200~300미터 간격으로 네 곳이나 있다. 유학생을 위한 학원도 있고 한국식 팥빙숫집, 떡집, 빵집도 있다. 최근에는 한국 화장품 가게가 몇 군데 생겼는데 주 고객은 중국인인듯하다. 운전 교습소도 있고 어느 은행에 가든 한인 직원 한두 명씩은 상주하고 있으며 한인 변호사나 법무사, 부동산 업자, 보험회사 직원도 있다. 거기다 한인이 운영하는 치과, 정신과, 산부인과에 한국인 약사가 있는 약국까지, 그야말로 한국하고 별다른 것 없는 한인 타운이다. 노스 요크, 영앤핀치(Yonge&Finch) 지역에 살면 영어 한마디 못해도 사는 데 불편함이 없다. 경제 사정만 허락한다면 짜장면, 탕수육은 물론 돼지고기 김치찜이며 순두부찌개 같은 전통적인 한식도 얼마든지 먹을 수 있다.

2018년 4월. 어느 못난 남자가 인도로 미니 밴을 몰아 질주하면서 한인 세 명을 포함한 십여 명을 치어 사망케 한 사고도 하필이면 이 지역에서 일어났다.* 영이는 친구들과 그 동네를 기웃거리다가 유학생 언니·오빠 무리에 끼게 되었다. 그들은 주로 칼리지를 다니거나 휴학 중이었고, 간혹 토론토대학이나 요크대학 등 4년제 대학교를 다니기도 했다. 그중에는 월세 2000~3000불(약 200~300만 원)짜리 콘도에 살면서 벤츠나 BMW 같은 고급 차를 몰고 다니면서 영이에게 잠자리 제공부터 밥값, 생활비까지 별 부담 없이 베푸는 잘 사는 집 자제도 있었다. 반면, 같이 어울려 다니지만 단독 주택 지하 방에 살면서 주머니 사정을 항상 걱정하는 자칭 흙수저 아이들도 있었다. 사는 모습이나 처한 환경은 제각각 달랐지만, 이들은 같은 고등학교에 다니거나 인근 비슷한 고등학교를 졸업한 한인 유학생이었다.

캐나다의 학교 시스템은 한국과 매우 다르다. 주마다 조금씩 차이가 있지만 보통 1학년부터 8학년까지를 초등학교(Elementary School), 9학년부터 12학년까지를 고등학교(Secondary School)로 구분하는데, 공립 교육청 소속, 가톨릭 교육청 소속, 그리고 개별 운영 시스템을 갖춘 사립 학교로 나뉜다. 온타리오주의 경우 캐나다 영주권자나 시민권자는 공립 고등학교까지 학비가 무료지만, 사립 학교는 연간 몇천 불부터 많게는 기숙사비 포함 6만~7만불(약 6000만 원) 정도 학비를 내야 한다.

---

*　여성 혐오주의자가 저지른 범죄였고, 주 희생자는 노약자와 여성이었다. 경찰이 쏜
　총에 맞아 장렬하게 전사하는 모습으로 찌질이들의 영웅이 되고 싶었던 범인은 루저가
　되어 법정에 세워졌다. 미국 경찰이었다면 길거리 한가운데서 범인을 총살했을지
　모르겠다. 하지만 점잖은 캐나다 경찰은 범인을 생포했다.

그런데 한국인에게 낯선 교육 기관이 하나 있다. 분명히 교육청으로부터 인가를 받은 사립 학교인데 겉모습은 한국의 학원가에 있는 중소 규모 학원처럼 생겼다. 유학원에서 '국제 학교'라고 소개하는 이곳을 토론토 사람들은 크레디트 스쿨(Credit School)이라고 부른다. 크레디트 스쿨은 학원 역할도 하는데, 특이한 점은 크레디트 스쿨에서 수강한 과목의 점수가 교육청 공식 성적표에 그대로 기재된다는 것이다. 일반 공립 학교에 다니는 학생도 크레디트 스쿨에 가서 성적이 낮은 과목만 따로 수강한 후, 새로 받은 점수로 대학 입시를 치를 수 있다. 대학 입시의 99%가 고등학교 내신으로 당락이 결정되는 캐나다에서 일반 공립 학교보다 내신 점수를 받기 쉬운 크레디트 스쿨은 언뜻 이해하기 어려운 시스템이다. 너도나도 다 같이 점수 받기 유리한 크레디트 스쿨로 몰릴 것이 뻔해 큰 혼란을 야기할 수 있기 때문이다. 캐나다에서도 꽤 오래전부터 말이 많았지만, 당장 없애거나 제도에 큰 변화가 있을 것 같지는 않다. 억지로 내신을 올려 명문대학에 입학해봤자, 졸업을 못 하면 말짱 헛일이라는 것을 아는 캐나다 사람들은 크레디트 스쿨을 선호하지 않기 때문이다.

하지만 유학생은 이야기가 다르다. 토론토에만 수십 개 이상의 크고 작은 크레디트 스쿨이 있는데, 대부분 중국, 인도, 중동, 남미계 유학생이 이곳에 다닌다. 최근에는 베트남을 비롯한 다양한 신흥 국가의 유학생들이 크레디트 스쿨을 먹여 살리고 있다. 크레디트 스쿨의 사장이 중국인이면 중국 유학생이, 인도인이면 인도계 유학생이 많고 한국인이 운영하는 크레디트 스쿨에는 당연히 한국 유학생이 많다.

크레디트 스쿨은 단순히 한두 과목 보충하러 오는 학생도 환영하지만 전 과목을 수강한 후 졸업하는 전일제 학생을 더욱 반긴다. 크레디트 스쿨들은 한국의 유명 입시학원처럼 유명대학 입학 실적을 내세워 유학생 유치에 열을 올린다. 어떤 크레디트 스쿨은 토론토대학교 입학 보장 프로그램을 개설해서 유학생을 유치하기도 했다. 토론토대학은 세계 대학 순위 20~30위권에 들며 캐나다에서는 1위를 차지하는 명문이다. 서울대학교나 중국의 유명 대학보다 세계 대학 순위가 한참 높으니 명성에 큰 의미를 두는 유학생 부모에게는 매력이 넘칠 수밖에.

다만 입학했다고 해서 졸업까지 보장되는 것은 아니다. 캐나다의 대학은 입학이 쉬워도 학점 받기가 만만치 않다. 여차하면 졸업도 못 하고 학교에서 쫓겨나는 일도 다반사다. 명성만 좇아 명문대학교에 입학한 유학생 중에는 유급을 거듭하다 학교를 그만두는 경우도 더러 있다. 대학 졸업을 못 했으니 취업비자도 못 받고 취업을 할 수 없으니 영주권 신청도 불가능하다. 물론 크레디트 스쿨 졸업생 모두가 대학 성적이 형편없거나 졸업을 못 하는 것은 아니다. 본인의 실력과 적성에 맞는 학교에 입학해 성실하게 공부하는 학생도 많다. 명성보다 실속을 따지는 아이들은 학비가 비교적 저렴한 칼리지를 졸업한 후 취업해서 영주권 신청을 하기도 한다.

그런데 2015년 이후 캐나다 영주권 취득 조건의 양상이 많이 달라졌다. 이른바 급행 이민(Express Entry)이라는 제도가 생기면서 영어를 못하는 사람들은 영주권 취득이 어려워졌다. 캐나다에서 대학교를 졸업했어도 필요한 만큼 영어 성적을 받지 못하면 영주권을 받을 수 없게 됐다. 급행 이민에 필요한 영어 점수가 턱없이 높다 보니, 늦은 나이에 캐나다에 유학 와서 천신만고 끝에 대학을 졸업하고 겨우 취업까지 성공했다 하더라도 영주권이 보장되지 않는다. 크레디트 스쿨 동기동창들에게 위기가 찾아온 것이다. 영이가 신세를 진 언니·오빠들은 비슷한 난관 앞에 서 있는 크레디트 스쿨 동기동창이었다. 철없이 돈이나 쓰면서 한심하게 지내는 것처럼 보여도 그들 나름대로 고민도 어려움도 많았다.

　가장 큰 문제는 체류비자다. 돈 들여 유학 와서 대학 졸업을 못 하면 부모로부터 핀잔을 듣는 것은 둘째치고, 비자 연장을 못 해서 불법체류자가 되거나 모든 것을 포기하고 한국으로 돌아가야 한다. 오랫동안 한국을 떠나 생활하다 보니 돌아가서 적응하기도 두려웠을 것이다. 남자들에게는 당장 눈앞에 닥친 영장을 피할 방법이 없었다. 영이는 그런 언니·오빠들 틈에서 '귀한 영주권자'였다. 영이는 자기가 가지고 있는 영주권으로 오빠 하나쯤은 구제할 능력이 있다는 사실을 알고 있었다.

　어느 날, 영이는 멀끔하게 생긴 남자를 데리고 와서는 배우자 초청을 하겠다고 했다. 영이와 함께 나를 찾아온 '첫 번째 오빠'는 유학생이었다. 학교를 다니지는 않았지만 유학비자 기간이 남아 있었기 때문에 공식적인 신분은 유학생이었다. 중학교 때 부모에게 떠밀리듯 토론토에 온 그는 처음 1년간 공립 학교에 다녔지만, 그 성적으로 대학을 갈 수 없을 것 같아 크레디트 스쿨로 적을 옮겼다. 부모는 비전 없는 한국으로 돌아올 생각 말고 캐나다에서 대학까지 졸업하고 취직해서 영주권을 받으라고 했다. 제빵 공부를 하는 아는 형을 따라 칼리지에 가겠다고 했지만, 그의 아버지는 "돈 처들여서 유학 보내 났더니 창피하게 고작 칼리지에 가느냐"면서 4년제 대학으로 가서 좋은 회사에 취직하라고 했다. 그는 아버지가 원하는 대로 4년제 대학에 갔다. 다 크레디트 스쿨 덕이었다. 그러나 1년 만에 학교를 그만두었다. 공부에 재능도 없었지만 대학 공부가 생각보다 어려웠다. 1학년 때 벌써 낙제를 했지만, 부모에게는 알리지 않았다. 생각해보면 졸업이 중요한 것은 아니었다. 공부가 인생의 전부도 아니었다. 부모는 아들이 학교를 졸업했는지 알지도 못할 것이고 알려고 하지도 않을 것이다.

다만, 무슨 방법이든 영주권은 받아야 했다. 26살 전에 영주권을 받아야 군대에 가지 않을 수 있는데 4년 정도 남은 상황이었다. 그나마 비자 연장이 안 되면 입대 연기도 할 수 없기 때문에 부모 몰래 칼리지로 진학해서 학생비자를 연장할 생각이었다. 영주권을 일찍 받을 수만 있다면 부모가 보내주는 학비를 모아서 카페를 차리고 싶었다. 일 년에 학비만 4000~5000만 원 정도 들어가니 삼년만 모아도 1억 원이 넘는다. 영주권만 받을 수 있다면 고생해서 공부할 필요가 없다. 남들은 학교를 졸업하고 취업한 후 영주권을 받겠다고 애를 쓰지만, 그는 '한 방'에 영주권을 해결하고 편하게 살고 싶었다. 그리고 그 한 방을 영이가 가지고 있다고 생각했다. 그래서 영이가 영주권자라는 말을 듣자, 자기 집에서 같이 살자고 제안했다. 영주권자와 결혼한 아는 형이 영주권 받는 것을 봤기 때문에 영이랑 결혼하면 영주권을 받을 수 있을 것 같았다.

영이도 평소에 잘해주던 오빠에게 보답하는 셈 치고 그의 제안을 받아들였다. 더구나 다른 언니·오빠들 집에 이리저리 떠돌아다니지 않아도 되기 때문에 영이로선 마다할 이유가 없었다. 영주권 받는 데까지 2년 이상 걸리고(2014년에는 배우자 초청 수속 기간이 2~3년 정도 걸렸다.) 영주권을 받고도 2년 이상 같이 살아야 한다는 이야기도 들었다. 그러면 최소 삼사 년은 영이가 묵을 장소가 보장된다. 영이와 오빠는 서로 필요에 따라 '합의'한 것이었다. 1년 동안 같이 살면 혼인신고를 하지 않아도 사실혼 관계가 인정돼서 배우자 초청을 할 수 있다는 말도 들었다. 그래서 그들은 한집에 살기 시작했다. 영이는 배시시 웃다가 정색하고는 방은 따로 쓴다고 힘주어 말했다.

어리광쟁이 내 둘째 딸보다 겨우 한 살 많은 아이. 어디서 주워들은 이야기는 많네. 혼자 살아남기 위해 애쓰는구나. 하지만 어쩌면 좋니… 헛수고했구나, 영이야.

"배우자 초청은 혼인신고를 하지 않아도 1년 이상 같이 살고 영주권 후원을 할 수 있지. 하지만 양쪽 다 18세가 넘어야 한다. 지금은 안 돼!"

나는 단호하게 말했다. 그들은 부모의 동의가 있으면 가능하지 않겠냐고 묻더니 이어서 한국은 16살이 넘으면 부모 동의를 얻어서 결혼할 수 있으니 한국에서 혼인신고를 먼저 하고 영주권 신청을 하면 어떻겠냐고 말했다. 무신경하게 안 된다는 말만 되풀이하는 나를 옆에 두고 자기들끼리

대책 회의하듯 한참 이런저런 이야기를 하다가 어린 나이를 한탄하며 돌아갔다.

영이 만큼 어리지는 않지만 군대에 가야 하는 남자친구에게 영주권을 후원하겠다며 나를 찾는 아이들도 더러 있었다. 하나같이 헤어지기는 싫다는 이유를 댔다. 나중 일은 나중에 걱정하면 된다면서도 부모에게는 비밀이란다. 캐나다는 동성결혼이 합법적으로 인정되기 때문에 동성 친구끼리 찾아와서 비슷하게 묻기도 했다. 군대에 끌려가야 하는 친구를 도와주고 싶다는 가짜 동성 커플도 있었다. 진짜든 가짜든 사랑이든 우정이든 눈물겹기는 마찬가지다. 캐나다에 조금이라도 더 머물고 싶거나 군대에 가지 않을 방법을 찾는 아이들은 갖가지 묘안을 찾아 헤맨다. 영이는 그 틈에서 부러운 능력자였다. 하지만 영이의 영주권은 18살이 넘어야 힘을 발휘할 수 있는, 그림 속의 떡이었다.

그날 나는 영이에게 매우 불친절했기에 영이가 다시는 찾아오지 않으리라 생각했다. 그런데 몇 개월 후, 영이는 나를 다시 찾아왔다. 고객을 데리고 오면 커미션을 얼마나 줄 수 있는지 묻기에 어린아이가 무슨 수로 고객을 소개할까 싶어 '적당한 선에서 생각해 보자'며 얼버무려 돌려보냈다. 그런데 며칠 후 영이는 '두 번째 오빠'를 데리고 왔다.

토론토대학 1학년이었던 오빠는 공부를 열심히 했지만 사 년을 버티기엔 역부족이라는 생각이 들었다. 캐나다에 있는 대학교는 공부가 어렵다는 소문을 귀가 따갑도록 들어 왔다. 고등학교 때도 쉽지 않기는 마찬가지였다. 하지만 열심히 한 만큼 성적이 나왔다. '까짓것 한번 해보지 뭐' 하는 마음으로 토론토대학에 들어갔다. 그러나 예상보다 더 어렵고 힘들었다. 토론토대학 입학 후 단 하루도 편히 자본 적이 없었다. 날마다 숙제는 산더미 같았고, 수업 시간에 교수님의 말을 이해하기조차 쉽지 않았다. 토론토대학은 1학년 때 절반 이상이 학교에서 쫓겨난다더니, 쫓아낼 학생을 고르느라 교수들이 일부러 학생들을 힘들게 하는 것 같았다.

고등학교 시절 아무리 성적이 좋았어도 토론토대학은 함부로 가면 안 된다는 사실을 그는 입학해서야 깨달았다. 토론토대학 1학년 평균 성적이 겨우 낙제를 면할 정도라더라. 그러니 낙제만 안 해도 다행이라고 생각하며 버텨 봤지만, 그 와중에 괴물 같은 아이들은 90점이 넘는 점수를 받았다. 경쟁 상대가 안 되는 아이들과 한 강의실에 앉아 있는 느낌이 들었다. 조교에게 도움을 청해봤지만 별다른 소득이 없었고 해야 할 일도 줄어들지 않았다. 토론식 수업을 신청해서 별생각 없이 참석했다가 인생의 쓴맛까지 봤다. 어릴 때부터 영어를 좋아했고 그만큼 열심히 했다. 강남의 내로라하는 영어학원에 다니면서 영어만큼은 현지인 못지않게 잘한다고 자부했다. 하지만 토론은 단지 영어를 잘한다고 할 수 있는 게 아님을 토론식 수업을 들으면서 처음 알았다. 한국에서 통하던 단순 암기식 공부가 얼마나 편한 방식인지도 깨달았다. 캐나다 제일의 명문대학이니 어떻게든 버티고 싶었지만, 이러다 유급이라도 당하면 비자 연장에도 문제가 생길 테고 어정쩡하게 한국으로 쫓겨 나갈까 두려움이 엄습했다.

대학에 다니다가 갑자기 캐나다 생활을 접고 미국이나 한국으로 가 버리는 선배를 몇 명 봤는데, 그때는 그들을 보면서 코웃음을 쳤었다. 뭘 몰라도 한참 몰라서 그랬던 거다. 더는 토론토대학에 다닐 자신이 없으니 궁여지책으로 미국에 있는 대학에라도 갈 생각이었다. 미국은 캐나다보다 대학이 다양하고 적당한 학교를 골라서 입학하면 공부도 훨씬 수월하다더라. "대학은 역시 미국으로 가야 한다. 토론토대학은 유학생 학비가 미국 유명 사립 대학만큼 비싼데, 미국 주립 대학은 학비도 훨씬 싸고 취직하기도 좋다더라" 하면서 부모를 설득했다. 그래서 미국 대학에 가기로 했다. 이미 텍사스에 있는 주립 대학 한 곳에 입학 허가도 받은 상태였다. 학비도 토론토대학의 절반 정도였다. 그런데 그때, 영이가 그에게 "미국 비숙련 이민으로 영주권을 받고 가는 게 어떻겠냐"고 권했다. 영주권을 받아야 군대도 안 가고 졸업 후 미국에서 취직하기도 좋을 테니 '믿을만한 장실장 님'에게 의뢰해서 미리 영주권을 신청하고 가는 게 어떠냐면서. 영이의 두 번째 오빠가 나를 찾아온 사연이었다.

　　나를 믿을만한 사람으로 봐준 건 고맙지만 그보다 영이가 어떻게 미국 비숙련 이민을 알게 됐는지 궁금했다. 영이는 거리낌 없이 'ex- boyfriend(전 남자 친구)' 그러니까 '첫 번째 오빠' 예한 씨에게 들었다고 했다. 캐나다는 희망이 없다며 이것저것 알아보다가 미국 비숙련 이민을 신청한 예한 씨는 어느 날 갑자기 영이에게 집에서 나가라고 했다. 그렇게 '쫓겨났다'는 이야기를 심드렁하게 건네면서 영이는 옆에 앉은 새 남자친구를 힐끗 쳐다봤다.

　　영이는 이번에도 자신을 버려두고 미국으로 떠나는 새 남자친구와 무릎을 맞대고 앉아 미국 영주권에 관해 설명하기 시작했다. 미국 영주권 수속 과정은 어떻고, 준비할 서류는 무엇이고, 영주권을 받은 다음에는 어떻게 해야 하는지 시시콜콜 말하면서 내 눈치를 봤다. 설명하는 내용 중에는 틀린 점도 있었지만 중요한 것은 아니라서 영이가 하는 대로 방해하지 않고 지켜봤다. 나는 영이와 눈이 마주칠 때마다 미소를 지으려고 애썼지만 쉽지 않았다. 결국 영이의 새 남자친구는 2만 5000불짜리 미국 비숙련 이민 계약을 했다. 그는 이제 노동부 승인과 영주권 수속 단계를 거친 후 육가공공장에 가서 1년 동안 일해야 한다.

영이는 몇 번 더 군대에 가기 싫다는 오빠들을 데리고 왔다. 그들은 육가공공장에서 어떤 일을 하는지 궁금해하지도 않았다. 오히려 내가 꽤 고단한 일이라고 설명하면 "고작 일 년인데, 고생 좀 하죠. 군대에 끌려가는 것보다는 낫지 않겠어요?"라고 답했다. '믿을만한 장 실장'을 진심으로 믿는 영이의 오빠들은 구구절절 묻지 않았다. 영리한 영이가 미리 작업을 충분히 했기 때문에 귀찮은 질문 따위는 필요하지 않았을 것이다. 손쉽게 건네받은 미국 비숙련 이민 계약금 중 일부는 영이의 몫이 되었다.

"예한 씨가 미국 비숙련 이민을 신청해서 벌써 노동부 승인받고 영주권 신청했대요." 영이는 오빠들을 데려와 계약을 종용하면서 이런 말을 했다. 사람들은 누군가의 성공 스토리를 들으면 자신도 같은 성공을 할 거라 믿고 그 뒤를 따른다. 영이는 누가 가르쳐 주지 않아도 사람들이 듣고 싶은 말이 무엇인지 잘 알고 있었다. 굳이 '타깃 마케팅'이라는 어려운 말은 몰랐어도 영리한 너구리처럼 먹을 것을 잘 찾아냈다. 그 무렵 미국 비숙련 이민은 수속 기간이 대폭 줄어들어 일 년 만에 영주권을 받은 사례가 생겼고, 이민 대행사들이 홍보에 열을 올린 덕에 신청자가 폭주했다. 때를 잘 만난 영이는 다른 아르바이트보다 많은 돈을 벌었다. 나는 영이 덕에 한동안 큰 수고 없이 군대 가기 싫은 '오빠'나 사연 많은 '언니' 고객을 유치했다.

하지만 2016년 5월 이후부터 한국에서 비숙련 이민을 신청한 사람들은 영주권 수속이 유보되었고, 캐나다에서 비숙련 이민을 진행 중이던 고객들도 최종 승인을 받지 못한 채 묶인 홀딩 상태가 지속되었다. 이민자에게 부정적 견해를 가진 트럼프의 계략인 걸까, 아니면 비숙련 이민을 신청한 한국 사람이 너무 많아진 걸까. 그것도 아니면 육가공공장에 가서 1년 이상 일하기로 고용 계약을 해놓고 약속을 지키지 않은 어떤 사람 때문인지, 아니면 이민 대행업체와 고용주 간 검은 거래의 꼬리가 밟힌 것인지. 소문만 무성할 뿐 원인도 해결책도 없이 수많은 이민 대기자가 속을 끓이며 언제가 될지 모르는 최종 승인을 기다렸다. 그 사이 영이의 오빠들은 누군가를 원망할 겨를도 없이 하나둘 캐나다를 떠나 군대에 가거나 겨울에는 영하 40도까지 떨어진다는 멀고 먼 다른 주로 영주권 사냥에 나섰다. 영이도 나도 더는 미국 비숙련 이민으로는 돈벌이를 할 수 없었다.

영이가 '마지막 남자'를 데리고 나를 찾아왔을 때는 19살 생일이 한참 지난 어느 날이었다. 이번에는 아저씨였다.

"저 이 아저씨랑 결혼할 거예요. 이제 배우자 초청할 수 있죠? 저 19살 됐잖아요."

영이는 만날 때마다 나를 당황스럽게 했다. 동행한 남자는 머쓱한 표정으로 앉아 있었지만, 원하는 바를 얻기 위해 작심하고 영이를 따라온 듯했다. 영이는 나와 함께 미국 비숙련 이민 장사를 하면서 수시로 배우자 초청의 자격과 준비 사항에 대해 묻곤 했다. 예를 들면 여자끼리도 가능한지, 몇 년마다 할 수 있는지, 필요한 서류는 무엇인지 등이었다. 동성결혼도 합법이니 여자끼리도 된다, 결혼해서 영주권 후원을 해주면 배우자가 영주권 승인을 받은 후 3년이 지나야 다시 할 수 있다, 그렇다고 3년마다 반복해서 후원할 수는 없다, 결혼과 이혼을 반복하면서 영주권 후원을 했던 사람이 다시 이혼과 결혼을 하고 영주권을 후원하려다 이민국으로부터 결혼의 진정성이 의심된다며 퇴짜를 당한 사례가 있다, 초청받을 상대방은 중대한 범죄기록만 없으면 다른 제약은 없다, 초청할 사람이 파산 신청 중이면 안 되고 세금 보고한 기록이 필요하니 수입이 없더라도 세금 보고는 해야 한다, 다만 학생 신분이라서 직업이 없다면 부모가 보내주는 생활비로 두 사람이 사는 데 문제가 없다는 것을 입증해야 한다 등 나는 여러 갈래로 답해주었다.

이런 이야기를 해주면서 언젠가는 영이의 배우자 초청 영주권 수속을 내 손으로 하게 되리라고 생각했다. 영이가 만나는 오빠나 언니 중 하나를 데리고 와서 영주권을 받게 해달라고 하겠거니 싶었다. 하지만 20살 이상 차이 나는 아저씨가 상대가 될 수 있다는 생각은 차마 하지 못했다. 영이의 상황으로 봐서는 40년 차이 나는 사람을 데리고 온다 해도 어색할 일은 아니었지만, 그런 일은 상상도 하기 싫었나 보다.

"저 세금 보고도 했어요. 그래서 올해 온 거예요. 성인이 되고 1년 기다려서 세금 보고하느라고…."

영이의 아저씨는 '유학 후 이민'을 해보려는 생각 중이었고, 대학에 가기 위해 어학연수 중이었다. 이미 캐나다 영주권을 받은 적도 있었다. 20살이던 20년 전, 부모를 따라 캐나다에 이민 왔는데, 얼마간 살아 보니 영어 배우기도 어렵고 적응할 수 있을까 걱정이 컸다. 결정적으로 캐나다는 재미가 없는 나라였다. 그래서 혼자 한국으로 돌아갔다. 부모의 반대를 무릅쓰고 군대도 갔다 왔다. 덕분에 한국에서 대학까지 나와 돈도 잘 벌면서 혼자 자유롭게 살았다.

부모는 지난 20년 동안 캐나다에 살면서 돈을 꽤 번 상태였고, 이제 은퇴해서 편하게 노년을 보내는 시민권자였다. 그들은 하나밖에 없는 아들에게 자꾸 캐나다에서 같이 살자고 했다. 그래서 망설이다가 드디어 오게 된 것이었다. 젊을 때는 캐나다가 재미없어 한국으로 돌아갔는데, 40살이 되고 나니 재미있던 모든 일이 힘들고 피곤해졌다. 이제 캐나다에 오니 젊을 때 재미없어 보이던 모든 것이 오히려 좋아 보일 정도였다. 그래서 캐나다 영주권을 받고 싶어졌고, 20년간 아들이 캐나다에 오기를 학수고대했던 부모에게 효도하는 셈 치고 앞으로 캐나다에서 살 생각이었다.

부모는 아들이 영주권을 받을 수 있는 방법을 백방으로 알아봤다. 그 과정에서 장 실장으로 알려진 나에게도 찾아와 상담을 했다. 자격이 합당한 고용주를 찾거나 대학원에 가는 방법을 추천했는데, 고용주를 찾기란 쉽지 않고 나이

40줄에 토플 시험을 봐서 대학원에 가는 일은 더 피곤하고 어려웠단다. '다행히' 미혼이라서 결혼 상대를 물색했고, 그의 부모가 결혼정보업체를 통해 영이를 찾아냈다. 이렇게 복잡한 사정을 지닌 남자는 말하는 내내 리듬이라도 타는 듯 흥얼거렸지만 숫기 없고 차분한 사람이었다. 그런 사람이 한국에서 무슨 재미를 좇았을까.

아들의 영주권에 대해 문의한 노부부는 누구였을까. 나를 찾아와 한국에 있는 자녀가 영주권을 받아서 캐나다에 올 수 있는 방법을 문의한 노부부… 기억나는 분이 몇 있었다. 비슷비슷한 사연 중에 누가 남자의 부모인지 알 것도 같았다. 차분한 노신사 한 분이 몇 차례 방문해서 노트를 꺼내놓고 꼼꼼히 메모하면서 내 말을 경청했었다. 영이가 결혼하겠다는 아저씨의 아버지일 것이 틀림없었다. 하나뿐인 아들을 두고 캐나다에 이민 와서 두 부부만 20여 년간 살았던 이유를 넌지시 물었더니, 김대중 정권이 들어설 무렵 곧 나라가 뒤집힐 것 같아 이민을 왔다고 했다. 말 안 듣는 아들이 한국으로 돌아가는 바람에 황망하기 이를 데 없었지만 그렇다고 아들을 따라 한국으로 돌아갈 생각도 없었다. 곧 전쟁이 날 거라는 생각으로 아들이 도망 와서 살 수 있는 터전을 마련하다 보니 어느덧 20년이나 흘렀다는 의외의 대답을 했던 분이다. 그는 몇 개월 전쯤 불쑥 방문해서 아들을 데려올 가장 빠른 방법을 알려달라고 재촉하면서 땅굴 이야기를 들려주었다. 일산, 파주 일대와 청와대 아래까지 남침용 땅굴이 무려 80여 개가 넘는데, 요즘 부쩍 땅굴 파는 소리가 많이 들린다 했다. 전쟁이 임박한 것 같으니 아들을 서둘러 데리고 와야 하는데 쉽지 않다고. 무슨 방법이든 찾아달라고 했다.

　"어머? 그래요? 큰일이네요!" 하는 내 반응에 신이 나셨던지 메신저 그룹 대화방에 올라온 사진과 동영상 하나를 내 눈앞에 내밀었다. 그리고는 "장 실장도 한국에 가족이 있으면 지체하지 말고 데리고 와"라고 했다. 농담 삼아 "모두 캐나다에 오면 나라는 누가 지키나요?"라고 했더니 정색을 하고는 "이미 다 빨갱이 천지라서 지킬 필요도 없다"며 눈을 치켜떴다. 남자의 부모는 벌써 20여 년 전부터, 아니 어쩌면 훨씬 오래전부터 한반도에 전쟁이 날지도 모른다는 걱정으로 밤잠을 설치다가 피난을 선택한 것 같았다. 전쟁이 휩쓸고 난 후, 전쟁 공포도 분단도 없는 고향으로 돌아갈 꿈을 꿨을지도 모르겠다. 그동안 캐나다에 잘 숨어 있으려 했겠지. 그런데 생각보다 전쟁은 빨리 일어나지 않았고, 아들이 한국에 있으니 여전히 조마조마하게 마음 졸이며 살았나 보다. 늙고 지친 몸으로 언제쯤 고국으로 돌아갈 수 있을까 기다리면서. 기다림이 너무 길진 않았을까.

　사람마다 한국을 떠나는 이유는 다양하다. 그중 전쟁 공포는 의외로 많은 사람의 삶에 조용히 영향을 미친다. 어떤 이는 "북한이 한 번씩 불바다 어쩌고 하면서 협박할 때마다 외신들이 한국 사람들은 겁을 안 낸다며 신기해하는데, 한국 사람들이 정말 무섭지 않아서 조용히 있겠는가. 딱히 도망갈 곳도 없고, 달리 방법이 없으니 될 대로 되라는 심정으로 모른 척 사는 것"이라며, 전쟁 공포를 이민의 첫 번째 사유로 꼽았다.

정말 무서울 때는 내색도 못 하는 법이다. 사람들 사이에서 퍼져나간 공포의 실체가 있는지는 알 수 없고 중요하지도 않다. 그 공포를 뜯어먹고 사는 누군가가 없는 땅굴도 만들어 내는 것이다. 누군가는 공포를 생산하고 누군가는 공포를 팔아먹고 또 누군가는 그 공포를 비싼 값을 주고 사들이기도 한다. 한국 사람들이 교육제도에 환멸을 느끼고, 을과 병은 내 탓 네 탓 편 가르기를 하다가 지치고 피곤해져서 하루라도 빨리 '헬조선'을 탈출하고 싶어 하고, 자욱한 미세먼지와 스모그를 보며 종말을 예감하고, 전쟁 공포 때문에 짐을 싸는 사람이 많아질수록 나는 밥 먹고 살기 좋아진다. 그래서 그들의 공포에 슬그머니 매운 고춧가루 같은 양념을 치기도 한다. 그러니 당장 쉴 집과 먹을 것이 없는 현실의 공포 때문에 20살 연상의 남자와 결혼하겠다는 영이를 말릴 처지는 아니었다.

　　다만 "부모님은 아시니? 이민국 서류 접수할 때 양쪽 가족의 이야기를 곁들여야 이민관이 이상하게 생각하지 않을 텐데?" 하고 물었다. 영이는 "며칠 전에 전화로 엄마한테만 다 말했어요. 그랬더니 엄마가 '미친년'이라고 했어요. 그게 끝이에요. 웃기죠. 뭐가 미쳤다는 건지 모르겠어요. 실장님도 제가 미친것 같나요?"라며 남 이야기하듯 배시시 웃었다. 그러면서 무덤덤하게 듣고만 있는, 아저씨인지 남편인지를 힐끗 쳐다봤다. 장담컨대 영이는 미치지 않았다. 다만 안식처가 필요할 뿐이지.

　　서류 안내를 해줬다. 결혼식은 어디에 가서 어떻게 하라고 세세하게 알려줬다. 영이는 내가 설명하기 전에

이미 배우자 초청 수속의 전말을 다 알고 있었다. 나에게
여러 차례 질문했던 내용이기 때문이다. 하지만 별말
없이 내 설명을 들었다. 남자는 궁금한 내용 몇 가지를
되묻더니 아버지처럼 꼼꼼하게 기록하고 "더 궁금한
것이 있으면 연락드리겠습니다" 하고는 영이를 앞세워
돌아갔다. 영이는 그 남자와 시청 결혼식을 올렸다. 축복받아
마땅한 결혼이었다면 하나뿐인 아들의 결혼식을 그렇게
소리소문없이 조용히 치르지는 않았을 거라는 생각에 뒷맛이
씁쓸했다. 두 사람 모두 특별한 결격사유가 없었으니 영주권
수속은 큰 무리 없이 진행됐다. 그들은 한집에 살았지만 그
결혼이 진짜인지 가짜인지 묻고 싶지도 않았고 물어서도 안
됐다. 오래 지나지 않아 영이의 '남편'은 영주권을 받았다.

어느 날 영이가 나를 찾아왔다. 통통하던 젖살이 빠져
성숙한 여자가 된 영이는 여전히 푼수 없이 배시시 웃으면서
말했다.

"노스 요크에 작은 강아지 미용실을 열었어요. 놀러
오세요. 아저씨 부모님이 차려줬는데, 내 거예요. 이혼해도 내
거예요."

영이가 왜 군이 '이혼해도'라고 말했는지는 알 수 없지만,
이혼하기 위해서 결혼한 것이라고 해도 놀라울 게 없었다.
다른 사람에게 영주권 후원을 하기 위해 이혼하려는 것은
아닐 테지. 적어도 3년은 다른 사람에게 영주권 후원을 할 수
없다는 사실을 상기해주려다 '설마, 그럴 생각은 아니겠지'
하며 꾹 참았다. 강아지를 좋아하는 영이는 그동안 애견 미용
학원에 다니면서 일도 했다. 그리고 애견 미용실을 인수했다.

영이는 원래 매출이 좋은 곳을 넘겨받았더니 고생하지 않고 쉽게 자리 잡았다고 했지만, 나는 수완 좋은 영이가 운영을 잘한 덕일 거라 생각했다.

영이는 돈 벌어서 여유가 생기면 다른 아이들처럼 대한항공을 타고 한국에 다녀오고 싶다고 했다. 기내식 사진을 찍어 SNS에도 올리고 싶고, 강남역 지하상가에 가서 옷도 화장품도 사고 싶고, 어릴 때 가족들과 갔던 남산타워에서 서울 시내를 내려다보고 싶고, 롯데월드도 가고 싶다고. 멕시코 칸쿤이라는 곳도 꼭 한 번 갈 생각이란다. 유학생 언니·오빠들은 여름방학에는 한국에 들르고 짧은 겨울방학에는 멕시코 칸쿤이나 플로리다 같은 따뜻한 곳으로 여행을 다녀왔다. 영이는 그들이 SNS에 올리는 사진들을 들여다보며 부러워하곤 했다. 이젠 열심히 일하면 언니 오빠들이 갔다 와서 자랑하던 곳들을 어디든 갈 수 있을 거라며 즐거워했다. 그리고 알고 보니 아저씨가 한국 언더그라운드 록그룹에서 베이스 기타를 치던 사람이었다고 말하면서 숨넘어가게 웃었다.

"직장 다녔다는 건 다 거짓말이었어요. 베이스 기타 치는 모습을 봤는데 정말 멋있더라고요. 요즘 어디 클럽 같은데 나가서 기타 친대요. 돈도 꽤 버는 것 같아요. 작곡도 한대요. 저는 그런 거 하는 사람 처음 봤거든요."

"어머, 베이스 기타를 쳐? 의외다. 전혀 안 그렇게 생겼던데… 록그룹은 머리도 길고 옷도 막 히피처럼 입고 그렇지 않니?" 나도 호들갑스럽게 대꾸했다.

"그렇죠, 그렇죠. 저도 록음악 하는 사람들은 다 그런 줄 알았어요. 그런데 우리 아저씨는 클럽 갈 때도 보통 사람처럼 청바지에 운동화 신고 가요. 머리도 맨날 군대 가는 사람처럼 짧아요" 하면서 또 숨넘어가게 깔깔깔 웃었다.

영이는 남편을 아저씨라는 호칭으로 부르면서도, 말이 없어서 속을 알 수 없는 사람이라 답답할 때도 있지만 영이에게 점잖게 대해주는 순한 사람이라며, 여느 신혼부부처럼 흉도 보고 자랑도 했다. 슬그머니 안도감이 들었다. 오랜만에 만난 동네 친구처럼 둘이서 미뤄뒀던 수다를 신나게 떨어댔다. 언니·오빠들이 영주권 때문에 고생하고 있다는 둥, 새로 생긴 밥집에 어떤 메뉴가 맛있다는 둥, 어느 교회에 무슨 일이 있었다는 둥, 강아지 미용실에 오는 사람들이 영어도 못하면서 하나같이 왕 싸가지라는 둥 이런저런 이야기를 끝도 없이 주고받았다. 그러다가 영이가 슬그머니 운을 띄웠다.

"실장님, 당분간은 여기 안 올 것 같아요. 그동안 감사했어요."

감사는 무슨. 내가 네 덕을 많이 봤지. 토론토 너구리 영이. 강아지들이랑 남편이랑 매일매일 깔깔깔 웃으면서 살아라. 푼수 없이 밝은 뒷모습이 아프다.

이민자의 삶이 예상보다 버거워 부랴부랴 퇴각하다 보니 뜻하지 않게 흘리고 간 당신의 아이는 혼자 꿋꿋이 잘살고 있는 것 같습니다. 너무 걱정하지 마세요.

2

사랑이었을까

캐나다 영주권자나 시민권자와 결혼하는 외국인은
간단한 절차를 거쳐 영주권자가 된다. 흔히 '배우자 초청
영주권'이라고 하는데, 가족에게 영주권을 후원해줄 수 있는
몇 안 되는 캐나다 이민제도 중 하나다. 2015년, 캐나다에
자유당 정권이 들어오면서 배우자 초청 수속 기간이 대폭
축소되었다. 보통 2년에서 3년 이상 걸리던 수속 기간이 1년
정도로 단축된 것이다.

　다른 이민 제도가 까다로워진 상황에서 배우자 초청
영주권은 영어 실력, 학력, 나이, 경력 등에 구애받지 않고
영주권을 받을 수 있는 가장 쉬운 제도다. 영주권을 받고 싶어
하는 사람과 돈이 필요한 사람 사이의 거래로 이루어지는
결혼도 적지 않은데, 그로 인한 일은 무척이나 다양하다.

　영주권을 목표로 노골적으로 거래되는 결혼이라고 해서

쉽게 성사되는 것은 아니다. 하물며 인생에서 가장 중요하고
어려운 과제인 평생을 함께할 진정한 배우자를 찾는 일은
어떻겠는가. 그렇지만 원하는 시간과 장소, 상대에 맞게
사랑이 찾아오는 것이 아니다 보니, 결혼 문제로 가족 간
갈등과 고민이 많은 것 또한 사실이다.

　　연규 아버지 김동현 씨. 그가 아들의 결혼 문제로 나에게
전화를 한 것이 벌써 몇 년 전 일이다. 김동현 씨 가족과 우리
가족은 2000년대 초반 이민 동기로 만났다. 이민 동기란,
인터넷 카페를 통해서 모임을 만들어 반갑게 얼굴을 마주하고,
캐나다에 입국한 순서대로 돕기도 하며, 이민자로 살면서
필요한 정보를 공유하는 사이를 말한다. 때론 일가친척보다
더 친밀한 관계를 유지하면서 서로 위로와 격려를 건네기도
한다. 집을 구하고 차를 사는 일상적인 일도 처음 이민 온
사람에게는 꽤 어렵게 느껴지기 일쑤다. 언어 장벽도 높은
데다 낯선 장소에 대한 정보도 없다 보니 여러 가지 낭패를
당하기 십상이다. 주거지 구하기만 해도 그렇다. 캐나다에서
'아파트'는 이민자나 저소득층, 젊은이 등 삶이 불안정한
사람들이 사는 곳이다. 그런 만큼 주변 환경이 좋지 않거나
건물 관리가 부실한 곳이 많다. 게다가 비슷한 인종이나 같은
국가 출신끼리 모여 사는 경향이 있어서 자칫 주거 지역을
잘못 정하면 익숙지 않은 음식 냄새에 시달리기도 하고, 특정
인종이 대다수인 학교에 아이를 보내야 하는 경우도 생긴다.

　　이처럼 이민생활의 만족도는 거주지를 어디에 정하느냐에
따라 달라진다. 자동차도 마찬가지다. 요즘은 한국에도 다양한
외제차가 보이지만, 내가 이민 오던 시절에는 생소하게

보이는 다양한 자동차 중 어떤 차가 좋은지, 사기당하지 않고 중고차를 사려면 어떻게 해야 하는지 알 수 없었다. 시장 가격보다 비싸거나 문제가 많은 차를 산 후 두고두고 후회하는 일도 다반사다. 하다못해 길 찾는 일도 생활필수품 구입도 어떻게 해야 하는지 몰라서 헤매고 다니는 어리바리한 상태가 한동안 지속된다.

이럴 때 누군가 도와줄 사람이 있다면, 초기 정착을 훨씬 편하게 할 수 있다. 많은 사람이 돈을 내고 '정착 서비스'를 받는 와중에, 믿을만한 이민 동기가 나서 준다면 천군만마를 얻은 듯 든든해지리라. 김동현 씨 가족과 우리 가족도 이민 준비자 모임에서 여러 차례 만나 친해졌다. 나이 차이가 크게 나는 아이들도 오빠 동생 하면서 잘 지냈다. 김동현 씨 가족은 우리보다 몇 개월 먼저 캐나다에 도착했고, 뒤따라 입국한 우리는 김동현 씨의 도움으로 별 어려움 없이 집도 구하고 차도 샀다. 피붙이 하나 없는 캐나다에서 이민 동기들은 자주 왕래하며 친해졌다. 공원에 가서 고기도 구워 먹고 골프나 축구 같은 어설픈 취미 활동도 같이했다.

하지만 이민은 현실이다 보니 여행자처럼 마냥 놀고먹기만 할 수는 없었다. 위안 삼아 만난 관계라 항상 좋을 수도 없었다. 이민 동기 가정들이 하나둘 생업을 찾아 멀리 이사하기도 했고, 마음이 상해 관계가 소원해진 사람들도 더러 생겼다. 김동현 씨 가족도 토론토를 떠나 인근 시골로 이사했기 때문에 자주 만날 수 없게 되었다. 그래도 가끔 전화기 너머로 아이들 크는 이야기나 먹고사는 이야기를 주고받으면서 고단한 이민자의 삶을 서로 위로하다 보니 벌써

20년 지기가 되었다.

김동현 씨는 IMF 외환위기 때 다니던 직장에서 갑자기 정리해고를 당했다. 먹고 살길이 막막해져 유행처럼 번진 이민 대열에 합류했다. 이민을 가지 않겠다고 버티던 아내를 설득하느라 애를 먹었지만 아이들은 여행이라도 가는 줄 알고 따라나서더란다. 그러나 호기롭게 앞장섰던 김동현 씨나 마지못해 따라나선 아내나 철없이 좋아하던 아이들 모두 캐나다에 적응하는 일은 만만치 않았다.

김동현 씨는 닥치는 대로 일했다. 뭘 해야 평생 먹고살 수 있을지 판단하기가 쉽지 않았다. 식당 주방 일은 적성에 맞지 않아 금방 포기했다. 세탁소에서 일할 때는 독한 화학 제품들 때문에 건강을 해치는 게 아닌가 걱정이 되었다. 주유원으로 일해본 적도 있었는데, 온종일 밖에서 지내야 했고 겨울이면 추위에 얼어 죽을 것 같다고 생각했다. 그나마 일하던 주유소가 셀프 주유소로 바뀌면서 젊은 직원 몇 명만 남기고 모두 해고되었다. 자동차 정비나 배관, 용접 같은 기술을 배우는 사람들도 있었지만 늦은 나이에 새롭게 시작하기엔 너무 오랫동안 공부에 발목 잡혀 있어야 했다. 그럴 여유도 능력도 없었다. 목수나 막노동은 나이가 더 들면 힘들 것 같아 처음부터 시작도 안 했다.

그나마 가장 호락호락한 일이 편의점 점원이었다. 영어를 잘하지 못해도 고객을 상대하는 데 큰 어려움이 없었고 이미 중년으로 접어든 몸에 무리가 가지 않을 만큼 노동 강도도 적당했다. 새벽부터 자정까지 영업해야 했기에 부부 둘이서 번갈아 가며 꼼짝없이 가게에 매여 있어야 한다는 단점이 있었지만 다른 어떤 일보다 수월했다. 2000년대 초반경, 다수의 한인이 선택한 직종이라서 정보가 많았고 사업을 인수하기도 적당했다. 한국에서 최고 대학을 나와 그럴싸한 경력을 가지고 있던 사람들도 너 나 할 것 없이 편의점을 인수했다. 몇 년 동안 경험을 쌓은 후 목 좋은 자리를 물색해 새 가게를 열기도 했고, 쓸만한 편의점 여러 개를 인수해서 편의점 재벌이 되기도 했다. 수익이 좋은 편의점은 권리금이 치솟았다. 한인이 모이는 곳 어딜 가든 대세는 편의점 사장이었다. 캐나다에서 길을 잃어 헤맬 때 눈에 띄는 편의점에 들어가 사정을 말하면 라면에 김치까지 얻어먹을 수 있다는 우스갯소리를 할 정도로 캐나다의 편의점은 한인들이 장악했다고 해도 과언이 아닌 시절이었다. 경쟁은 적고 마진은 높은 시골로 찾아 들어가는 이들도 적지 않았다.

김동현 씨도 토론토 인근 작은 시골 마을에서 집까지 달린 편의점을 인수했다. 20년 동안 편의점을 운영했던 전 주인은 미국 플로리다로 이사를 가서 노후를 즐길 거라고 요란스럽게 자랑하며, 맨 처음 그 자리에서 장사를 시작한 첫 번째 사장도 20년 동안 일하고 은퇴했다고 덧붙였다. 한 자리에서 40년간 터를 닦아 온 편의점의 세 번째 사장은 김동현 씨가 되었다. 김동현 씨는 나이가 들어 더 이상 일을 못 할 때까지 망하지 않을 것 같은 편의점의 '전통'에 믿음이 갔다. 전 재산을 투자해 편의점을 인수했다. 그리고 밤낮없이 열심히 일했다. 가족의 사활이 걸렸기 때문이었다. 다행히 인근에 경쟁할 만한 편의점이 없어서 벌이가 좋았다.

다만 한 가지 문제가 있었다. 변화가 별로 없는 조용한 시골 마을에서 영어를 못하는 김동현 씨 부부는 단골인 동네 이웃과 친하게 지내기 어려웠기에 왕따 아닌 왕따로 살아야 했다. 가게 단골은 주로 지역에 오래전부터 거주하던 토박이들이었는데, 물건을 사러 와서 한참씩 동네 사람 모두 아는 소식으로 수다를 떨곤 했다. 그러나 김동현 씨 부부는 그들과 적극적으로 대화할 수 없었다. 처음 한두 마디 정도 대꾸해주다가 어느 순간부터 상대의 말을 이해하지 못했다. 그럴 때는 서로 어색한 미소만 짓기 일쑤였다. 영어는 이민자로 살면서 넘기 힘든 큰 산이었다.

이민 초기, 먹고사는 일을 해결해야 했던 김동현 씨는 영어 공부할 틈도 없이 일을 찾아 나섰고 김동현 씨 부인은 바쁜 남편 대신 영어 공부를 책임지기로 했다. 죽기 살기로 하면 어지간한 의사소통은 하겠거니 했다. 다른 것은 몰라도 수다 하나는 자신 있던 터라, 영어로 수다를 떨 수 있을 만큼 공부해보기로 다짐하고 이민자 영어 학교에 열심히 다녔다. 그러나 머리와 입은 따로 놀았고 영어 실력은 늘지 않았다. 오죽하면 가족 중 가장 영어를 잘하는 철부지 딸에게 의지하면서 살 정도였다. 공과금을 내는 데 문제가 생겼을 때, 몸이 아파 병원에 가서 증상을 설명해야 할 때, 심지어 학교에 가서 선생님과 면담을 할 때도 딸에게 통역을 맡겼다. 야무지고 공부도 잘하던 딸은 어린 나이에도 캐나다 생활에 잘 적응했다.

반면 아들 연규는 어릴 때부터 착하기만 하고 강단이 없어 항상 걱정스러운 아이였다. 공부는 뒷전이고 친구들과 어울려 다니며 농구도 하고 축구도 했지만, 캐나다 아이들은 다 그렇게 자라니 그런가 보다 했다. 탈 없이 건강하게 자라면 된다고 생각하며 별걱정은 하지 않았다. 문제는 어느 날부터 연규 또래 아이들이 가게에 들락거리다가 초콜릿이나 사탕 등 작은 물건들을 슬쩍슬쩍 집어가면서 시작됐다. 처음에는 화도 나고 당황스러웠다. 하지만 어떻게 해야 할지 고민하다가 모르는 척 눈 감아 버리기로 했다. 동네 사람들과 시끄럽고 번거로운 시빗거리를 만들어봐야 영어를 못하는 김동현 씨 입장에서 유리할 것이 없다고 생각했다.

그런데 오히려 그것이 더 큰 문제를 만들었다. 김동현 씨를 만만하게 본 녀석들이 연규에게 가게에서 과자나 음료수를 가지고 오라고 시켰던 것이다. 작은 시골 마을에서 항상 친구에 목말랐던 연규는 아이들의 요구를 거절하지 못했다. 그렇게 아이들과 친해진 연규는 동네가 들썩거릴 만큼 큰 사고를 몇 번씩 치고 다녔다. 편의점을 내놓고 다른 동네로 이사할까도 생각했다. 하지만 하필 그 시기는 이민자 유입이 뜸할 때였고, 집까지 달린 시골 편의점을 인수할 사람을 찾기가 어려웠다. 손해를 감수하고 시세보다 싸게 팔았다면 나서는 사람이 있었을지도 모르겠다. 그런데 다른 곳으로 이사한다고 해서 아들의 상황이 좋아질 거라고 장담할 수도 없었다. 무엇보다 공들여 자리 잡은 가게가 아까웠다. 수익성 좋은 가게를 다시 찾을 자신도 없었다. 하는 수 없이 연규 문제는 시간에 맡기기로 했다.

대신 김동현 씨 부부는 열심히 돈을 벌었다. 날마다 부부가 교대하면서 11시까지 장사했다. 남들이 말하는 '소소한 일상의 행복'을 위해서 한인들과 골프를 치거나

주일에는 교회에 갔지만, 하나님 말씀에서 얻는 위안보다
돈이 주는 위안이 더 컸다. 돈 쓸 시간이 없으니 버는 대로
모아뒀다. 삶은 무료했고 한국이 그리울 때도 있었다. 김동현
씨의 아내가 "이렇게 살려고 이민 왔나" 하고 한탄할 때마다
만약 이민을 오지 않았다면 한국에서 어떻게 살고 있을지
상상하며 위로했다. 실제로 가끔 연락이 닿는 옛 직장
동료들은 "한국은 IMF 이후로 직장인에게는 희망이 없고
자영업자에게는 빠져나올 수 없는 모래 지옥이 되었다"는
긴 탄식을 늘어놓았다. 그들은 "이민 가길 잘했어, 그때 나도
짐 싸서 따라갔어야 했는데 이제는 늦었어"라며 김동현 씨를
부러워하기도 했다. 김동현 씨는 구멍가게에서 하루 16시간씩
매여 살면서 아들 하나 건사하지 못했다는 사연을 털어놓을까
하다가도 "지금이라도 늦지 않았으니 길을 찾아봐. 아무래도
캐나다가 좋긴 하지"라며 입을 막았다. 시시콜콜 사는
이야기를 솔직하게 해봤자 자기들끼리 입방아나 찧어 댈 테니
조심스러운 면도 있었지만, 그보다는 앞으로는 모든 게 잘될
거라는, 자신을 위로하는 말이기도 했다.

　　연규는 동네에서 불량한 아이로 낙인찍힌 채 고등학교를
졸업한 후, 우여곡절을 겪으면서 토론토 전문대학교에
들어갔다. 하지만 졸업도 못 하고 토론토 이곳저곳에서
아르바이트를 전전하다 얼마 전 집에 돌아와 편의점에서
일하기 시작했다. 그런데 어쩐지 연규가 조금씩 달라져 갔다.
마음 잡지 못하고 방황하던 전에 비해 갑자기 성실해진 데다
동네 사람들과도 썩 살갑게 지냈다. 편의점 일이 적성에 맞는
것인지 아니면 방황하는 것도 지쳐서 철이 든 것인지 알

수 없었지만 어쨌든 반가운 변화였다. 젊은 연규가 활력을 불어넣으니 편의점 매상도 올랐다. 일이 점점 지겨워지던 부부에게도 좋은 일이었다. 이제 편의점을 연규에게 물려줄 때가 됐다는 생각이 들었다. 혼기가 꽉 찬 연규에게 좋은 배우자만 있으면 금상첨화라는 생각이 들어 상대를 물색 중이었다. 그래서 나에게도 연락한 것이다.

"내가 우리 애들한테 미안한 게 많다는 건 장 실장도 알잖아? 시골 들어와 살면서 동네 사람들하고 어울리지도 못하다 보니 애들이 힘들게 살았어. 딸은 그래도 저 혼자 잘 컸는데 아들놈이 문제네. 장가는 보내야 할 텐데, 연애할 주변머리도 없는 것 같아. 언젠가 백인 여자를 애인이라고 데리고 온 적이 있기는 하지. 그땐 우리 부부가 안 된다고 딱 선을 그었어. 말도 안 통하는 백인 여자를 며느리로 들이면… 아휴, 안 돼! 손자가 생겨도 정이 안 갈 것 같단 말이지."

전화기 너머로 김동현 씨가 손사래를 치거나 고개를 가로젓는 모습이 눈에 선했다.

"요즘 젊은 아가씨들이 시골에서 편의점이나 하면서 살고 싶어 하지 않겠지만, 우리 연규가 요즘 마음 잡고 잘 살거든. 큰 욕심 없이 살면 우리 동네도 살기 좋은 편이고. 토론토처럼 복잡하지도 않고 작지만 있을 건 다 있잖아. 공기 좋고 사람 좋고. 나는 영어를 못하니 동네 사람들하고 인사나 하면서 살고 있지만 영어 잘하는 아가씨가 들어오면 동네 사람들하고도 잘 어울릴 수 있고. 이럴 때 도시 사는 사람이 좀 도와줘. 돈 벌어서 다 뭐 하겠어. 어차피 그게 전부 연규한테 갈 텐데. 집도 큰 걸로 새로 샀고 애들끼리 살

타운하우스도 하나 사줄 거야. 그러니까 아가씨만 있으면 돼."

나는 알아보겠다며 형식적인 대답을 건넸다. 고객 중에는
영주권을 얻고 싶어서 배우자 찾기에 나선 미혼이 많았다.
내가 만나는 사람이 많아 발이 넓을 거라고 생각했는지
중매를 요청하는 지인도 종종 있곤 했다. 그래서 몇 번
중매쟁이로 나서 봤지만, 번번이 좋은 소리를 듣기 힘들었다.
그즈음엔 누가 중매를 요청해도 건성으로 대답하고 관여하지
않았다. 김동현 씨에게는 미안한 일이지만 연규가 어떻게
자랐는지 대충 알고 있으니 누구에게 선뜻 소개할 만큼
탐탁지도 않았다. 그래서 전화를 끊고 고민 없이 잊고 살았다.
그런데 몇 년이 지난 후 김동현 씨에게 다시 전화가 왔다.

"그동안 백방으로 아가씨를 찾아 헤맸는데, 캐나다에는
없더라고. 여기서 오래 산 아가씨들은 나긋나긋하지 않아서
내가 싫고, 온 지 얼마 안 된 한국 아가씨들은 연규가 성에
안 차는지 시골구석에서 편의점이나 하고 살기는 싫다고
하더라고. 그래서 결국 연규가 한국에 몇 번 왔다 갔다 하면서
연애를 했어요. 내가 나가는 교회 집사님이 소개를 해줬는데…
마음에 픽 들어."

김동현 씨는 본인이 연애라도 하는 듯 쑥스러워했다.
며느리가 될 아이는 한국에서 가난하게 자랐지만 밝고
생활력도 강해서 자기가 직접 돈을 벌어 전문대학을 나왔단다.
한국말을 잘하지 못하던 연규가 '그 애'를 만난 뒤로 한국
드라마를 보면서 한국말을 배우더란다. 예비 며느리가 영어를
못해서 아쉽지만 연규가 영어를 잘하니까 별문제는 없을 것
같고, 시골에 들어와서 살아 준다니 고맙기까지 하다면서

김동현 씨는 기분 좋게 너스레를 떨었다.

"이번에 나가서 결혼식 올리고 며느리 데리고 들어올 건데 영주권 수속을 서둘러야 할 것 같아서 전화했어요. 한국에서 가지고 와야 하는 서류랑 여기서 준비해야 하는 서류가 뭔지 알려줘. 한국 갔다 오면서 떼 가지고 올 테니까. 영주권 받아야 오힙*도 될 테고, 그래야 병원비 걱정 안 하고 아이도 갖지. 연규가 벌써 서른 살이 넘었어. 아이까지 낳으면 연규도 마음 잡고 열심히 살겠지." 김동현 씨의 빠른 말투에서 조급함이 느껴졌다.

부탁을 무시했던 것이 마음에 걸려 김동현 씨의 질문에 자세하게 답변을 해줬다. 결혼식 사진을 비롯해서 필요한 서류 목록을 하나하나 불러주고 어디에 가서 어떻게 발급받으면 될지 설명했다. 토론토에 있는 영사관에 가면 필요한 서류를 모두 발급받을 수 있다, 다만 며느리 될 사람의 '범죄수사경력회보서'**은 한국에서 직접 발급받아 오는 게 좋다. 본인이 직접 경찰서에 가야 한다는 말도 덧붙였다.

"알았어요. 그래도 알던 사람이 좋긴 좋네. 이렇게 돈 한 푼 안 받고 자세하게 설명 다 해주고. 그러니까 동사무소에 가서 며느리 기본증명서, 가족관계증명서, 혼인관계증명서 갖고 오라는 말이죠? 혼인관계증명서에는 연규랑 혼인신고 해서 부부라는 내용이 나와야겠고, 가족관계증명서에는 사돈들 이름이랑 연규 이름이 나오는 거고. 결혼식 사진은 결혼했다는

---

*　　OHIP, 온타리오주 건강보험
**　　실효된 형 포함

증거가 필요하다는 거죠? 그리고 범죄경록회보서를 경찰서 가서 발급받으라고? 실효형 포함? 이게 뭔지는 모르겠지만, 무조건 경찰서에 본인이 가야 발급해준다는 거죠? 알았어요. 연규 서류는 수입 증빙도 해야 한다는 거죠? 작년에 세금 보고는 했어요. 한국 가서 결혼식하고 서류 떼서 연규랑 며느리를 사무실로 보낼 테니 영주권 신청 서둘러줘요."

꼼꼼하게 서류 목록을 되짚는 김동현 씨 목소리에 활기가 있어 듣기 좋았다. 말썽만 부리고 부모 속 썩이던 녀석이 철들어 결혼한다니 반갑기도 했다. 조만간 연규가 신부를 데리고 사무실에 오면 대견하다고 어깨라도 다독여 줘야 할 것 같았다. 하지만 예상했던 날짜가 한참 지나고 겨울이 올 때까지 연규는 연락이 없었다. 아는 사람에게 배우자의 영주권 수속을 맡기기가 부담스러워 다른 대행사를 찾아갔으려나? 궁금한 마음에 김동현 씨에게 전화를 해볼까 하다가 그만두었다.

그런데 몇 개월이 지난 어느 날, 갑자기 전화도 없이 연규가 왔다. 기꺼운 마음에 그간의 안부를 물었지만 건성으로 대답하더니 나와 눈 한 번 맞추지 않고 제 손가락만 매만지고 있었다. 어릴 때부터 숫기 없는 아이였으니 오랜만에 만난 아줌마와 마주 앉아 실장님이라 부르기 쑥스러워 그럴 수 있겠다고 생각했다.

"제가 서둘러 영주권 수속을 하지 않으면 아버지가 재촉하실 테고, 다른 데 가서 수속을 맡기면 아버지가 왜 실장님에게 부탁하지 않았는지 물어보실까 봐, 차라리 실장님께 모든 걸 솔직하게 이야기하고 도움을 청하는 게

나을 것 같아서 왔어요. 실장님이 아버지랑 아는 사이고
제가 어릴 때 본 적이 있는 분이라 더 부담스럽기는 해도,
그만큼 제 상황을 믿고 맡길 사람을 찾기가 어려웠어요. 왜
결혼식 마치고 곧바로 오지 않았는지 궁금하셨죠? 지금 하는
이야기는 부모님께 비밀로 해주신다고 약속해주세요.”

연규는 웃음기 하나 없이 진지하고 침울한 표정으로
이야기를 시작했다.

“제가 어떻게 와이프를 만났는지는 아버지한테 들으셨죠?
올봄에 한국에서 결혼식을 올렸어요. 신혼여행 다녀오고
캐나다로 돌아올 때쯤 준비 서류 리스트를 와이프한테
건네줬어요. 서류를 다 준비했다고 해서 같이 비행기를
타고 왔죠. 제가 그때 직접 서류 확인을 해야 했는데…
캐나다에 도착해서 서류를 달라고 했어요. 그런데, 다른 건
다 있는데 신원조회 서류가 없는 거예요. 왜 없는지 물었더니
깜빡했다고 하더라고요. 그 서류는 본인이 직접 경찰서에
가야 발급받을 수 있다는 얘기를 아버지가 하셨는데, 다시
한국에 다녀오기도 어려워서 어떻게 해야 하나 고민하다가
시간이 지났어요.

아버지가 아기를 가지려면 오힙이 필요하니 서둘러야
한다고 했지만, 저도 와이프도 성격이 느긋한 편이라서 자꾸
미뤘죠. 그러다가 영사관에 가서 위임장을 써서 한국으로
보내면, 다른 사람이 그 위임장을 들고 가 대신 발급받을 수
있다는 사실을 알게 됐어요. 그래서 와이프한테 위임장을 써서
한국으로 보내라고 했어요. 그런데 계속 위임장을 받아 대신
일을 처리해줄 사람이 없다는 거예요. 장모님이나 처제에게

부탁하면 될 텐데 자꾸 싫다더라고요. 처음엔 가족들과 사이가 좋지 않아서 부탁하기 싫은가 보다 생각했어요. 그러다가 한국에 서류 발급 대행 서비스를 하는 회사가 있다는 걸 알게 됐어요. 와이프한테 알려줬더니 비용이 너무 비싸다는 등 자꾸 딴청을 피우더라고요. 뭔가 이상해서 추궁했더니 결국 털어놨어요. 범죄기록이 있대요. 그것도 두 번이나.”

연규는 사분사분 이야기하다가 한동안 침묵했다. 두 사람의 숨소리만 들리는 어색함이 불편해서 나는 분위기를 바꿔보고자 먼저 말을 꺼냈다.

“흔한 일이야. 얼마나 심각한 일인데 그렇게 분위기를 잡니? 최근에 있었던 일만 아니면 영주권 받는 데 문제는 없어. 걱정하지 마. 어떤 범죄기록이 언제쯤 있었는지 말해봐.”

나는 다소 과장되었다 싶을 정도로 경쾌한 어조로 말했다.

“성매매래요.”

나도 모르게 입이 떡 벌어졌다. 무언가 소리를 낼 뻔했지만 차마 그 소리가 입 밖으로 나오지는 않았다. 우리 둘다 한참 동안 침묵했다.

“와이프도 그런 내용이 신원조회 서류에 나오는 줄 몰랐대요. 그런 서류가 있는지도 몰랐겠죠. 경찰서에 가서 서류를 발급받았는데 그런 내용이 줄줄 나오니까 겁이 났나 봐요. 이미 결혼식까지 다 마친 상황이었으니 뭘 어쩌지도 못하고 에라 모르겠다는 마음으로 모른 척 캐나다에 온 거죠. 저는 물론이고 아무한테도 말하지 못하고 해결 방법도 없으니 혼자 속만 끓인 것 같아요.”

이번에는 나도 할 말이 없었다. 자칫 위로한답시고

무슨 말이라도 하게 되면 오히려 분위기가 더 이상해질 것 같아 입을 닫았다. 속으로는 '어머나, 이를 어쩌지' 생각했던 것 같다.

"불쌍한 여자예요. 어릴 때부터 가난하게 살았는데 아버지가 변변한 직장도 없이 허송세월 보내면서 술 마시고 가족들을 때리기까지 했나 봐요. 어머니는 집을 나갔고 동생하고 둘이 힘들게 살았다네요. 고등학교 졸업하고 안 해본 일이 없었다더군요. 남들 다하는 커피숍 아르바이트부터 식당, 술집까지. 처음 만났을 때 우리 부모님이 편의점을 운영한다는 말을 듣고 반가워하더라고요. 가장 길게 해본 아르바이트가 편의점 아르바이트라면서."

연규는 창밖으로 하늘을 쳐다보며 한숨을 길게 쉬었다.

"아는 사람 소개를 받아 성매매가 이뤄지는 강남 오피스텔에 가서 청소하고 밥해주는 일을 했대요. 어느 날 청소하려고 기다리는 동안 경찰이 와서 잡혀갔고, 경찰관이 성매매했다고 인정하면 봐준다고 해서 시키는 대로 했더니 그렇게 된 거래요. 그것 말고도 한 개가 더 있는데, 그때는 마사지 업소에서 마사지만 했는데 재수 없게 경찰한테 걸렸대요. 그래서 신원조회 서류에 범죄기록 두 개가 있는 거죠. 처음 들었을 때는 기가 막혀서 말을 할 수도 없었어요. 아니 처음에는 성매매가 뭔지도 몰라서 무슨 말인가 했어요. 실장님도 아시지만 제가 어릴 때 캐나다에 왔기 때문에 한국말을 잘하지 못하잖아요. 한국 떠나오던 나이에 사용하던 말 수준에서 멈췄는데, 와이프 만나서 연애하고 결혼해서 살면서 그나마 조금 늘었죠. 와이프한테 성매매가 뭐냐고 물어봤더니 대답을 못 하더군요. 그래서 인터넷에 검색을 해봤어요. 어쨌든, 와이프는 경찰이 자기들 실적 올리려고 사건을 키웠고 함정에 빠진 거라는데 그게 말이 되나 싶긴 했어요. 캐나다에서는 상상하기도 어려운 일이잖아요? 그것도 두 번씩이나."

연규는 여전히 나와 눈을 맞추지 않았지만 힘든 이야기를 다 마쳤다는 안도감 때문인지 목소리가 한결 차분하고 부드러워졌다.

"결혼 전에 와이프 만나러 한국에 가면, 와이프가 참 잘해줬어요. 캐나다에 이민 와서 지금까지 제가 누구한테 그런 대접을 받아본 적이 없었어요. 캐나다는 인종차별이 없다고들 하잖아요? 여기 사람들 대놓고 인종차별 안 해요. 너무 점잖아서 천박하게 인종차별을 하지는 않죠. 그런데 대놓고 안 한다고 인종차별이 없는 건 아니잖아요? 인종차별이 아니라도 시골이라 텃세도 있었을 테고….

어린 나이에 백인만 바글바글한 시골 학교에서 제가 어땠는지 아세요? 외롭다는 게 어떤 건지 아세요? 지금은 우리 동네도 인도 사람, 중동 사람, 중국 사람 다 와서 살지만, 저희가 이사 갔을 때만 해도 백인 동네였어요. 학교에 가면 유대인 몇 명 빼고 전부 백인이었죠. 얼굴 노랗고 영어 못하는 애는 저뿐이었어요. 제가 이민 온 지 얼마 안 됐을 때, 어느 날 목욕하다가 때 타월로 살을 박박 밀었던 적이 있어요. 이태리타월이라고 불리는 거 있잖아요. 이민 올 때 엄마가 캐나다에는 없다면서 잔뜩 사 왔었죠. 핑크색도 있고 연두색도 있고 빨간색도 있고… 그게 색깔은 곱고 예쁜데 꽤 거칠잖아요. 그걸로 피부를 벗겨 내면 나도 친구들처럼 백인이 될 수 있다고 생각했던 것 같아요. 피가 날 정도는 아니었지만 힘주어 밀면 무척 따갑거든요. 며칠 후에 피부에 딱지가 생기더라고요. 딱지가 떨어지면 또 밀고 또 밀었어요. 어느 날 엄마가 눈치를 채고 왜 그러는지 물으셨는데, 제가 울면서 백인이 되고 싶다고 그랬나 봐요. 지금은 다 기억나지 않지만 저 때문에 부모님이 자주 싸웠어요. 엄마가 이러려고 캐나다까지 왔냐고 한국으로 돌아가자는 말도 여러 번 했는데, 저는 한국으로 돌아가는 것도 무섭고 싫었어요. 외로워도 캐나다가 더 좋았어요. 참 이상하죠? 왜 그랬는지 지금도 잘 모르겠어요. 엄마가 이태리타월을 감춰서 더 이상 때를 밀지는 못했어요. 그때 백인이 될 수 없다는 사실을 깨닫고 포기했던 것 같아요.

저 말썽 많이 부린 거 아시죠? 학교에서 공부 잘하는 모범생들은 저랑 안 놀아 줬는데 그나마 저를 끼워준 애들이 있었어요. 다 좋은 애들이에요. 다만 시골에서 할 일 없이 심심하니까 몰려다니면서 재밌는 일을 찾아서 놀았을 뿐이에요. 여기는 학교 갔다가 집에 오면 할 일이 없잖아요. 다 컸는데 엄마 꽁무니를 따라다닐 수도 없고 커뮤니티 센터 같은 데 가봐야 시시한 일만 하잖아요. 그러니까 애들끼리 몰려다니면서 재미있는 일을 찾았던 거죠. 지금 생각해보면 그 녀석들도 저처럼 외로운 게 아니었을까 싶어요. 큰 도시 가서 살면 덜 외로울 줄 알았어요. 토론토에 가서 학교 다니고 일도 하면서 한국인 친구들도 사귀고 연애도 해봤는데 그래도 항상 외롭더라고요. 그런데 한국에서 와이프를 만난

후에 외롭다는 마음이 사라졌어요. 허전하고 쓸쓸한 마음이
사라졌어요. 뭔가 가슴이 꽉 찬 느낌이었죠."

나와 눈을 맞추지 않으려는 듯, 연규는 말하는 내내
허공을 응시하기도 하고 창밖으로 눈을 돌리기도 했다.

"제가 먼저 좋아했던 것 같아요. 그래서 항상 제가 먼저
연락했어요. 와이프가 처음부터 저를 진심으로 좋아하지는
않았을지도 몰라요. 그래도 만날 때마다 너무 잘 대해줬어요.
다른 한국 여자들도 만나 봤는데, 결혼하면 캐나다에서 살
거라고 했더니 다들 신기해했어요. 저랑 결혼해서 캐나다에
오면 영화나 드라마 속 주인공처럼 살 수 있다고 생각하는
것 같더군요. 그래서 한국 여자를 만나는 게 부담스러웠는데
와이프는 다른 여자들하고 달랐어요. 항상 진심으로 대하는
게 느껴졌거든요. 가난하게 자라서 그런지 수수하고 생각도
깊었어요. 이 여자가 나를 진짜 좋아하는 게 아닐지도
모른다고 생각한 적도 있지만 그래도 상관없었어요.
사랑하지 않아도 결혼해서 행복하게 살 수 있다고, 살아보면
다 똑같다고 부모님이 그랬거든요. 그 말이 맞을 거라고
생각했어요.

결혼 전 와이프를 만나러 한국에 갔는데 돌아오는 날
공항버스 터미널에서 손을 흔들면서 울더라고요. 우는
여자를 혼자 두고 오는 게 마음이 아팠어요. '내가 뭐
대단한 사람이라고, 헤어지기 싫어서 우는 여자가 있네'
하는 마음이 들면서 데리고 오고 싶었어요. 어디서도 인정
못 받고 말썽만 부리고 살았는데, 처음으로 저를 진심으로
사랑해주는 여자가 생긴 거예요. 그래서 서둘러 결혼했어요.

열심히 살아야겠다고 다짐했어요. 부모님도 좋아하시니까 이제야 사람이 된 것 같았어요. 그런데 범죄기록 이야기를 들으면서 '이 여자는 나를 좋아한 게 아니고, 캐나다에 오고 싶었구나. 그게 절실했구나' 싶었어요. 와이프가 성매매를 했다는 사실보다 그게 더 힘들었어요. 나를 좋아한 게 아니고 이용했다고 생각하니 한동안 미워 죽겠더라고요. 그런데 너도 외로웠겠구나 싶어서⋯ 또 막 불쌍해지기도 했어요."

연규는 남의 이야기를 하듯 담담했다. 이민 수속 대행 업무를 20년 가까이 하는 동안 가장 안타깝지만 당황스럽기도 하고, 난감하면서도 슬픈 순간이었다.

"실장님. 저는⋯ 와이프가 캐나다에서 영주권을 받도록 도와주고 싶어요. 어차피 결혼하기 전 일이잖아요. 저도 결혼 전에 안 해본 짓 없으니 와이프한테 죄가 있느니 없느니 말할 자격도 없어요. 어쩌면 와이프가 한국 경찰 함정에 빠졌다는 말이 사실일 수도 있잖아요. 아니, 진짜 그랬을 거예요. 요즘 한국 뉴스를 보면 공무원이 돈 받고 뒷일을 봐주거나 경찰도 엄한 사람들에게 죄를 뒤집어씌우는 일이 허다하잖아요. 와이프도 그런 상황이었을지 몰라요."

나는 고개를 끄덕였다. '그래 맞다. 그럴 거야!'

"와이프는 여전히 저한테 잘해줘요. 지은 죄가 있다고 생각해서 절절매는 것 같아요. 그게 싫어서 화가 나요. 근데 화를 못 내겠어요. 제가 화를 내면 와이프가 더 기죽고 속상해할까 봐 화를 못 내겠어요. 잘난 것 없고 외로운 사람끼리 만났으니 서로 외롭지 않게 위로하면서 살면 되잖아요?"

담담하게 말을 이어가던 연규가 한참을 침묵했다. 나도 할 말이 없었다.

　　"부모님은 이 상황을 모르고 계세요. 둘 다 게을러서 영주권 수속을 서두르지 않는다고 생각하세요. 이걸 알면 부모님은 당장 이혼하라고 하실지도 몰라요. 아휴, 한국 부모님…."

　　연규는 잠시 고개를 가로저으며 창밖으로 눈길을 돌렸다. 몸은 캐나다에 살지만, 한국식 사고방식을 벗어나지 못하는 고지식하고 꽉 막힌 부모가 답답했을까. 부모와 자식 간 갈등이 이민자 가정만의 문제는 아니라는 걸 연규는 모르나 보다. "이 나이 먹어 보니 부모 마음이 이해되더라" 하고 꼰대처럼 이야기해주고 싶었지만 그럴 분위기가 아니었다.

　　"그동안 부모님 속 그만큼 썩였으면 됐어요. 더 이상 부모님 속 썩이고 싶지 않아요. 부모님은 모르셨으면 좋겠어요. 제 와이프를 한국으로 보내기도 싫어요. 어떤 마음으로 저랑 결혼했든, 저를 따라서 여기까지 온 여자예요. 제 마음이 변해서 이혼한다고 하더라도 와이프가 캐나다에 살 수 있게 해주고 싶어. 최근에 배우자 초청 영주권 승인까지 오래 걸리지 않는다고 들었어요. 범죄가 있는 경우는 복권 신청도 해야 해서 다른 케이스보다 훨씬 오래 걸린다는 이야기도 들었고요. 범죄기록이 있으면 영주권을 못 받을 수도 있다는 사실도 알아요. 그런데 캐나다에서는 성을 산 사람은 범죄자지만, 성을 판 것은 범죄가 아니라더군요. 직업 선택의 자유를 인정해서라고… 그러니 제 와이프는 영주권 받을 수 있을 거라고 하던데, 맞나요?"

연규는 이미 다른 경로를 통해서 많은 정보를 알아본 것 같았다. 나는 어색하게 입꼬리를 올리면서 천천히 고개를 끄덕였다.

"시간이 오래 걸리더라도 제 와이프가 영주권 받을 수 있게 도와주세요. 그리고 부모님이 왜 다른 사람들보다 영주권 수속이 늦어지는지 물으시면 실장님이 알아서 핑계 좀 대주세요. 만약 와이프가 영주권을 못 받으면, 그때도 실장님이 적당한 이유를 만들어서 설명해주세요. 저도 제 마음을 잘 모르겠어요…. 지금은 영주권을 받게 해주고 싶지만 어느 날 갑자기 와이프랑 헤어지겠다고 할지도 몰라요. 제가 마음이 바뀌더라도 실장님은 제 와이프를 도와주세요. 제가 살면서 행복했던 기억은 대부분 이 여자랑 같이 지냈던 순간이었어요. 제가 이 여자 말고 다른 사람 때문에 진심으로 행복했던 적이 있었나, 이 여자 말고 다른 사람 때문에 이렇게 가슴 아픈 적이 있었나 생각해봤어요. 없더라고요. 지금은 화도 나지만 그만큼 가슴이 아파요. 그러니까 실장님이 이 여자 좀 도와주세요."

먼 기억 속 순진하게 웃고 장난치던 어린 연규는 이제 서른 넘은 어른으로서 나에게 약속을 요구했다. 그렇게 연규는 풀어야 할 숙제 같은 고객이 되었다.

실효형 포함된 신원조회와 법원 판결문을 발급받고, 진술서는 본인이 직접 작성해서 보내 달라고 했다. 반성문 쓰듯 사실대로, 이민관이 이해하기 쉽게 쓸 것. 자신의 죄를 합리화하기 위해 다른 사람 핑계를 댄다거나 공공기관의 결정 및 판결 사항을 부정하는 내용은 삼갈 것. 진술서 작성 시주의할 점을 설명했다.

　　연규는 그날 단 한 번도 나와 눈을 맞추지 않았다. 그 후로 사무실에 다시 온 적도 없었다. 요청한 서류는 이메일과 우편으로 보내왔다. 검찰의 수사기록과 판결문은 적나라했다. 연규의 배우자는 판결문 속에서 파렴치한 성범죄자로 묘사되어 있었다. 그런데 우편 봉투 안에 진술서가 없었다. 다시 한번 진술서 작성 요령을 안내하고 재촉할 셈으로 연규 배우자에게 전화를 걸었다. 그의 목소리는 나이에 비해서 어른스럽고 차분했다. 내 전화를 받고도 당황하지 않고 천천히 말을 이어갔다. 간혹 한숨을 쉬면서 한참 침묵하기도 했다. 그러나 솔직했다.

　　"실장님에 대한 이야기는 아버님께 먼저 들었어요. 아버님이 실장님께 영주권 수속을 의뢰하라고 하셔서 연규 씨도 실장님께 갔다고 들었어요. 이런 일을 하게 해서 죄송해요. 연규 씨가 실장님 믿고 다 이야기하라고 하더군요. 진술서라는 것을 써야 한다고요. 써야 한다면 써야죠. 그런데 뭐라고 쓸까요?"

　　차분하게 연규에게 안내했던 내용을 되풀이했다. "최대한 사실적으로 반성문 쓰듯이…" 그녀가 내 말을 가로채며 다시 이야기를 시작했다.

　　"실장님, 연규 씨는 좋은 사람이에요. 처음에는 한국말도 어눌하고 어리숙해 보이는 연규 씨하고 잘 지낼 수 있을까 걱정도 됐어요. 영어 한마디 못하는 제가 캐나다로 와야 하는 게 두렵기도 했지요. 그런데 그게 가장 좋기도 했어요. 엄마 아빠 그리고 제가 살던 동네, 그 지긋지긋한 한국을 떠날 수 있고 더 이상 그렇게 살지 않아도 되는 거니까요."

연규의 아내는 '그렇게'에 살짝 힘주어 말했다. 그렇게 사는 것이 어떤 삶이었을까. 얼마나 고단한 삶이었을까.

"연규 씨를 처음 만났을 때 저는 이미 연규 씨를 좋아하게 됐어요. 저를 그곳에서 구출해줄지도 모르는 사람인데 어떻게 안 좋아할 수가 있나요. 저라고 그런 일이 좋아서 했겠어요? 가난한 집 자식들이 다 그렇겠지만 그곳을 탈출할 수 있는 방법은 둘 중 하나예요. 공부를 잘하거나 뭐가 특출한 능력으로 출세해서 '그곳'을 탈출하거나, 아니면 일단 도망가고 봐야 하는데 저는 이것도 저것도 아닌 채로 버텼어요.

저도 처음부터 그런 일을 한 건 아니었어요. 안 해본 일이 없어요. 편의점 아르바이트부터 식당 설거지에, 전단지까지 돌려봤어요. 그런데 돈 되는 일이 없었어요. 그렇다고 딱히 재능이 있다거나 머리가 좋아 공부를 잘한 것도 아니고, 막노동을 할 만한 체력도 아니고…. 그러다가 아는 분 소개로 마사지 업소를 돌면서 청소와 빨래를 해주는 일을 시작했어요. 처음에는 진짜 그렇게 시작했어요…. 그게 시작이었죠. 돌이켜 보면 그 순간이 원망스럽기도 하지만 그때로 돌아간다고 해도 저는 또 그 선택을 할 수밖에 없을 거예요. 진술서에는 제가 연규 씨한테 말한 것처럼 경찰들이 실적 때문에 일을 꾸몄다고 쓸 거예요. 캐나다에서는 몸 파는 일은 범죄가 아니니 거짓말해서 문제가 되는 것보다는 차라리 사실대로 솔직하게 쓰는 게 좋고, 내 불우했던 과거와 그럴 수밖에 없었던 상황을 설명하고 선처를 바라는 게 낫다면서요?

하지만… 저는 연규 씨에게 그럴 수가 없어요. 연규
씨가 저를 한국으로부터 구해줬으니 의리는 지켜야죠. 제가
진짜 성매매했다는 걸 알면 연규 씨가 얼마나 괴롭겠어요.
처음에는 캐나다 영주권만 받으면 연규 씨랑 헤어질까도
생각했어요. 평생 약점 잡힌 사람처럼 살 수는 없잖아요.
그런데, 몇 개월 동안 연규 씨랑 살면서 마음이 바뀌었어요.
이렇게 좋은 사람에게 상처 주고 싶지 않아요. 이제 영주권
못 받아도 괜찮아요. 한국으로 돌아가면 돼요. 그것도 제
팔자죠. 대신 연규 씨가 불행하지 않았으면 좋겠어요. 나중에
연규 씨가 절 버리면 그때 떠날 거예요. 제가 먼저 떠나지는
않을 거예요. 그러니 제가 실장님이 말씀하신 대로 진술서를
안 써도 이해해주세요. 제가 이런 이야기를 실장님에게 하는
이유는, 진술서를 보고 다시 써 오라고 하지 말아 주셨으면
해서예요. 실장님께도 연규 씨에게 말한 것처럼 똑같이 말하고
우겨볼까 생각해봤지만, 그보다는 솔직하게 털어놓는 편이
낫겠다 싶었어요. 저는… 이번 일은 신에게 맡기기로 했어요.
시부모님 따라서 교회에 나가기 시작했는데, 제 진심을
하나님이 알아주셨으면 좋겠어요. 실장님, 부탁드릴게요."

　　작정한 듯 '부탁'하는 그에게 할 수 있는 말은 없었다.
전화기 너머에 있는 그가 볼 수 없더라도 나는 그저 조용히
고개를 끄덕였다. 며칠 후 우편으로 도착한 진술서는
컴퓨터로 대충 작성된 것이 아니었다. 손글씨로 꾹꾹 눌러쓴
진술서에는 나쁜 경찰들의 함정에 빠져 하지도 않은 성매매를
했다고 억지 자백을 한 불쌍하고 어리숙한 여자의 사연이
있었다. 성매매 업소를 청소하고 빨랫감을 수거해서 세탁 후

돌려주는 일을 했다. 어느 날 빨랫감을 가지러 갔을 때 사장이 다른 아가씨가 오지 않아 고객이 화가 났다며, 아가씨가 올 때까지 방에 들어가서 대화 상대만 해달라는 간곡한 부탁을 듣고 거절할 수 없었다. 하필 그때 경찰이 들이닥쳤다. 경찰은 "매춘했다고 진술하면 풀어 주겠다"라고 제안했고, 한시라도 빨리 경찰서를 나가고 싶은 마음에 경찰이 불러주는 대로 진술했다. 그러니 억울하다는 내용이었다. 더불어 연규를 어떻게 만나게 되었고 얼마나 사랑하는지, 또 캐나다는 얼마나 환상적인 나라인지, 이웃 사람들은 영어도 못하는 자신에게 얼마나 천사처럼 친절한지, 그래서 캐나다에 살고 싶은 마음이 얼마나 절실한지. 캐나다에서 사랑하는 남자와 행복하게 살고 싶은 여자의 이야기가 A4 용지로 여섯 장이나 빽빽하게 채워져 있었다. 어쭙잖은 번역으로 다 전달하기 어려울 만큼 절절했다.

　그의 진술서를 보면서 고민했다. 한국 경찰이 실적 때문에 죄 없는 무고한 시민에게 누명을 씌웠다니, 캐나다 이민관이 어떻게 생각할까. 한국은 세계가 알아주는 경제대국이며 밤늦게 길거리를 돌아다닐 만큼 치안이 훌륭한 몇 안 되는 나라 중 하나다. 겉으로 보이는 한국의 모습과 이 사건을 이민관이 잘 연관 지어 생각할 수 있을까. 거짓 진술이라고 판단이 내려지면 곤란한 상황에 처할지도 모르는데. 하지만 이번에는 나도 연규 아내의 기도에 동참하기로 했다. 그래, 믿어보자. 구구절절한 그의 진술서를 이해하기 쉽게 번역하고 억울한 사연에 약간의 양념을 쳤다. 그리고 평소에 하지 않는 기도를 간절히 했다. 내 기도와 연규 와이프의 기도를 같은 분이 듣기를 바라는 마음으로.

기도가 그분께 전달되었는지 사면 복권은 무사히
통과되었고 시간이 흘러 영주권 서류 심사도 마무리되었다.
김동현 씨는 며느리의 영주권 수속이 예상보다 늦어지는 게
나의 실력 부족이나 게으름 탓은 아닌지 원망 섞인 전화를 몇
번이나 했다. 그래도 오픈 워크 퍼밋(Open Work Permit)*을
받아준 덕에 영주권 없이도 오힙으로 병원비를 걱정하지 않고
며느리가 딸을 낳았다며 감사를 겸한 자랑도 늘어놓았다.

"한시름 놨네. 며느리가 뭐든지 잘하고 예뻐요. 자식보다
손자가 예쁘다는 게 무슨 말인지 알 것 같아. 내 자식은
먹고사느라 바빠서 예뻐할 겨를도 없었는데 손녀는 얼마나
이쁜지… 장 실장도 얼른 애들 결혼시켜서 손자 봐."

연규 부부가 사이는 좋은지 넌지시 물었더니 김동현 씨는
너털웃음을 웃으며 대답했다.

"연규가 마누라 복은 있는지 며느리가 연규한테
지극정성이야. 얼마나 보기가 좋은지, 부러울 지경이야.
연규도 마음 잡고 열심히 살고."

다행이다. 나는 연규와의 약속을 지켰다. 연규가 어릴 때
이민 동기 가족 모임에서 저보다 한참 어린 우리 아이들을
살갑게 돌봐주고 같이 놀아준 것에 대한 보답으로 쳐두자.
드디어 요식행위나 다름없는 이민국 인터뷰 요청 이메일을

---

* 학교를 졸업했거나 배우자가 취업비자 또는 학생비자를 가지고 있을 때, 배우자 후원
영주권 수속을 진행 중일 때 받을 수 있는 비자로, 노동부로부터 고용 승인을 받을
필요 없이 어디에서든 일할 수 있다.

받았다. 이제 김동현 씨 부부는 오랫동안 꿈꾸었던 것처럼 따뜻한 동네로 이사가서 편안하게 살 수 있을지도 모르겠다.

어느 날 김연규 부부의 서류 번역을 했던 젊은 직원이 "김연규 와이프가 순수한 마음으로 김연규를 사랑했을까요?"라는 질문을 내놓았다. 나는 느긋하게 중얼거렸다.

"사랑이 뭘까? 당사자가 사랑이라고 하면 사랑이겠지. 사랑이 아니면 아닌 대로 서로 위로하면서 살면 되고. 강도나 테러리스트였다면 우리가 그 사랑을 의심했을까? 잘은 모르겠지만 매춘부의 사랑도 사랑일 거야. 더 절실하고 가슴 아픈 사랑이겠지. 그래도 너무 힘들게 지키려고 애쓰지 말았으면 좋겠네…. 너무 아픈 사랑은 사랑이 아니라잖아."

3

장애아의 엄마

한국인을 비롯한 많은 외국인들이 캐나다 영주권을 신청할
때 미처 생각지 못하는 것이 '범죄기록'이다. 영주권
수속을 의뢰하는 고객에게 경찰서에 가서 '실효형 포함된
범죄경력회보서'를 발급받아 오라고 하면 열 명 중 아홉 명은
그것이 무엇인지 되묻는다. 범죄경력회보서란, 미국, 캐나다,
호주 등 대부분의 이민 국가에서 신청자에게 필수로 요구하는
서류인데, 이를 통해 개인의 범죄 내역을 조회할 수 있다.
그런데 한국에서는 범죄에 대한 법적인 책임과 의무를 다하고
일정 기간이 지나 실효된 형은 범죄기록에 포함하지 않는다.
이민 국가는 다르다. 국가별로 범죄에 대한 형량이나 판단이
다르기 때문에 지난 범죄기록도 모두 열람한다. 따라서
한국에서 실효된 범죄라고 하더라도 이민 국가에서 중대
범죄로 판명되면 영주권을 받기가 어렵다.

캐나다의 범죄 기준 중 한국의 그것과는 판이한 몇 가지 항목이 있다. 예를 들면 앞서 등장한 연규 와이프가 한국에서 범죄기록으로 가지고 있는 '매춘'은 캐나다에서는 직업 선택의 자유를 근거로 범죄가 성립되지 않는다. 캐나다에서도 매춘을 불법화하자는 주장이 끊임없이 나오고 있다. 하지만 그렇게 되면 매춘 산업에 종사하는 이들이 위험에 처할 수 있기에 관리 감독이 수월하도록 성매매 산업을 합법화해야 한다고 주장하는 이들도 있다. 2017년, 캐나다 의회는 성을 사는 행위와 학교 주변이나 놀이터 주변에서 성매매를 목적으로 흥정이나 광고하는 행위는 불법으로 규정했다. 하지만 성을 파는 행위는 불법이 아니라고 명시했다.

최근 마리화나 합법화도 비슷한 맥락이다. 마리화나를 양성화하고 관리 감독을 철저히 한다면 유통 과정에서 발생하는 위험을 줄일 수 있고, 범죄 집단의 개입도 막을 수 있다는 취지다. 도박도 대부분 합법으로 간주한다. 이런 범죄기록은 캐나다 영주권을 받는 데 걸림돌로 작용하지 않는다. 반면 한국에서는 사소한 잘못 정도로 여겼던 일들이 중범죄가 되기도 한다. 가장 흔한 범죄는 음주운전이다. 음주운전 측정 결과 혈중알코올농도가 0.08% 이상이면 처벌을 받은 이후 10년이 지나야 영주권 신청이 가능하다. 그마저도 캐나다 이민국에 사면 복권을 받아야 한다. 2018년 마리화나 합법화를 시행한 캐나다 정부는 마리화나를 피운 후 운전하는 것을 음주운전과 동일한 범죄로 고지했다. 교통법규 위반으로 상해 사고를 낸 사람 또한 범죄자다. 그런데 한국 사람 대부분은 그것을 범죄로 인식하지 않는다. 그들에게 그것은 단지 '교통사고'일 뿐이다.

다수의 이민, 유학 대행사에서는 영주권이나 비자 신청에 결격 사유가 없는지 확인하기 위해 미리 고객의 '자격 확인'을 한다. 그때마다 실랑이를 벌이는 항목이 교통사고 범죄와 관련된 것이다. 실수로 낸 사고일 뿐인데 '왜 나를 범죄자 취급하냐'는 것이 그들의 항변이다. 캐나다에서 타인의 안전을 위협하는 행위는 중대 범죄다. 음주운전 기록이 있거나 안전 불감증으로 교통사고를 낸 경험이 있는 사람은 재범의 여지가 있다고 판단해 영주권 심사를 까다롭게 한다. 많은 사람이 지금도 음주운전 때문에 영주권 수속에 곤란을 겪는다. 그중 한 가정의 이야기다.

2010년 여름이 끝나갈 무렵, 수더분한 차림새의 엄마가 아이 둘과 함께 사무실에 찾아왔다. 둘 중 초등학교 1학년이라던 여자아이는 다리가 불편한 장애아였다. 수심이 가득한 얼굴로 나와 마주 앉은 이는 김미영 씨로, 그는 기술 이민 신청자였다.

그날 방문이 처음은 아니었다. 매주 진행하는 영주권 세미나에도 온 적이 있었고, 유학생 엄마들이 모여서 정보를 교환하고 수다도 떠는 '토론토 맘 티타임'에도 자주 모습을 보였다. 밝고 적극적으로 질문도 많이 했던 사람이지만 나와 일대일로 마주 앉은 것은 처음이었다. 장애아 딸이 있다는 사실도 그날 알았다. 학력, 경력, 나이, 영어 점수 등으로 기술 이민을 신청한 많은 사람이 영주권을 받던 그 무렵에는 영주권 수속 중인 가정의 아이들은 캐나다 공립 학교를 무료로 다닐 수 있는 제도가 있었다. 영주권 수속이 2년 이상 걸렸기 때문에 그동안 학비를 내지 않고 캐나다의 교육 혜택을 받을 수 있었던 것이다. 승인 가능성 유무를 떠나 많은 사람이 영주권 신청을 했다. 김미영 씨 가족도 그중 하나였다.

이미 영주권을 신청한 김미영 씨가 나를 찾아왔다는 사실이 의아했다. 다른 업체에 수속 의뢰를 하고 정작 까다로운 문제가 생겼을 때 나에게 정보는 얻어 가는 밉상들이 많았기 때문에 김미영 씨의 방문이 달갑지 않았다. 고객 유치 목적으로 진행하는 세미나와 모임에 마치 잠재 고객인 양 참석한 것도 마음에 들지 않았다. 하지만 무슨 사연이 있는지 알 수 없으니 내색할 수는 없었다. 김미영 씨는 내 얼굴을 보자마자 "저 좀 도와주세요. 애들 때문에 영주권을 받으려고 했는데 남편이 일을 다 망친 것 같아요. 어쩌면 좋을까요?" 하더니 친구에게 하소연하듯 술술 이야기를 풀어놓기 시작했다. 몇 차례 만난 적이 있다고 내가 만만해 보였나 싶을 정도였다.

김미영 씨의 남편은 한국 대기업에서 통신 개발자로 일하고 있었다. 남편은 격무에 시달리면서도 시간을 내서 강남의 영어 학원에 다녔고, 밤샘 공부를 해서 결국 영어 점수를 받아냈다. 덕분에 영주권도 신청할 수 있었다. 김미영 씨 부부가 캐나다 영주권을 받아야겠다고 생각한 가장 큰 이유는 둘째 아이의 장애 때문이었다. 겉으로 보기에는 부자연스러운 걸음걸이만 눈에 띄었지만, 팔의 움직임도 불편해보였고 심하지는 않지만 약간의 뇌성마비와 안면 기형도 있었다. 김미영 씨는 고등학교 수학 교사였다. 교사가 되기 위해 본인이 했던 모든 노력과 성취감, 자긍심은 둘째 아이가 태어난 이후 저주로 바뀌었다.

둘째를 갖기 전 김미영 씨 부부는 많이 다퉜다. 남편은 날마다 새벽에 나가서 밤늦게 들어왔고 가족에게 무관심했다. 집안일을 도와주는 도우미 아주머니도 있었고 아이 양육은 시부모님이 도맡다시피 했지만, 김미영 씨는 늘 무엇인지 모르게 분주하고 불안했다. 슬럼프 때문인지 직장생활도 쉽지 않았다. 주요 과목 교사로서 입시 부담도 꽤 무거웠다. 말 안 듣는 학생보다 공부를 못하는 학생들이 더 미웠다. 교사로서의 사명감은 온데간데없어진 지 오래였다. 입시 실적에 따라 웃고 우는 일이 반복되었기 때문에 공립 학교 교사가 학원 강사보다 나을 것이 없어 보였다. 수입도 좋고 인정도 받으면서 학원 강사로 승승장구하는 대학 동기들을 볼 때마다 '이러려고 임용고시에 목맸나, 선생질은 왜 하나?' 하는 자괴감이 들기도 했다. 하필 그럴 때 계획에 없던 둘째가 생겼다. 임신 소식이 반가울 리 없었다.

"아이 하나도 힘들어 죽을 것 같았는데 둘째는… 낳고 싶지 않았어요."

김미영 씨는 대기실에서 TV를 보고 있는 아이들을 힐끗 돌아보면서 속삭이듯 말했다. 눈망울이 흐려졌다.

"그래서인지 첫째 임신했을 때처럼 산부인과도 자주 안 갔고 장애 검사도 안 했어요. 검사해서 장애가 있다는 사실을 미리 알았다면 안 낳았겠죠? 알았어도 낳았을까요? 결혼해서 아이를 낳은 여교사들은 대부분 집안일과 육아를 병행하면서 힘들게 직장생활을 하죠. 그래도 아이가 초등학교에 들어가면 비교적 수월해져요. 그런데 저는 둘째가 태어난 후 언제

끝날지 모르는 운명의 덫에 걸린 것 같았어요. 아무도
저를 탓하지는 않았지만, 모든 것이 제 잘못이라는 생각이
들었어요. 장애아 엄마는 잘못한 것이 없어도 죄인이잖아요.
저 같은 사람이 선생이랍시고 고개 빳빳이 들고 아이들을
가르친다는 게 뭔가 잘못된 게 아닐까 생각했어요. 어릴
때부터 꿈이었던 교사라는 직업조차 저주스럽게 느껴졌죠.

그래서 일을 그만두기로 했어요. 한국 사회는 그래요.
장애아 엄마는 죄인이고 주제 파악 못하는 여자는 벌
받아 마땅한 거죠. 그래서 전 벌을 받았다고 생각했어요.
친정엄마가 둘째를 맡아서 봐줄 테니 교사 일은 포기하지
말라고 하셔서 엄마를 붙들고 엉엉 울었어요. 임용고시에
합격했을 때 엄마가 저보다 더 좋아하셨는데, 엄마도
얼마나 속상했겠어요. 엄마 말대로 할까도 생각했죠. 그런데
동시에 나는 엄마로서 딸에게 뭘 해줬나, 뭘 해줄 수 있나
하는 생각이 들더군요. 육아 휴직을 신청하고 상황을 좀
더 지켜볼까 고민도 해봤지만, 아이를 내팽개치고 학교로
돌아가고 싶어질까 봐 무서웠어요. 배수진을 치고 전쟁터에
나가는 심정으로 사직했어요. 장애아를 키우는 부모 마음이
하루하루 전쟁터에 나가는 심정이라는 것은 겪어보지 않은
분들은 몰라요. 저는 흔한 말로 백수가 됐지만 대신 아이를
위해서 살기로 했어요."

김미영 씨는 한숨을 쉬더니 눈물이 글썽글썽한 채로
힘없이 피식 웃었다. 자신을 조롱하는 듯한 웃음이었다.

"실장님 한국 사회 잘 아시죠? 얼마나 잔인한지. 자기와
다른 사람은 사람 취급 안 하는 잔인한 사회잖아요. 제가 학교

선생을 해봐서 더 잘 알아요. 남들보다 약하거나 남과 다른 애들은 학교에서 버티기 힘들어요. 어른들이 그러니 애들은 따라 배우는 거죠."

김미영 씨의 둘째 딸은 만 두 살이 되던 해부터 장애아 치료실에 다녔다. 나이가 들수록 배워야 하는 과목 수가 늘어나고 돈도 많이 들었다. 몇십만 원 정도의 정부 지원금으로는 어림도 없었다. 아이를 돌본답시고 일을 그만두었으니 남편 외벌이로 첫째 아이 교육까지 감당해야 하는데, 평생 그렇게 살 수는 없는 노릇이었다. 그래서 마음을 독하게 먹었다.

"일반 교육을 하기로 했어요. 저도 어차피 선생이었는데 한번 해보자 싶더군요. 일반 유치원에 보내고 학교도 동네 공립 학교를 보내기로 했어요. 다른 사람들처럼 살 수는 없겠지만, 다른 사람이 사는 것처럼 살아보는 버릇을 들여야 살아가는 법도 배우게 될 테니까요. 그런데 유치원부터 문제였어요. 일반 유치원에서는 받아주는 데가 없어서 동네에서 가장 비싸고 시설도 좋은 영어 유치원에 보냈어요. 엄마들은 교양 있는 척 내색하지 않았지만 유치원 아이들은 아직 어려서 속에 있는 생각을 숨기지 못하잖아요. 아이가 괴롭힘을 많이 당했던 것 같아요. 아니, 어른들도 위로하는 척하면서 속 긁어 대는 소리를 많이 했어요.

한 번은 고등학교 동창이 "태어난 애나 부모나 다 힘들고 피곤한데 낳지 말지 그랬니…"라고 하더군요. 허물없는 사이라고 생각하고 한 말이었겠죠? 그런데 제가 그 자리에서 이렇게 받아쳤어요. "나도 내가 장애아 엄마가 될 줄 몰랐어.

사람 팔자 모르는 거야. 다른 사람에게 일어나는 일이 나에게 절대로 안 일어날 거라고 장담할 수 없잖아. 지금까지 운이 좋아서 별 탈 없이 살았다고 해도 어느 순간 무슨 일이 일어날지 누가 알겠니. 너희들도 조심해. 어느 날 멀쩡한 네 아이가 사고를 당하거나 몹쓸 병에 걸려서 장애아가 되지 말라는 법 있니? 그때 가서 애한테 차라리 죽으라고 해라. 지금 네가 한 말 곱씹으면서." 모두 기함하더군요. 제 말이 마치 저주처럼 들렸겠죠. 지금 생각해보면 그 친구들도 제가 안쓰러워서 했던 말일 텐데… 참을 걸 그랬어요. 제가 생각해도 섬뜩한 말이에요. 그 이후로 고등학교 동창 모임에도 안 나갔어요."

　　유치원 교사로부터 딸이 누구랑 싸웠다거나 누가 밀어서 넘어졌거나 하는 시콜콜한 일과를 들었지만 모른 척했다. 그래야 한다고 생각했다. 어차피 살면서 겪을 일이고 견뎌야 할 일이니까. 그 정도 오기와 각오도 없이 장애인으로 살 수 없다고 생각했다. 독하게 마음먹고 죽기 살기로 살아야 그나마 버틸 수 있을 것 같았다.

　　딸이 다니던 유치원에 캐나다에서 온 교포 선생이 있었다. 어느 날, 그 선생이 캐나다 유학을 권했다. 그의 말에 따르면 캐나다는 인종차별은 있을지언정 장애인 차별은 없는 나라였다. 그게 가능할까에 대한 의심이 들었지만, 천국의 비밀을 들은 것처럼 가슴이 뛰었다. 자연스레 캐나다 유학에 관심이 생겼다. 그런데 아무리 계산기를 두드려 봐도 연간 6000~7000만 원 이상 드는 유학 비용을 남편 혼자 벌어서 감당하기는 힘들 것 같았다. 그러던 중 알게 된 제도가 '영주권 신청자 학비 면제 프로그램'이었다.

유학원에서는 일단 영주권을 신청하고 캐나다에 가면
학비 면제를 받을 수 있다면서, 영주권을 못 받으면 한국으로
돌아가거나 학비를 내고 유학비자를 받으면 된다고 했다.
영주권 신청을 하기 위해서 어떤 조건이 필요한지 강남의
거의 모든 이민대행사와 상담을 했고 인터넷 카페도 뒤졌다.
김미영 씨는 '백수'였으니 영어 시험 준비를 할 시간이 많았고
남편보다 절실했기 때문에 영주권 주 신청자가 되고 싶었다.
하지만 당시 바뀐 기술 이민 직업군에 해당하지 않았다.
다행히 김미영 씨 남편이 전산 기술자로 직업군에 해당하여
영주권 신청을 할 수 있었다.

김미영 씨는 남편을 닦달해서 영어 학원에 등록시키고
새벽마다 깨워서 학원에 보냈다. 남편이 학원에서 배워온
내용을 날마다 같이 복습했고, 남편이 늦게 들어오는 날에도
목표한 양만큼 영어 공부를 한 뒤 잠자리에 들게 했다.
직장생활 스트레스와 피로는 물론, 영어 공부까지 해야 하는
고단한 생활이 얼마나 힘겨웠을까 미안한 마음이 들 때도
있었지만 어쩔 수 없었다. 남편도 별다른 불만 없이 잘 견뎌
주었다. 공부 머리도 제법 좋은 사람이라서 생각보다 수월하게
필요한 영어 점수를 받아왔다. 그래도 꼬박 1년 6개월이
걸렸다. 드디어 영주권 신청을 한 후 아이들은 유학비자를,
엄마는 동반 보호자비자를 받아 토론토에 들어왔다. 영주권을
신청했다는 내역을 가지고 교육청에 가서 아이들 학비 면제도
받았다.

"캐나다로 오겠다고 결정하기 전에 독일도 알아봤어요.

아는 사람이 독일에서 유학했는데 좋은 나라라고 하더군요. 그런데 독일은 한국처럼 장애아의 교육을 비장애인과 분리해서 한대요. 캐나다는 통합 교육을 한다고 해서 마음에 들었어요. 장애인도 어차피 그 사회의 일원이고 언젠가는 다른 사람들과 섞여 살아야 하는데, 교육을 분리해서 하면 나중에 그만큼의 시간과 노력이 더 필요하잖아요."

학생비자를 받을 때 아이의 장애 사실이 문제가 될까 걱정했다. 하지만 의사 소견서에 아이의 장애가 심하지 않고 학교생활에 문제가 없으며 치료를 위해 병원에 다닐 필요가 없다고 써서 제출했더니 의외로 순탄하게 비자가 발급되었다. 캐나다에 도착한 지 얼마 안 됐지만 아이들은 캐나다를 좋아했다. 생각했던 것보다 캐나다는 훨씬 좋은 나라였다. 어딜 가든 사람들은 친절했고, 무엇보다 둘째 딸이 장애 때문에 차별당하지 않아서 좋았다. 워낙 다양한 인종이 섞여 사는 곳이라 그런지 장애인도 조금 다른 부류 정도로 생각하는 것 같았다. 장애인을 사회적 약자로 인정하고 장애인 때문에 일어날 수 있는 불편한 일 정도는 배려하고 참아주는 건 기본이었다. 한국도 상황이 많이 좋아지고 있지만 여전히 성가시거나 불편한 상황에서는 인상을 찌푸리기 일쑤인데, 캐나다는 분위기가 아주 달랐다.

토론토에 온 지 얼마 안 되었을 때의 일이다. 시내버스를 타고 어딘가로 가는데 갑자기 버스 바닥이 내려앉고 버스 기사가 버스에서 내렸다. 사고가 났거나 버스가 고장 난 줄 알았다. 그런데 기사가 장애인이 탄 휠체어를 밀어서 버스에 태우는 게 아닌가. 심지어 그 장애인과 친한 친구처럼 인사하고 농담까지 하면서. 승객들도 불만 없이 장애인 휠체어가 버스에 탈 때까지 덤덤하게 기다렸다. 젊은 남자 하나가 불만 섞인 한마디를 나지막하게 내뱉었다가 다른 승객들이 다 같이 째려보는 바람에 기가 죽어 더는 군소리를 내지 못했다. 게다가 미안한 기색 없이 당당한 장애인의 모습이 내심 놀라웠다. 그날 처음 본 저상버스는 무척 인상적이었다. 캐나다에서는 벌써 몇십 년 전부터 저상버스를 운행 중이었고, 혼잡한 시간대나 특별한 일이 있을 때는 일인용 미니버스를 대절할 수도 있었다. 그래도 가격은 일반 버스 요금과 같았다. 캐나다는 그런 나라다.

"처음에는 캐나다 사람들이 한국 사람보다 마음이 착하다고 생각했어요. 그런데 곰곰이 생각해보니 수십 년 전부터 약자를 위한 법이 마련되고, 약자가 살기 힘든 나라는 결국 모두가 살기 힘든 나라라고 교육하니 사람들도 자연스레 그렇게 생각하게 된 것 같았어요. 인식의 변화는 제도를 바꾸고 교육을 하는 데서 시작한다는 걸 깨달았죠. 그날 이후로 우리 아이들을 어떻게든 캐나다에 살게 해야겠다고 다짐했어요." 김미영 씨는 큰 비밀을 알게 된 양 눈을 치켜뜨고 속닥거렸다.

김미영 씨는 처음 아이들과 학교에 갔을 때 교장과 만나 아이의 장애에 관해 이야기했다. 교장은 정부 지원을 받을 수 있는지 확인해주겠다고 했다. 교육청 직원, 사회복지사, 학교가 주기적으로 모여 장애아동의 교육에 필요한 게 무엇인지 상의하고 가능한 지원을 아끼지 않았다. 모임이 있는 날은 엄마도 참석해서 의견을 낼 수 있었다. 김미영 씨도 그 모임에 참석했다. 교장은 "아이의 장애가 심각하지 않으니 많은 지원이 필요해 보이지는 않는다"고 했다. 영어가 편치 않은 김미영 씨를 위해서 참석자들은 최선을 다해 쉽게 설명했다. 교장은 영주권이 없는 김미영 씨가 통역 비용을 지원받지 못하는 점이 안타깝다며, 도움이 필요하면 언제든지 찾아오라고 했다. 김미영 씨는 처음 모임을 마치고 집으로 돌아가는 길에 벅찬 감격의 눈물을 흘렸다.

"캐나다에 와서 살면서 그날 처음 울었어요. 제가 울면 아이들이 긴장하니까 잘 안 울거든요. 혼자 있을 때 울고 싶어지기도 했지만 버릇될까 봐 안 울어요. 제가 긴장이 풀리면 우는 버릇이 있는데 그날은 어지간히 긴장했었나 봐요. 그런데 실장님 앞에서 긴장이 풀리는지 자꾸 눈물이 나네요. 어젯밤에 잠을 한숨도 못 잤더니…."

눈물이 글썽글썽한 김미영 씨는 눈물을 훔치지도 않고 나를 보더니 슬며시 웃었다.

"캐나다가 좋기는 하지만 늘 긴장하고 살아요. 나 혼자 할 수 있는 게 별로 없어요. 요즘은 아이의 장애보다 영어를 못하는 내 장애가 더 큰 것 같아요."

교장 말대로 아이의 장애가 심각한 정도는 아니라서 현실적으로 도움받을 정부 지원은 없었다. 다만 장애아동에게 관심을 두고 어떤 어려움이 있는지 물어봐 주는 것만으로도 큰 위안이 되었다. 한국 사람들은 너 나 할 것 없이 말투는 친절하다. 그래도 성가시고 귀찮아하는 속내가 들여다보여 늘 기죽어 지냈다. 캐나다에서 만나는 사람들은 어딜 가든 성가신 내색을 하지 않는 것이 놀라웠다.

모임에 다녀오는 날은 하루 종일 기분이 좋았다. 아이들은 아이들대로 학교생활이 만족스러웠다. 장애가 있다고 놀리지도 않았고 대부분 신경 써주고 배려해줬다. 간혹 못된 아이들도 있었지만 큰 문제가 되지 않았다. 최근에는 반 친구 중 하나인 백인 아이의 생일 파티에 초대받아서 종일 놀다 온 적도 있었다. 그 아이 가족들 모두 과하다 싶을 정도로 친절했다. 다른 사람에게는 별일 아니어도 김미영 씨와 아이에게는 즐거움을 넘어서 감격스러운 일이었다. 그들이 베푸는 친절이 가식이라는 생각이 들 때도 있었다. 여기 사람들은 약자를 배려하고 존중하면서 스스로 뿌듯해하고 위안으로 삼는 것 같기도 했다. 그래도 그게 싫지 않았다. 한국에서는 그런 사람을 만나면 자존심이 상했는데 여기서는 받아들여지는 게 이상했다.

둘째 아이도 캐나다를 좋아했다. 오히려 장애가 있는 둘째보다 늦은 나이에 와서 영어 습득이 느린 첫째 아이가 캐나다 생활을 버거워했다. 하지만 그마저도 눈에 띄게 좋아졌고, 가족 모두 토론토 생활에 만족을 느꼈다. '밑져야 본전'이라는 생각으로 토론토에 왔지만 이제 어떻게든 캐나다에서 살고 싶어졌다.

"남편도 영주권을 받게 되면 회사를 그만두고 캐나다에 와서 같이 살기로 했어요. 한국에서 날마다 야근하고 툭하면 회식이다 뭐다 하면서 술 마셔야 하는 것도 지겹다면서 밑바닥부터 다시 시작할 각오로 캐나다에 오겠다고요. 영주권 신청한 지 1년 정도 지났으니 1년만 기다리면 영주권을 받을 줄 알았어요. 그런데…" 김미영 씨는 하던 말을 중단하고 대기실에서 얌전히 놀고 있는 아이들을 바라봤다. 그리고 땅이 꺼지도록 한숨을 깊게 쉬더니 다시 이야기를 이어갔다. "그런데 남편이 음주운전 단속에 걸렸대요. 저희 큰일 난 거죠?" 김미영 씨는 남 이야기하듯 맥없이 중얼거렸다.

그놈의 회식이 화근이었다. 하면 안 된다는 걸 알면서도 습관처럼 음주운전을 했는데 두어 달 전 '운이 없어서' 단속에 걸린 것이었다. 이민 대행업체 담당자가 건강상 문제와 범죄기록이 있으면 영주권 진행이 어렵다고 설명했지만 건성으로 들었다. 남편은 김미영 씨에게 알리지 않고 어떻게든 혼자 수습하려고 했다. 수속 대행을 맡긴 업체에 상황을 설명하며 도와 달라고 통사정을 했다. 음주운전을 하면 어떻게 되는지 경각심을 심어줬어야 하는데 대충 설명하고 말았으니 근무 태만 아니냐고 오히려 어깃장을 놓았다. 이민 대행업체 담당자는 방법이 하나 있다면서, 몇백만 원이 필요하다고 했다. 김미영 씨 남편은 서슴없이 돈을 건넸고, 곧 문제가 해결될 거라고 생각했다. 그런데 돈이 돌아왔다. 당황스러워 어떻게 된 일인지 업체에 따져 물었다. 이주 업체 담당자는 경찰청 범죄기록 발급 시스템이 바뀌는 바람에 도와주기로 했던 경찰관이 손을 쓸 수 없게 됐다며 안타까워했다. 예전에는 경찰관이 경찰청 범죄기록을 보고 내용을 타이핑해서 발급해줬다. 마음만 먹으면 얼마든지 내용을 수정하거나 경찰관 마음대로 바꿔서 출력해줄 수 있었던 것이다. 그런데 이제 중앙 시스템에 있는 내역을 그대로 출력해야 하고 발급 내역을 기록해서 보관까지 한다더라. 그래서 함부로 내용을 바꿀 수 없다는 게 업체 담당자의 설명이었다.

　　2010년대 초반까지만 해도 비슷한 일들이 비일비재했다. 도곡동 타워팰리스에 살던 투자 이민 신청자는 음주운전 기록이 두 개나 있었는데, 고향 마을 경찰관에게 가서 범죄기록을 모두 지운 범죄경력회보서를 발급받았다며 흐뭇하게 자랑하기도 했다. 당시 이민업체 사장들은 어느 지방 경찰과 골프를 치면서 범죄경력회보서 위조를 할 수 있는 '끈'을 만들어 두었다. 엄연히 공문서위조였지만 위법행위라는 죄책감 없이 자행되었다.

　　김미영 씨 남편도 적당한 때를 놓친 불운만 탓했다. 어젯밤, 김미영 씨는 남편에게서 그동안의 사정을 듣고는 잠을 한숨도 못 잤다. 하필이면 아이들이 학교에 안 가는 PA 데이*라서 아이들까지 데리고 아침 일찍 나를 찾아왔다. 남편의 음주 측정치는 혈중알코올농도 0.1%가 넘어서 벌금도 어마어마하고 면허도 취소된다고 했다. 무슨 벌을 받든 상관없는데 영주권 수속이 문제였다. 이제 와서 아이들을 데리고 한국으로 돌아갈 수는 없었다.

　　"이제 어떡하면 좋을까요? 어제 남편하고 통화하면서 차라리 어디 가서 죽어 버리라고 했어요. 음주운전을 하지 말든가, 아니면 걸리지를 말든가. 걸렸으면 뉴스에서 듣는 것처럼 차를 버리고 도망이라도 치든가, 어떻게든 해결하든가. 고래고래 소리 지르고 전화를 끊어버렸어요.

---

*　　한 달에 한 번 공립 학교 선생들의 교육이나 회의 등이 있는 날로, 아이들이 학교에 가지 않는다.

그러고 나서 생각해보니 선생님 소리 듣던 사람 입에서 할 소리는 아니었던 것 같기도 하고, 남편이 정말 죽어버릴지도 모르겠다는 생각이 들더군요. 다시 전화해서 방법이 있을 테니 찬찬히 생각해보자고 달랬어요. 남편도 일 저질러 놓고 얼마나 후회하고 있겠어요. 남편은 술을 적게 마시면 음주운전을 안 해요. 그런데 많이 마셔서 만취 상태가 되면 꼭 음주운전을 해요. 참 이상하죠? 술을 많이 마시면 판단력이 흐려지니까 더 용감해지나 봐요."

김미영 씨는 잠시 소리 내서 웃는 시늉을 했다. 웃음기 없는 얼굴로 소리만 경쾌했다. 엄마의 웃음소리에 대기실에서 텔레비전을 보던 아이들이 우리 쪽을 돌아봤다. 아이들은 대기실을 등지고 앉아 웃는 엄마의 들썩이는 등만 볼 수 있었다. 엄마가 웃으니 좋은 일인가 싶었으려나.

"한국은 술을 적당히 마시지 못하는 나라예요. 마셨다 하면 죽기 직전까지 마셔요. 마시기 싫어도 마셔야 하죠. 그것 때문에 여러 번 싸웠는데 결국 그놈의 술 때문에 이런 사고를 치네요. 계획하지 않은 둘째가 생긴 것도 그놈의 술 때문이죠."

김미영 씨는 고개를 숙이고 괜한 말을 꺼냈다는 듯 입술을 깨물었다.

"아무튼, 인터넷 카페 같은 데 찾아보니 그 정도면 영주권을 못 받는다고 하더군요. 저희는 어떻게 하면 좋을까요."

말하는 내내 격앙돼 있던 김미영 씨가 이 대목쯤에서 대성통곡을 해야 마땅하다고 생각했는데, 정작 이야기를 다 마친 후 덤덤한 표정으로 나를 바라보았다. 나는 김미영 씨의 표정이 '마치 헌 집 줄게 새집 다오' 하는 어처구니없는 주문처럼 보였다. '음주기록 줄게 영주권 다오'쯤이려나.

"방법은 없습니다. 영주권을 포기하거나, 미국은 범죄기록에 상대적으로 관대한 편이니 미국 영주권 신청을 고려해 보시거나…."

단호하게 말하려고 애를 썼다. 다른 업체에서 수속 중인 골치 아픈 일에 끼어들기 싫었다. 실속 없이 시간만 낭비한 꼴이었다.

"제 이야기를 다 들어서 아시겠지만, 저보고 영주권을 포기하고 한국으로 돌아가라고 하는 것은 죽으라는 말과 다를 게 없어요. 실장님… 아이들하고 같이 죽겠다고 하면 제가 얼마나 궁지에 몰렸는지 짐작이라도 하실까요?"

김미영 씨는 한참 동안 가쁜 숨을 몰아쉬었다. 울음을 참는 것이다.

"아이들한테 못 할 짓이잖아요. 미국은 아직 생각 안 해 봤어요. 일단 아이들이 여기를 너무 좋아하니 캐나다에 있을 수 있는 길을 찾아서 시도해보고, 안 되면 그때는 미국도 생각해볼게요. 다른 길을 알려주세요. 아이들 학비를 생각하면 유학비자를 받아 생활할 엄두도 안 나고… 어쩌면 좋죠?"

남편은 최소 5년 이상은 캐나다 영주권을 신청할 수 없다.＊ 영주권 신청을 철회해야 하니 학비 면제 혜택도 받을 수 없게 됐다. 김미영 씨가 선택할 수 있는 '다른 길'은 본인이

＊　2010년 당시에는 음주운전 범죄는 5년이 지나면 사면 복권을 신청하고 영주권을 신청할 수 있었다.

주 신청자가 되는 방법뿐이었다. 고용주를 찾아서 취업비자 후원을 받고 그 직장에서 1년 이상 일한 후 영주권을 신청할 수 있었다.

하지만 김미영 씨의 경력으로는 영주권 후원을 해줄 고용주를 찾기가 쉽지 않았다. 몇천만 원의 뒷돈을 주거나 아이들 뒷바라지는 포기하고 하루 12시간 이상 노예처럼 고된 노동을 하는 조건으로 고용주를 찾아볼 수는 있었지만, 현실적으로 가능하지 않았다. 또 다른 길은, 김미영 씨가 전문대학교 정규 과정을 졸업하고 취업비자를 받아 일한 후 영주권을 신청하는 방법이었다. 흔히 말하는 경력 이민, 유학 후 이민이다. 장점이라면 김미영 씨가 학교에 다니는 2년 동안과 졸업 후 3년, 총 5년 정도는 아이들 학비를 내지 않아도 된다는 것이었다. 김미영 씨 학비는 2년 과정에 연간 1만 5000불 정도니까 아이 둘 학비의 절반 정도 비용이다. 이는 2008년에 생긴 새로운 제도였고 그때만 해도 이 제도가 얼마나 지속될지 예측할 수 없었지만, 김미영 씨에게 제안할 수 있는 가장 합리적인 방법이었다.

김미영 씨는 오롯이 아이들을 혼자 돌보면서 못하는 영어 공부까지 해야 하는 현실이 두려웠다. 그래도 어쩔 수 없었다. 어떤 전공으로 어느 학교에 가는 것이 좋을지 상의했다. 한국에서 수학을 전공했고 교사를 오래 했으니 전공과 연관 있는 공부를 하면 수월했을 것이다. 하지만 단기간에 영주권을 받으려면 방향을 바꾸는 것이 효율적이라, 유아교육을 전공하는 게 좋겠다고 결론을 냈다. 아이들을 예뻐하는 편은 아니었지만 김미영 씨는 교사가 자신의 천직이라고 생각했었다. 대상은 달랐지만 다시 교사가 될 수 있다는 사실이 마음에 들었다. 두어 시간 만에 김미영 씨는 자신의 상황을 빠르게 정리하고 운명처럼 새로운 길을 받아들였다. 어떤 일이든 판단하고 결정하는 데 시간을 길게 끌지 않는 성격인 데다 엎질러진 물을 주워 담으려 애쓰지 않는 스타일이었다. 그런데 마지막으로 중요한 설명이 남았다.

"한 가지 중대한 문제가 있습니다. 남편분은 5년 이내에 영주권 신청을 못 합니다. 그러니까 5년 이내에 영주권 신청 자격이 된다고 해도 남편이 '서류상' 가족으로 남아 있다면 가족 모두 영주권을 받을 수 없습니다."

"그럼 서류상 이혼하면 가능하다는 말씀이신가요?"

"네, 그렇습니다. 하지만 영주권 수속을 시작하려면 학교 졸업하고 취업도 해야 하니 빨라도 3년 후쯤이 될 겁니다. 이혼한다면 그 무렵에 해도 됩니다."

"남편과 제가 이혼한다면 남편은 영원히 캐나다 영주권을 받지 못하나요?"

"아닙니다. 재혼하고 배우자 초청으로 영주권을 받을 수 있습니다."

"이혼했던 사람과 재혼해도 배우자 초청이 가능할까요?"

"가능합니다. 실제 사례도 몇 건 있습니다."

"알겠습니다."

김미영 씨가 말하는 "알겠습니다"가 어떤 의미인지 알 수 없었다. 다만 본인이 등록할 학교의 지원 일정과 학생비자를 받기 위해서 해야 하는 일 등 구체적인 진행에 관한 안내를 듣고는 학생비자 수속 대행 계약금을 내고 돌아갔다.

하소연을 다 들어줬더니 결국 내 고객이 되었다. 그리고 다음 날 아침 일찍 전화가 왔다. 지난밤에 남편과 나눈 대화를 마치 상황 보고하듯 일일이 서술했다. 남편과 '서류상 이혼'에 대해서 상의했고, 곧 이혼 절차를 밟을 예정이라며 쓸쓸하게 웃으며 이야기했다. "영주권을 받지 못하면 다 죽어 버리자고 협박처럼 말했어요. 죽을 수는 없으니 이혼부터 하자고 했더니 그러자더군요. 나중에 혼인신고를 다시 해서 남편도 영주권을 받을 수 있도록 해줄 테니 걱정하지 말라고 아이 대하듯 어르고 달랬어요."

남편은 부모님들과 아이들에게는 비밀로 해달라는 당부와 "미안해서 죽겠다"는 말을 하더란다. 김미영 씨는 뭐든 결정과 실행이 빨랐다. 서두를 필요 없다는 내 말에 막다른 곳까지 쫓긴 사람은 오래 고민할 겨를이 없다며 한숨을 내쉬었다. 김미영 씨는 학생비자를 받기 위해 한국에 다녀왔다. 남편에게 이혼해야 하는 이유와 진행 절차를 다시 설명했더니 "그러다가 나 혼자만 한국에 남게 되는 것은 아니냐"며 걱정하더란다. 한국에 체류하는 내내 남편을 설득하느라 고생했다며 김미영 씨는 멋쩍게 웃었다.

김미영 씨는 2년제 칼리지 유아교육 전공으로 학생비자까지 무사히 받았고, 아이들은 동반비자를 받아 학교에 계속 다닐 수 있었다.

김미영 씨는 가끔 "실장님 사무실 커피가 제일 맛있어요. 커피 한 잔 주세요" 하며 사무실에 찾아왔다. 팀 홀튼이라는 도넛과 커피를 파는 집에 가면 고작 1불 50센트(약 1300원)를 내고 커피 한 잔을 살 수 있다. 그런데 김미영 씨는 그 돈마저 아까워서 인스턴트커피를 마시거나 가끔 내 사무실에 와서 수다를 핑계로 커피를 얻어 마셨다. 물론 커피를 핑계로 수다를 떨러 온 것이겠지만.

"싱거워서 무슨 맛인지도 모르겠는 팀 홀튼 커피나 쓰고 독한 스타벅스 커피보다 봉지 커피가 훨씬 싸고 맛있어요. 원두커피가 마시고 싶으면 실장님 사무실에 와서 가끔 얻어 마시면 좋고요."

대기업에 다니는 남편이 적지 않은 돈을 보내주는데 뭐 그렇게까지 힘들게 사느냐고 물었더니 "편하게 살다 보면 마음이 해이해질까 봐 항상 긴장하고 살아요. 학교 공부는 영어 때문에 생각보다 힘들어요. 날마다 밤늦게까지 공부해야 따라잡을 수 있거든요. 아이들 등하교부터 모든 일을 혼자 처리해야 하니 날마다 전쟁을 치르는 것 같아요. 토론토 겨울은 혹독하게 춥고, 월세와 집값은 자꾸 올라서 더 오르기 전에 집을 사야 할 것 같은 조바심이 들고, 인간관계도 만만치 않네요. 특히 비슷한 처지에 있는 한인들과의 관계는 끊을 수도 없는 애증의 관계예요. 무엇 하나 쉬운 것이 없어요. 마음에 해이해지면 전부 다 망가질 것 같아서 죽을 각오를 하고 끈을 팽팽하게 조이고 살아요. 영주권 받고 남편이 캐나다에 올 때까지만 그렇게 살려고요." 그는 이렇게 대답하면서 웃었다.

김미영 씨의 말을 들으면서 소름이 돋았다. 죽을 각오를 하고 살아야 살아남을 수 있는 것이 이민생활이다. 영주권을 받기 위해 공부나 일을 하다 보면 저절로 그렇게 살아진다. 절대로 낭만적이지 않은 삶이라는 것을 이민을 꿈꾸는 이들이 알기나 할까. 영주권을 받기 위해 이혼까지 감행했던 김미영 씨는 악착같이 공부했다. 그리고 뭐든 열심히 했다. 그 덕에 2년 만에 어린이집 실습을 포함한 모든 과정을 마치고 졸업하더니, 어린이집에 취업해서 예정대로 영주권을 받았다. 드디어 남편도 캐나다에 왔다. 두 사람은 다시 '서류상 부부'로 돌아가기 위해 아이들이 지켜보는 가운데 반지 하나씩 교환하는 조촐한 결혼식을 했다. 그리고 배우자 초청 영주권을 신청했다. 조만간 김미영 씨의 남편도 영주권을 받게 될 것이다.

어느 날 김미영 씨 남편이 일하고 있는 일식당에 점심을 먹으러 갔다. 그는 일식 조리사 복장을 정갈하게 차려입고 마치 오래전부터 그 일을 해온 사람처럼 능숙하게 초밥을 만들고 있었다. 스시바에 자리를 잡고 앉아 잠시 이야기를 나누었다. 그는 한국에서 틈틈이 시간을 내 일식 기술을 배웠는데, 생각보다 적성에 맞는다며 너스레를 떨었다.

"경력 쌓은 다음에 일식당이나 하면서 큰 욕심 없이 살 거예요."

"식당 사업이 만만한 건 아니에요. 고생하는 분들이 얼마나 많은데요…."

"저도 알죠. 그래도 한국에서 밤낮없이 격무에 시달릴 때보다 낫지 않겠어요? 양복 입고 출근하는 대기업에 다닌다고 다 좋은 건 아니에요. 마음이 편해야 진짜 좋은 거죠. 한국 직장인들이 왜 그렇게 인사불성이 될 때까지 술을 마시고 음주운전까지 하는지 아세요? 다람쥐 쳇바퀴 돌듯 발전도 변화도 없이 살아가는 게 재미가 없어서 그런 게 아닐까요? 익스트림 스포츠를 즐기는 사람들처럼 살아있다는 사실을 확인하느라 그러는 거죠. 온몸에 술 냄새를 풍기면서 출근하는 동료들을 보고 서로 '저 사람 오늘도 죽지 않고 출근했구나' 하는 거죠. 그런데 캐나다에 와서 살아보니까 소소한 부분에서 원동력을 찾을 수 있더군요. 언제 다시 이 삶이 지겨워질지 모르겠지만 지금은 저도 날마다 새로운 희망이 생겨요."

"이제 음주운전 안 하시겠네요. 캐나다에서 음주운전으로 적발되면 추방당할 수도 있어요."

"네, 술도 완전히 끊었습니다. 술만 마시면 운전이 하고 싶어져요. 무슨 정신병 같아요. 그래서 술은 절대로 안 마실 겁니다. 평생."

기분 좋게 웃으면서 하는 호언장담이 부디 지켜지길 바라면서 김미영 씨 가족의 행복을 기원했다.

4

파랑새 루시 이야기

캐나다로 이민 오는 사람들 중에는 한국에서 남편이나 아버지의 폭력 또는 지인으로부터 신변의 위협을 받다가 피신 온 사례가 꽤 많다. 무작정 도망치다 보니 일반적인 캐나다 영주권 수속을 밟을 자격이 안 된다. 그래서 난민 지위와 비슷한 '정상 참작' 제도를 통해 캐나다 체류를 시도한다. 그마저도 가짜 정상 참작 신청자가 늘어나고, 한국도 법치 국가라는 이유로 승인율이 높지는 않다. 가족의 폭력 앞에 목숨까지 잃는 사연을 접하다 보면 피해자가 도망칠 곳이 세상에 있기는 할까 싶어질 때도 있다. 그런데 루시는 '일단' 도망쳤다.

한때 내 사무실에 출근하던 직원이었던 루시는 한국말을 못 한다. 엄밀하게 말하면 못하는 척한다. 한국 사람이 득실거리는 노스 요크, 특히 그들이 주 고객층인 이민·유학

컨설팅업체에서 한국말을 전혀 하지 못하는 직원은 별 쓸모가 없다. 그렇지만 루시는 한국말을 한마디도 하지 않았다. 오히려 한 사무실에서 일하는 중국인과 이란계 직원, 영어만 쓰는 캐나다인까지 한국말을 전혀 할 줄 모르는 직원들이 한국말을 배워보겠다고 호들갑스레 흉내를 낸다.

몇 년 전부터 거세게 불어닥친 한류 열풍 덕에 한국 드라마를 보면서 한국말을 배우는 젊은이들도 부쩍 많아졌다. 자랑스럽고 기분 좋을 때도 있지만 가끔은 민망하고 어색한 일을 겪기도 한다. <태양의 후예>라는 드라마에 열광했던 예쁘장한 대만 여자의 남자친구는 매번 한국 남자였다. 송중기처럼 남자답고 낭만적이고 자상하기를 기대했지만, 늘 기대에 못 미치는 한국 남자에 실망해서 헤어지기를 반복하면서도 또 한국 남자를 좋아했다. 덕분에 그는 꽤 자연스럽게 한국말을 구사한다.

토론토의 많은 고등학교에서는 매년 케이팝(K-pop) 경연 대회가 열린다. 참가자 대부분이 백인을 비롯한 다양한 인종으로 구성되어 있다. 오히려 한국 아이들을 찾아보기가 힘들 정도다. 실력도 꽤 수준급인 것으로 봐서 얼마나 연습을 많이 했을까 싶기도 하다. 이름도 알지 못하는 아이돌 그룹의 노래가 중국 마트나 이란인이 운영하는 빵집에서 울려 퍼지거나, 무심코 흘려듣던 노래 가사가 한국말인 듯해서 가만 들어 보면 낯선 최신 트로트가 흘러나올 때도 있다. 직원 중에 한국인이 있나 보다 하면서도 반갑고 신기하다. 한류 바람이 불기 시작하면서 노랫말이나 드라마 대사에서 배운 한국말을 어색하게 흉내 내는 사람들도 제법 많아졌다.

그래서 요즘은 한국계가 아닌 다른 인종 앞에서도 말조심을
해야 한다. 예전 같으면 머리에 기름기 좔좔 흐르는 중국인을
엘리베이터에서 만나면 한국말로 흉을 보기도 했는데, 요즘은
한국말을 알아들을지 모르니 함부로 흉을 볼 수도 없다. 옛날
옛적, 장국영이나 주윤발이 나오는 홍콩 영화를 보면서 뜻도
모르는 대사를 흉내 내던 시절에 비하면 지금 아이들은 아예
작정하고 한국어를 배우는 것처럼 보인다. '한국어 배우기'가
캐나다에서도 일종의 쿨한 취미생활이 돼 버렸다.

　　그런 직원들 틈에서 루시는 한국말을 단 한마디도 하지
않았다. 속 모르는 동료들은 루시가 처음 입사했을 때부터
"너는 한국 사람인데 왜 한국말을 못 하니? 나는 한국
드라마 보면서 배우는데 너도 해봐. 못한다고 쑥스러워하지
말고"라면서 참견했다. 그도 그럴 것이 직원 대부분은 영어도
잘하고 자신의 모국어까지 자유롭게 구사할 수 있었다.
토론토에 사는 이민 2세대에게는 자연스러운 일이니까.
그런데 어느 날 루시의 일갈을 들은 직원들은 더 이상
루시에게 참견할 수 없었다.

　　"나는 한국 사람 아니야. 캐네디언일 뿐이야. 나는 한국이
싫어. 증오한다고. 누군가 딱 한 사람만 죽여도 좋다는 허락을
받을 수 있다면 나는 아빠를 죽일 거야. 그가 내뱉는 한국말이
역겹다고. 그런데 내가 한국말을 하겠니? 그리고 내가
한국말을 한다면 역겨운 한국인들이 나에게 이거 해라 저거
해라 명령하거나 이것저것 도와달라고 할 거야. 난 싫어. 한국
사람이 나한테 말 거는 일조차 싫다고. 한국말은 이미 다
잊었어. 나는 캐네디언일 뿐이야."

루시의 아버지와 나이대도 비슷한 데다 회사일로 알고 지내는 사이였던 나는 루시의 태도가 이해하기 어렵고 거북했다. 그렇다고 참견할 일도 아니었다. 다만 세상 모든 사람이 딱 한 사람만 죽여도 좋다는 승인을 받는다면 나는 누구를 죽일 것인가, 누구 손에 죽을 것인가 생각해 봤다. 절대로 살아남는 행운은 없을 거라는 확신이 들어서 섬뜩했다.

토론토 전체 인구 641.8만 명 가운데 한인은 약 1%에 해당하는 6만 명가량이다. 그중 77% 정도가 완벽하게 한국어를 구사하고 집에서도 한국어를 사용한다고 들었다. 밴쿠버는 토론토보다 인구가 적지만 한인 인구 비율이 더 높다. 50명을 만나면 그중 한 사람과는 한국말로 의사소통할 수 있다. 하지만 말이 통한다고 해서 항상 반갑고 좋은 건 아니다. 외국에 나가면 한국 사람을 가장 조심해야 한다는 말을 한 번쯤은 들어보지 않았던가. 사실이다. 말이 통하니 도움받기가 쉽고 믿기도 할 텐데, 그렇게 친하게 지내다 보면 서로 상처를 주거나 사기를 당하기도 한다. 어느 민족이든 이민자 간에는 비슷한 일들이 벌어진다. 서로 믿고 의지할 사람도 말이 통하는 동포이며 매사에 조심하고 의심해야 하는 사람도 말이 통하는 동포다.

초등학교 1학년 때 캐나다에 온 루시가 한국말을 전혀 못 알아듣지는 않을 것이다. 아마 한국말을 하는 아빠와 엄마가 싫어서 못하는 척하는 게 아니었을까. 그래도 다른 직원들이 한국 드라마 이야기를 할 때는 빠지지 않고 거들었다. "나도 봤는데 재미없었어. 그거 다 거짓말이야"라고 하면서 동료들을 하찮은 드라마에 빠져 있는 골 빈 사람 취급을 하면서도 정작 본인은 마지막 편까지 드라마를 다 봤다. 루시가 한국어를 알아듣는다는 사실을 눈치로 알고 있었지만 굳이 내색하지 않았다. 루시가 혐오하는 김치와 아버지와 할머니, 그리고 무능한 엄마의 이야기를 메이에게 전해 들었기 때문이었다.

어느 날 메이가 나에게 말했다. "짜증 나요. 할 일은 많은데 무슨 푸념이 그렇게 많은지 좋은 소리도 삼세번이라는데 매일 가족 욕하는 소리를 듣고 있어야 하니… 이젠 저도 지쳐요. 욕은 또 얼마나 잘하는지 말끝마다 욕이 안 붙으면 문장이 안 되나 봐요"라면서 한숨을 내쉬었다. "메이랑 루시는 친한 사이 아니었나?" 하고 물었더니 "애가 독특해서 친해지기 힘들어요. 주로 자기 혼자 떠들어요"라고 답했다. 메이와 루시는 고개만 돌리면 얼굴이 보이는 옆자리에 앉아 있었다. 또래도 비슷해서 편하게 대화를 주고받는 사이가 됐을 테지만, 주로 구구절절 더 많은 이야기를 늘어놓는 쪽은 할 일 없이 빈둥거리는 루시였나 보다.

메이는 칼리지를 졸업한 후 나와 함께 일을 시작하더니 혼자 힘으로 영주권까지 받은 똑순이다. 메이가 캐나다 유학 이야기를 꺼냈을 때 꿈을 펼치고 살라며, 전문대학교 학비와 생활비를 지원해준 홀어머니를 하루빨리 캐나다로 모셔 오고 싶어 하는 효녀다. 하지만 늦은 나이에 캐나다에 온 탓에 영어가 완벽하지 않았다. 그런데 루시가 사무실에 출근하면서 여러 차례 메이를 도와주었다. 주로 완벽하지 않은 영어 문장을 손보는 일이었는데, 수속 매니저의 잔소리를 듣기 싫은 메이에게 루시는 큰 힘이 되었다. 메이는 보답으로 루시의 푸념을 웃으면서 들어줬다. 메이는 한심한 루시 가족 이야기를 나에게 전달하면서 짜증도 함께 나누었다.

　　루시에게는 아빠, 엄마, 오빠가 있다. 이민 온 지 십 년도 훨씬 지났다. 아빠는 돈 버는 능력은 있는데 가족들을 죄다 못살게 굴고 요즘은 바람도 피운다. 엄마는 이민 와서 한 번도 밖에 나가 일해본 적이 없다. 영어도 못한다. 영어를 배울 의지도 없어서 남들처럼 영어 학교 같은 데 다닌 적도 없다. 두 살 터울 오빠는 토론토에서 비싼 사립 고등학교를 졸업하고 미국으로 대학을 가더니 대학원까지 다니고 있다. 루시는 입만 열면 "그 학비가 다 얼만데…" 하면서 이죽거렸다. 루시보다 공부를 잘하는 것도 아니면서 아빠의 전폭적인 지원은 오빠만 받는 것이 약 올랐다. 루시 이야기 속에는 한국에 있는 할머니도 등장한다. 루시 기억 속의 할머니는 부산 근처 어느 시골 마을에 살고 있는데, 얼굴만 마주치면 루시 가족을 쥐 잡듯 잡았다. 이민 온 후 처음으로 온 가족이 한국에 갔을 때 할머니는 루시와 오빠가 영어로 대화하는 모습을 보고 화를 냈다. "다음에 올 때는 집안 어른들에게 인사드려야 하니 애들에게 한국말 제대로 가르쳐라"라며 엄마에게 소리를 질렀다. 캐나다에 이민 온 후, 가족이 다 같이 한국을 다녀온 것은 그때가 처음이자 마지막이 되었다.

　　루시 오빠가 대학을 졸업했을 때는 아빠와 오빠만 한국에 다녀왔다. 집안 어른들에게 인사하러 간다고 했는데 엄마와 루시에게는 같이 가자고 하지 않았다. 아니 갈 필요 없다고 했다. 차라리 잘 됐다 싶으면서도 화가 났다. 한국에 가고 싶은 것은 아니지만 왜 오빠는 가야하고 루시는 갈 필요가 없는지 이해가 안 됐다. 오빠가 밉기도 하고 부럽기도 했다. 하지만 오빠라고 만사가 좋은 것만은 아니었다. 아빠는 루시에게는 공부 스트레스를 주지 않았다. 공부뿐만 아니라 매사에 별 관심이 없는 것 같았다. 조용히 말썽만 부리지 않는다면 별 트러블 없이 지낼 수 있었다. 하지만 오빠는 성적이 떨어지면 몽둥이로 얻어맞기도 했다. 캐나다에서 가능한 일이냐고? 루시네 집에서는 가능한 일이었다. 공부에 별 재능이 없던 오빠는 작정하고 말썽도 부렸다. 그렇지만 몇 대 맞고 넘어갔을 뿐이었다.

오빠가 토론토에서 같이 살 때는 한 달에 한두 번 집안이 발칵 뒤집혔다. 아빠는 소리를 지르고 엄마는 울었다. 오빠는 항상 당하는 처지였지만 가끔 한 번씩 아빠처럼 소리를 질렀다. 루시는 옆집에서 신고하면 경찰이 올 것 같아 조마조마하면서도 누가 신고해주길 은근히 바랐다. 루시가 직접 신고할까도 생각해봤다. 그런데 엄마가 애원하듯 말렸다. 왜 그런지 알 수 없지만 엄마도 오빠도 그 상황에서 벗어날 생각을 하지 않았다. 그러던 어느 날 오빠는 미국의 어느 주립대학교에 합격했다며 집을 떠났다. "대학은 미국에서 나와야 취직이 잘 된다"라는 아빠 말을 따른 것이다.

메이는 루시가 하는 말을 들으면서 이해할 수 없었다. 아빠와 엄마가 싫으면 독립해서 돈을 벌면 될 텐데, 아빠가 주는 돈을 다 받아 쓰면서 입으로만 욕했기 때문이다. 그러고 보면 루시는 캐나다 구스 오리털 재킷이 세 벌이나 있었다. 종아리 아래까지 내려오는 롱 재킷, 엉덩이를 살짝 덮는 중간 길이 재킷, 초겨울이나 초봄에 입는 짧은 항공 점퍼 스타일

재킷까지 한 벌에 1000불(약 90만 원)이 넘는 옷들이었다.
가방도 신발도 값나가는 물건들만 가지고 있었다. 회사에
데스크톱 컴퓨터가 있는 데도 굳이 2000불이 넘는 애플 맥북
프로 노트북을 가지고 와서 종일 게임 혹은 쇼핑 사이트를
들락거렸다. 그 노트북이 고작 그런 용도로 쓰인다는 게 기가
막혔다. 주말에 머리를 하러 미장원에 다녀왔다고 자랑삼아
이야기하는 루시가 꼴 보기 싫었던 적이 한두 번이 아니었다.
메이는 한 보따리를 사도 100불이 넘지 않는 '밸류 빌리지'나
'쓰리프트 스토어' 같은 중고 마트에서 청바지나 니트 셔츠를
사다가 1년 내내 입었다. '위너스' 같은 할인 매장에서 마지막
세일을 하는 옷 중에 마음에 드는 것을 찾으면 더할 나위
없이 뿌듯했다. 유학생 인터넷 커뮤니티에서 질 좋은 겨울
외투를 싼값에 사면 행복하기까지 했다. 미용실은 1년에 한
번 가는 연례행사다. 미용실 가는 돈을 아낄 수 있는 가장
좋은 머리 스타일은 뭐니 뭐니 해도 포니테일이다. 머리가
많이 자랐다 싶으면 욕실에서 거울 보고 자르면 되니까. 그런
메이로서는 배부른 투정이나 해대는 루시가 얄미울 수밖에
없었다. 아빠가 지긋지긋하게 싫다면서 주는 용돈은 꼬박꼬박
받아쓰는 루시를 이해할 수 없었다. 가끔 루시가 불행한
것처럼 보일 때는 은근히 쌤통이라고 생각했다.

　　메이는 루시가 내 사무실에 출근한 이유가 순전히
그렇게 경멸해 마지않는 아빠의 부탁 때문이라는 점도 잘
알고 있었다. 대단한 직장은 아니었어도 어쨌든 루시는 아빠
'백'으로 취직해서 하루 종일 게임이나 하다가 돌아갔다. 사실
루시 아빠 정 사장이 나에게 딸을 부탁할 때만 해도 그 정도로

맹랑할 줄은 몰랐다.

정 사장은 토론토에서 미용용품(Beauty Supply) 매장을 운영한다. 샴푸나 바디클렌저 같은 일반적인 물품도 팔지만, 흑인들이 주로 구매하는 가발이나 미용실에서 사용하는 특수 제품도 판매한다. 미국과 캐나다에는 미용용품점을 운영하는 한인이 꽤 많다. 원래 이민자 사회가 다 그렇다. 한 사람이 시작한 일이 잘되면 도매와 유통 라인을 배운 직원들이 독립해서 차리기도 하고, 기존 사업체를 같은 민족끼리 사고팔기 때문이다. 최근에는 주 고객층이던 흑인이 이 사업에 뛰어들었고, 모든 소매점이 그렇듯 온라인 쇼핑몰이 위세를 떨치면서 예전보다 기세는 사그라들었지만, 그래도 목 좋은 곳에 자리 잡은 가게는 꽤 많은 매출을 올리고 있다.

이곳은 한국에서부터 무역사업으로 잔뼈가 굵은 정 사장이 좋은 안목으로 인수한 사업체라서 그런지 사업이 나날이 번창했다. 그 덕에 매장을 하나씩 늘려나가더니 얼마 전 여덟 번째 매장을 열었다. 매장 한 곳당 정규직 직원도 대여섯 명씩 있고 매출도 100만 불(약 9억 원) 이상이다. 온타리오주의 정부 이민을 후원하기에 좋은 조건이다. 정 사장은 주로 젊은 한국인 직원들을 채용해서 영주권 후원을 해준다. 어쩌다가 인연이 된 후 수년째 매장 직원들의 영주권과 취업 비자를 도맡아 수속하게 된 나는 정 사장이 가진 매장의 매출과 직원 월급, 세금 보고 내역까지 줄줄 꿰고 있었다. 해마다 정 사장을 통해 여남은 인원의 영주권 수속을 할 수 있었으니 나에게는 받들어 모셔야 하는 고객이고, 직원들에게는 고마운 사장이었다.

그런 정 사장에게서 어느 날 전화가 왔다. "저한테 딸이 하나 있는데, 대학교 졸업하고 취직도 못 하고 빈둥거리고 있어요. 일이나 좀 배워보라고 매장에 데려다 놨더니 한국인 직원들하고 투닥투닥 싸워서 이제 매장에도 못 나오게 했습니다. 아마 사장 딸이라고 위세를 부리는 모양입니다. 다른 데 취직도 몇 번 했었는데 애가 게을러터져서 밥 먹듯이 지각하고, 출근하기 싫으면 안 나가 버리니까 자꾸 잘려요. 그나마 요즘은 취직할 생각도 없는 것 같아요. 요즘은 제 엄마하고 날마다 쇼핑몰에 가서 돈만 축내고 있어요. 마냥 빈둥거리게 둘 수도 없는 노릇이라서 아주 골치가 아픕니다. 창피해서 다른 데 애기도 못 하겠고, 실장님이 이해를 좀 해줄 것 같아서 연락한 겁니다. 사무실에 우리 애 자리 하나만 만들어 주세요. 잔심부름이라도 시키면서 데리고 있으면 좋겠는데, 이왕이면 일도 가르쳐 보면 어떻겠습니까? 멍청한 애는 아니라서 일을 가르치면 곧잘 할 겁니다. 생활습관이 문제지만 익숙해지면 좀 나아질 것 같은데…. 우선 3개월 동안은 수습 기간이라고 생각하고요. 월급은 걱정하지 마세요. 내가 한 달에 1000불씩 줄 테니 그걸로 월급 주면 됩니다. 3개월 후 어떻게 할 것인지 생각해봅시다. 부탁합니다."

거절하지 못할 것을 뻔히 알고 하는 부탁이다 보니 내게는 오히려 명령처럼 들렸다. 잠시 고민했다. 딱히 직원이 필요한 것도 아닌 데다 3개월 동안은 정 사장 주머니에서 돈이 나온다고 쳐도 수습 기간이 끝나면 무슨 핑계로 해고한단 말인가. 바쁜 와중에 일을 가르친다는 것도 성가신 일이다. 그렇다고 거절할 핑계도 적당하지 않았다. 사무실도 좁고

빈자리가 없다고 해볼까 싶었지만, 그 무렵 마침 워킹
홀리데이로 와서 잠시 인턴으로 일하던 직원이 한국으로
돌아가 비어 있는 자리를 지난 방문 때 정 사장이 보고 갔다.
그 자리를 찍어둔 것이다.

그렇게 해서 루시는 메이 앞자리를 차지하게 되었다.
그때만 해도 루시가 그 정도로 아빠와 한국을 증오하는지
몰랐다. 건들거리고 가벼워 보이기는 했지만 못된 아이처럼
보이지는 않았는데, 정 사장은 딸에게 무슨 상처를 주었기에
딸에게 '죽이고 싶은 단 한 사람'이 되었을까.

영주권 수속을 하다 보면 정 사장 회사 직원들과 자주
만나게 된다. 영주권 진행 절차상 개인사를 풀어놓으면서
자연스레 회사 이야기가 나오는데, 간혹 자기도 모르게
불만을 털어놓는다. 일한 지 1년쯤 된 시점에 영주권 수속을
진행하는데, 그 무렵 만나는 직원들은 대부분 정 사장에게
고마워한다. 그토록 원하는 영주권을 후원해주는 고용주에게
감사하는 마음이 생기는 게 당연하다. 불편 부당한 일이 없는
것은 아니지만 기꺼이 참을 만하다. 그런데 수속 단계가
지속되면서 생각이 조금씩 변한다. 2년이 되고, 3년을 넘어설
때쯤에는 하루빨리 영주권을 손에 쥐고 회사를 떠나고 싶어
한다.＊

영주권을 목표로 일하는 이민자들이 받는 대표적인

＊　2019년 현재 온타리오 취업 이민 수속은 2년 이상 걸린다. 온타리오주 정부 승인까지
　　6개월, 연방 수속 단계가 1년 6개월 정도 예상되고, 범죄기록이 있거나 여타 이유로
　　기간이 늘어나면 최장 4~5년까지 길어질 수 있다.

부당 대우는 근무 시간과 저임금이다. 주당 30시간이 법정 전일 근무 시간이다. 보통 주당 40시간 정도 일하는 것이 일반적이지만 주당 50시간 이상 일하면서 추가 근무 수당을 받지 못하는 비 영주권자도 허다하고, 심하면 주말을 포함해서 주당 60~70시간 이상 일하는 사람도 있다. 그나마 월급을 제때 챙겨 받을 수 있으면 감사한 일이다. 맘대로 아플 수도 없다. 잘릴 각오를 하고 병가를 내야 하기 때문이다. 직원 숫자가 많은 직장이라면 돌아가면서 쉴 수 있지만 그만큼 영주권 후원을 받기도 쉽지 않다. 경쟁자가 많기 때문에 노골적인 영주권 쟁취 경쟁에서 밀려나지 않으려면 정신을 바짝 차려야 한다.

한국에서는 관행처럼 누구나 치열하게 경쟁하고 너 나 할 것 없이 과로사 직전까지 일한다지만, 캐나다에서 그렇게 일하는 사람은 소규모 자영업자와 그 밑에서 일하는 외국인 노동자뿐이다. 치열한 경쟁 사회에 진저리를 치며 캐나다까지 왔는데 여기서도 그렇게 살아야 하냐고? 고용주들은 실실 비웃으며 이렇게 말한다. "능력껏 양심적이고 법을 잘 지키는 고용주를 찾아보든가 아니면 한국으로 가야지. 아쉬운 게 누군데. 나도 그렇게 해서 영주권 받았어." 돈도 없고 영어도 못 하고 숙련된 기술이 있는 것도 아니라면 별수 없다. 그저 주어진 환경에 순응하는 수밖에. 사무직은 형편이 나은 편이지만 초기 이민자가 할 수 있는 일자리가 많지 않다. 자신의 영어 능력을 탓하거나 영주권을 받으면 좀 나아질 거라는 희망으로 열악한 근무환경을 당연하게 받아들인다. 법정 시급을 제대로 받을 수 있으면 그나마 다행이다.

2017년 온타리오주의 최저 시급은 14불로 올랐다. 소규모 자영업자들은 인건비가 올라서 남는 것이 없다며 죽는소리를 해대면서도 정작 하늘 높은지 모르고 치솟는 임대료에는 대항할 엄두를 내지 못했다. 캐나다에서도 건물주의 위세 앞에 당당한 영세 자영업자는 많지 않다. 그래도 한인 고용주들은 치솟은 최저 시급을 착실히 지키고 있다. 서류상으로는.

　캐나다에서 월급을 주고받는 방법은 한국에 비하면 한참 후진적이다. 수표를 주고받는다. 한국처럼 통장으로 이체해주는 기업들이 있다는 이야기를 듣기는 했지만 대부분의 기업은 직원에게 2주에 한 번씩 수표로 월급을 준다. 정 사장은 매장별로 영주권 신청 전, 신청 중, 그리고 영주권 취득 이후로 나누어 직원의 신분별로 월급을 차등 지급한다. 영주권을 받기 전, 그러니까 영주권을 신청하고 결과를 기다리는 직원들은 최저 시급에 맞춰 사장이 써준 수표를 은행에 가지고 가서 입금한다. 그리고 그중 일부를 현금으로 찾아 정 사장에게 돌려준다. 금액은 사장과 면담을 통해서 개인마다 다르게 정한다. 일한 기간에 따라서 신참은 돌려줘야 하는 금액이 더 많고, 시간이 지나면서 액수가 줄어든다. 영주권을 받을 시기쯤 되면 정상 급여에 가까운 돈을 받는다. 직원들은 영주권 수속 중 부당한 상황에 분노하다가도 영주권을 받을 때쯤 되면 언제 그랬냐는 듯 모든 것을 잊었다. 월급도 정상적으로 나오고 영주권도 받았으니 원망 따위는 툴툴 털어 버린 것이다. 의협심에 불타는 누군가 그 일을 문제 삼는다면 직원들이 나서서 말릴 게 뻔하다. 그래야 사장이 계속 영주권 후원을 해줄 테니까.

수년 동안 같은 일이 반복되고 있지만 누구 하나 노동부나 이민국에 신고할 생각은 하지 않는다. 짐짓 영주권 수속 차례를 기다리는 다른 직원들을 위한 일 같지만, 실상은 골치 아픈 일에 휘말려봐야 득 될 것이 없다고 여긴 것 같았다. 다 지난 일인데… 영주권 받았으니 됐다, 하면서. 혹시 모르지 나중에 자신들도 사업을 한다면 그런 고용주가 되고 싶은 것일지도.

정 사장의 매장마다 매년 한두 명 정도는 영주권 수속을 했으니, 적어도 예닐곱 명쯤은 받은 월급을 토해내고 있을 것이다. 직원을 통해 전해 들은 정 사장 말에 의하면 금액은 그리 크지 않았다. 다만 일종의 관행 같은 것이었다. 지금까지 해 왔는데 이제 와서 안 할 수도 없다. 정 사장 논리대로면 시어머니가 시집살이를 당했으니 며느리도 시집살이를 당하는 게 당연했다. 정 사장의 매장에서 일하면서 영주권 수속 중인 이십대 청년은 정 사장이 영주권 후원 조건으로 내세운 논리를 나에게 전달하면서 "이게 말이야, 방귀야"라고 덧붙였다. 누가 뀐 방귀냐에 따라서 코를 틀어막고 자리를 피할 수도 있겠지만, 영주권 후원이라는 권력을 쥔 고용주가 참을 수 없을 만큼 지독한 방귀를 뀐다고 해서 누가 감히 얼굴이라도 찡그릴 수 있을까.

정 사장 매장을 통해 영주권을 수속하는 대부분의 청년이 정 사장의 만행을 큰 비밀이라도 되는 양 조심스럽게 이야기하곤 했다. 그럴 때마다 나는 몰랐던 이야기를 처음 듣는 양 "아이고 그렇구나. 사장님 나쁘네"라고 받아주고 넘어갔다. 정 사장이 그렇게 해서 얻는 이득이 얼마나 되는지 모르겠다. 어쩌면 자기 말 앞에서 직원들이 꼼짝없이 구는 모습을 보면서 위계의 힘을 즐기고 있는 것은 아닐까. 어쨌든 '사장님 나빠요' 캐나다 버전은 슬프지만 곳곳에서 오랫동안 되풀이된다.

이렇듯 불법과 부당함을 당연시하는 정 사장의 문제는 여기가 끝이 아니었다. 메이가 들려주는 루시의 집안 사정은 남녀 차별이나 가부장적인 면도 문제였지만 위험하다 싶을 정도로 폭력적이었다. 가족들을 폭행하기까지 한다니. 토론토 한가운데서 그런 일이 벌어지고 있다는 사실이 믿어지지 않았다. 어느 날 메이가 "실장님, 우리가 정 사장 신고할까요?"라고 하기에 고개를 가로저었다. "야, 귀한 고용주 하나 날릴 일 있니? 남의 집안일이야." 나는 비겁했다.

루시가 출근하기 시작한 지 세 달이 다 되어 갈 무렵, "실장님"이라고 부르면서 내 방으로 들어왔다. 한국말을 전혀 못 하는 중국이나 이란 직원도 나를 부를 때는 한국말로 "실장님"이라고 말한다. 이들에게 '실장님'은 마치 이름 같은 것이다. "헤이 메이", "헤이 루시" 하는 것처럼 "헤이 실장님, 하우 아 유"라고 하기 때문에 직함이라기보다는 이름에 가깝다. 다른 한국말은 전혀 하지 않는 루시도 내 호칭을 부를 때는 어쩔 수 없이 "실장님"이라고 했다. 루시가 처음부터 나를 실장님이라고 부른 것은 아니었다. 직함이나 나이를 따지지 않고 이름을 부르는 캐나다식으로 내 이름을 불렀었다. "헤이 진" 하고 말이다. 하지만 어느 날부터 나의 호칭은 '실장님'으로 바뀌어 있었다. 나름 군기반장 노릇을 하는 메이의 입김 덕인 듯했다. 어느 날, 루시가 "너희들(You guys) 점심은 피자 어때? 내가 살게"라는 말을 영어로 했다. 그때 메이가 옆에서 " You Guys and 실장님"으로 루시의 말을 정정했다. 어색한 상황이었지만 메이에게는 당연한 일이었다. 상급자, 그것도 나이가 한참 많은 어른을 '너희들'의 범주에 끼워 넣고 얼버무리는 것이 매우 버릇없는 행동이라고 생각했기 때문이었다. 나이로 따지면 중국인 직원은 메이보다 열다섯 살 많으니 'You guys'라고 불리기에 어색하기는 마찬가지였지만, 영어로 말하는 그들끼리는 별문제 없었다. 대신 그들은 나를 빼고 'Guys'끼리 놀았다.

여하튼, 나와 대화를 자주 하지 않았던 루시가 "실장님"을 살갑게 부르면서 내 방에 들어온 점이 의아했다. 방에 들어선 루시는 무엇인가 하고 싶은 말이 있는데 쭈뼛거리며 쉽게 시작하지 못했다. 루시의 모습이 낯설기도 하고, 영어로 대화를 해야 하나 아니면 한국말로 이야기를 시작할까 고민하는 곤욕스러움 때문에 선 채로 망설이는 루시를 빤히 올려다봤다. 그동안 루시를 보면서 고민이 많았다. 출퇴근도 제멋대로인 데다 맡길 일이 있는 것도 아니니 계속 데리고 있어야 할지 고민스러웠다. 어차피 내 돈 들여 월급을 주는 것도 아니라서 그동안은 자기 하고 싶은 대로 뒀지만, 곧 수습 기간이 끝나면 고용 계약도 해야 하니 계속 데리고 있으려면 월급은 얼마를 줄 것인지 고민하던 차였다. 마땅한 일을 찾아 시키지도 않았고 일을 가르친 적도 없었으니 지금 당장 내보낸다고 해서 손해 볼 것도 아쉬운 것도 없었다. 다만 정 사장에게 뭐라고 해야 하나 싶었다. 제발 먼저 그만두겠다고 해줬으면 좋겠는데.

"그래 뭔데? 말해봐."

루시가 한국인이 아니라고 치고 영어로 대화를 시작했다.

"방해하고 싶지 않지만 묻고 싶은 것이 있어."

루시가 말했다.

"그래? 앉아."

내 대답에 루시는 망설이는 듯하다가 맞은편 의자에 앉으며 말했다.

"내가 미국으로 가고 싶은데 무슨 비자로 갈 수 있지? 영주권을 받을 수 있을까?"

"뭐? 너 미국 가고 싶니?"

"응. 다른 곳 어디든 캐나다만 아니면 되는데 남자친구가 미국으로 가고 싶다고 해서 같이 가려고. 가면 오래 살고 싶으니 방문 비자 말고, 무슨 비자를 받을 수 있는지 알려주면 고맙겠어."

"남자친구가 있구나."

나는 영어로 길게 이야기하려면 온 신경을 곤두세워야 한다. 몸으로 배운 한국어는 생각하기 전에 입에서 나오지만, 아무리 오래 살았어도 영어는 온 힘을 다해 집중한 상태에서 머리를 써야 겨우 입 밖으로 말이 나오기 때문이다. 머리보다 입이 먼저 나가 말을 해놓고 고쳐야 할 때도 있다. 본능이 따라가지 못하기 때문이다. 한국어를 전혀 못 하는 다른 나라 사람과 상담할 때는 어쩔 수 없이 신경을 곤두세우고 영어로 이야기해야 하지만, 뻔히 한국말을 알아듣는 사람 앞에서 수고스럽게 영어로 떠들고 싶지 않았다.

루시에게는 영어로 말하라고 하고, 나는 한국어로

말하겠다고 했다. 서로 못 알아들은 말은 다시 묻기로 하자고 했더니, 루시도 좋다며 응했다. 그래서 나는 한국어로 루시는 영어로 대화를 시작했다. 루시가 이해하기 쉽게 전문 용어는 되도록 영어로 말했다.

"너는 캐나다 시민권자라서 미국 취업비자(Work Visa) 받기가 쉬워. 'TN Visa'라고 하지. NAFTA(북미 무역 협정) 덕분이잖아. 그런데 너 캐나다 시민권자 맞지?"

당연히 루시가 캐나다 시민권자라고 생각했다. 캐나다에서 3년 이상 살았다면 시민권을 신청할 자격이 주어진다. 18세 이전에 부모가 시민권을 받게 된다면 미성년자 자녀는 동반으로 시민권을 받을 수 있다. 부모가 영어 실력이 안 된다거나 자격시험에 떨어졌다거나 시민권을 받을 의사가 없어서 신청하지 않았다 하더라도 18세 이상 성인은 자력으로 시민권 신청을 할 수 있다. 한국을 진절머리 나게 싫어하는 루시가 부모를 통해서든 자력으로든 당연히 캐나다 시민권을 받았을 것이라 여겼다.

"응… 아니야. 아직…"

"아직? 왜?"

"설명하기 어렵지만, 엄마랑 아빠가 캐나다 시민권을 받고 싶어 하지 않았어. 내가 시민권을 신청하겠다고 했더니 아빠가 집에서 나가라 하더라고. 우리는 한국으로 돌아가야 한대. 나 혼자라도 받고 싶었지만 아빠 집에 살면서는 불가능한 일이었지. 그래도 나는 캐나다 영주권이라도 있어서 원한다면 언제든지 시민권 신청을 할 수 있지만, 오빠는 미국으로 간 지 오래돼서 캐나다 영주권마저 잃었지. 그래서 오빠도 한국으로 돌아가게 될까 봐 많이 불안해하고 있어."

"아 그렇구나. 그렇다면 얘기가 달라진다. 네 남자친구는
어느 나라 사람이니?"

"음… 쿠바 사람."

"쿠바?"

"응. 체 게바라의 나라. 플로리다주하고 비슷한 크기밖에
안 되는 나라가 미국하고 맞붙어서 미국 점령군을 몰아내는
데 성공한 유일한 나라. 쫄쫄 굶주리면서도 자존심 하나로
버티던 나라. 모히또의 나라. 헤밍웨이가 사랑한 나라.
겨울이 없는 나라. 룸바, 살사의 나라 쿠바. 그 나라 남자야.
멋지잖아?"

"너 쿠바 좋아하는구나. 가본 적 있니?"

"아니 아직. 하지만 곧 가볼 거야. 쿠바를 상상하면 막
날아갈 것 같아. 빨리 가보고 싶어."

"언제부터 쿠바를 좋아했는데?"

"남자친구 만나고부터."

남자친구 이야기를 하면서 기분이 좋아졌는지 루시
표정과 말투가 가벼워졌다. 쿠바를 가본 적도 없는 루시가
그곳 남자를 만나 막연한 환상에 빠져든 모양이다. 캐나다가
어디 붙어 있는지 어떤 나라인지도 모른 채, 천국같이 좋은
곳에 가서 살 거라며 좋아했던 십수 년 전 나도 저렇게 철없는
어린아이 같았을지도 모르겠다.

"어떻게 만났는데?"

"아빠 회사에서. 어학연수 왔다가 아빠 회사에서 일했어.
곧 비자가 끝나면 미국으로 가보고 싶대. 나도 같이 가고 싶어.

실장님은 쿠바에 가본 적 있어?"

"가봤지. 몇 년 전, 크리스마스 시즌에 여행으로 일주일 정도 다녀왔는데 꽤 독특하더라. 여행 가기는 좋은 나라지만 가서 살기에 좋은 나라인지는 잘 모르겠다. 많은 것을 포기하지 않으면 살기 어려운 나라야. 근데 네 남자친구는 왜 미국으로 가고 싶어 해?"

"남자친구 친척이 플로리다에 산대. 캐나다는 너무 추워서 오래 살기 힘들 것 같다면서 플로리다로 가자고 하네."

루시는 SNS에 올라온 남자친구의 사진을 보여줬다. 남미계 특유의 서글서글한 눈매와 가무잡잡한 피부색, 사진으로만 봐도 한 덩치 할 것 같은 건장한 남자가 환하게 웃고 있었다. 하바나 말레콘 해변, 빨갛거나 파란 낡은 중고차로 호객을 하고 여행객을 실어 나르던 넉살 좋은 쿠바 남자가 떠올랐다.

"그런데… 방법이 많지 않네. 네 국적이 캐나다가 아니고 한국이라면 취업비자 받기도 쉽지 않고. 네 남자친구도 쿠바 사람이라면 미국 비자 받기가 쉽지 않을 거야. 그냥 캐나다에 살지 그래?"

"아빠가 싫어. 집을 떠나서 살고 싶은데 엄마가 애원해. 엄마만 두고 떠나지 말아달래. 심지어 결혼도 하지 말래. 내가 집을 나간다고 하더라도 캐나다를 벗어나지 않으면 엄마는 나를 찾아내 다시 집으로 데려올 거야. 그동안도 그랬으니까. 대학교 때 엄마랑 아빠를 놀려주려고 말 안 하고 친구들하고 여행을 갔는데, 경찰에 신고하고 SNS에 있는 친구들한테 연락하고 난리가 났거든. 그래서 아예 캐나다를 떠나야 할 것

같아. 엄마는 미국에 못 가. 여행도 못 간대. 어느 날 아빠가
엄마한테 소리를 질렀어. 엄마 때문에 미국에 가지 못하고
캐나다로 왔는데 여긴 춥고, 돈 벌기도 어렵고, 번 돈마저
세금으로 다 날리고 있다면서 다 엄마 탓이라고. 엄마가 왜
미국은 갈 수 없는지 모르겠지만, 내가 미국으로 가면 엄마가
날 찾아오지 못할 것 같아. 어차피 아빠는 날 찾을 생각도 안
할 테고."

"부모님이 왜 싫은데?" 메이를 통해서 대충 들었던
사연이지만 그래도 직접 듣고 싶어서 물었다.

"아빠는 돈 벌어 온다고 온 가족이 자기 종인 줄 알아.
그래도 나는 잘 안 건드려. 내가 하도 지랄맞으니까 그렇기도
하고 엄마를 괴롭히면 나는 조용해지니까 나까지 건드릴
필요가 없는 거지. 엄마는 아빠 종이야. 내가 이혼하라고 해도
싫대. 그러고는 자기 하소연은 나한테 다해. 한국 살던 시절에
아들이 하나뿐이라 하나 더 낳으라고 할머니한테 시달렸다는
이야기는 수십 번도 더 들은 것 같아. 내가 아들이 아니고
딸이라서 할머니는 엄마를 괴롭힌 거지. 내가 아들이었다면
상황이 나았을 텐데. 아빠가 바람피우는 이야기도 나한테
해. 아빠가 집에 안 들어오는 날은 엄마 혼자 술을 마셔.
유학생 엄마랑 바람이 났대. 얼마 전에는 출장 간다고 미국에
갔는데 그 여자랑 같이 갔다나 봐. 지긋지긋해. 엄마는 자기가
미워하고 싫어하는 사람을 내가 같이 미워하고 싫어하길
바라거든. 그래서 나는 아빠도 싫고 할머니도 싫어. 그렇다고
엄마가 좋은 것도 아니지. 어쩌면 엄마가 아빠보다 더 미운
것 같기도 해. 엄마가 왜 아빠랑 이혼을 안 하는지 모르겠어.

엄마는 아무것도 할 줄 모르는 바보야.

　그나마 우리 가족 중에 말이 통하는 건 오빠뿐인데, 사실…
좀 불쌍해. 나보다 조건이 좋다고 볼 수 없거든. 어릴 때는
오빠도 미웠는데 이젠 오빠가 나보다 더 불쌍한 것 같아.
오빠야말로 미국에서 영주권 못 받으면 불법체류를 하든
한국으로 돌아가야 하는 상황이야. 아빠는 오빠한테 군대에
가라고 해. 그래야 한국에서 사람대접 받는다고. 오빠는
한국말도 잘하니까 한국 가서 살 수 있다고. 이게 말이 돼?
누가 여기 데리고 와 달라고 했나? 자기들 마음대로 캐나다로
와 놓고 또 자기들 마음대로 한국으로 돌아가라고? 오빠는
지금 패닉 상태야. 지난번에 왔을 때 죽고 싶다고 했더니
아빠는 별일 아닌 것처럼 남자 놈이 그깟 일로 죽고 싶냐고
소리를 고래고래 질렀어. 엄마는 울고 나는 구경했지. 정말
오빠가 죽을까 봐 걱정되기도 해. 그렇지만 나는 내 살길
찾아야지. 내가 이 집에 계속 있으면 내 삶도 엉망이 될 것
같아. 오빠랑 통화하면서 내가 집을 나갈 거라고 했더니
성공하길 바란대. 어쨌든 집에서 먼 곳으로 가야 하는데…
비자가 문제군.”

　“너 중요한 한 가지를 잊고 있구나. 네가 지금 캐나다를
떠나면 네 오빠처럼 캐나다 영주권도 잃게 될지도 모르는데?
5년 중 2년 이상을 캐나다에서 살지 않으면 영주권 카드가
만료돼. 캐나다에 다시 못 들어올 수도 있어. 너도 알잖아.”

　“아, 그렇구나. 알지. 알고 있었는데 잊었어. 시민권
신청하면 곧 받을 수 있을까?”

　“금방 되는 일은 아니지. 지금부터 시작해도 1년은

걸려야 시민권을 받을 수 있어. 시험 보러 오라고 하면 시험 보러 가야 하고, 선서하러 오라고 하면 일정에 맞춰 가야 해. 그러니까 지금 캐나다를 떠나지 말고 시민권부터 받고 천천히 가는 건 어때? 하루빨리 시민권 신청하고."

루시는 시민권 신청이라는 과제를 받고 내방을 나갔다. 메이에게 전해 들었던 푸념을 생생하게 들었지만 내가 도와줄 일은 없었다. 루시와 나는 긴 대화를 영어와 한국어를 사용하며 무난하게 끝냈다. 예상대로 루시는 한국말을 잘 알아들었다.

캐나다에 사는 한국 사람 중에는 한국에 사는 사람보다 더 고릿적 사고를 하는 이도 많고 스트레스를 가족에게 푸는 이도 꽤 있다. 진취적인 척 이민 왔지만 사는 모습은 떠나오던 그 시절 그 상황에서 한 발짝도 더 나가지 못한 것이다. 그에 비하면 자녀들은 완전히 다른 부류의 사람이다. 캐나다에서 학교에 다니고 사회생활도 하면서 서양인보다 더 개방적으로 변해 버리니 그 사이에서 생기는 갈등은 불 보듯 뻔하다. 그래도 정 사장 상황은 이해하기 어려웠다. 캐나다에서 자리 잡고 잘살고 있는데 왜 한국으로 돌아갈 생각을 할까. 부모들은 나이 들어 한국으로 돌아갈 수 있지만 아이들까지 데리고 가려는 부모는 많지 않은데. 루시의 엄마는 왜 이혼하지 않을까. 캐나다에서 그 정도 이혼 사유라면 재산 분할도 충분히 받을 테고 혼자 자유롭게 살 수 있을 텐데. 루시 엄마가 미국에 가지 못하는 이유는 또 뭘까. 중대 범죄기록이 있다면⋯ 캐나다 이민도 어려웠겠지. 미국에서 1년 이상 불법체류 경험이 있으면 10년 동안 입국할 수

없으니, 불법체류 경험이 있었나? 루시가 미국으로 도망간다
해도 비자를 받아 쫓아갈 수 있을 텐데, 루시는 모르는 것
같았다. 루시가 정말 집을 나갈 생각인지 심각하게 고민하는
것 같기도 하고 장난삼아 묻는 것 같기도 해서 갈피를 잡기
어려웠다.

그런데 며칠 후, 루시는 출근하지 않았다. 늦게라도 나올
줄 알았더니 결국 나오지 않았다. 그다음 날도, 또 그다음
날도. 정 사장에게서 받은 마지막 1000불을 수표로 써서 줘야
하는데… 정 사장에게 전화를 걸어 루시가 출근하지 않는다고
했더니 알고 있다면서 "애가 어디로 갔는지 찾는 중인데
단서가 없어서 와이프가 속을 끓이고 있다" 며 남의 일처럼
말했다. "루시에게 줘야 하는 나머지 1000불을 어떻게
할까요?" 하고 물었더니 와이프가 메이를 만나러 사무실에 갈
테니 그때 전해 주라고 했다. 메이에게 상황을 전달하고 "루시
엄마가 널 보러 온다더라"라고 했더니 "루시 엄마가 사무실에
온다고요? 왜요? 퇴근하고 커피숍 같은 데서 잠깐 만나면 될
걸 왜 사무실까지 찾아온대요? 루시가 어디 갔는지 모른다고
하면 되겠죠? 이야기가 길어지면 실장님이 저 일해야 하니까
가라고 좀 해주세요. 애나 엄마나 다른 사람 생각 안 하는
것은 똑같네요"라면서 오만상을 찌푸렸다.

루시의 엄마가 사무실에 왔다. 예상보다 젊어 보였고
키는 크지 않아도 늘씬하고 예뻤다. 유학생 엄마들이 한국에
다녀오면 아름다워져서 돌아오곤 했지만 그것과는 차원이
달랐다. 사람들은 이럴 때 요염하다거나 고혹적이라고
표현할지도 모르겠다. 사라진 딸 때문에 걱정이 많은 사람

같지 않게 정갈하게 차려입은 모습이 오히려 어색했다. 메이는 툴툴거릴 때와 달리 막상 루시 엄마가 사무실에 들어서자 공손하게 맞이했다. 두 사람이 상담실에 마주 앉은 지 얼마 안 돼서 루시 엄마는 어색한 표정으로 일어나 나왔다. 생각보다 얻은 것이 없어 실망한 눈치였다. 루시가 앉았던 책상을 봐도 되겠냐고 물어서 그러라고 했다. 사무용품 몇 가지 외에 거들떠볼 공책 한 권 없는 책상을 물끄러미 바라보다가 내가 주는 수표를 들고서는, 번거롭게 해서 미안하다는 말을 남긴 채 돌아갔다. "일을 했어야 무슨 흔적이라도 있지. 종일 앉아서 자기가 가지고 온 노트북으로 게임만 하다 돌아갔으니…. 그렇다고 거창한 게임을 하는 것도 아니고, 고작 한다는 게 언제적 테트리스였는데. 그리고 뭘 그렇게 써 댔는지, 테트리스 하다가 엄마·아빠 욕하다가 또 쓰다가 또 테트리스 하다가 인터넷 쇼핑몰 들락거리고. 그게 걔 일상이었잖아요. 생산적인 일을 하는 꼴을 못 봤어요." 메이는 못마땅한 기색이었다. 예상대로 루시의 엄마는 루시가 갈만한 곳이나 누구랑 같이 갔는지 아는 것이 있으면 말해달라고 했지만 메이는 모른다고 했다. 정말 몰랐기 때문이다.

　"집에 있던 이민 가방 두 개에 자기 짐을 다 싸 들고 나갔대요. 경찰에 신고했더니 범죄하고 연루된 것 같지 않은 단순 가출이라면서, 도와줄 일이 없다고 그랬다고. 다 큰 딸이 짐 싸서 집을 나갔으니 어디 하소연할 곳도 없는 거죠. 루시 엄마는 내가 루시랑 무지 친한 줄 알더라고요. 듣기 싫은 푸념을 들어준 것뿐이지 내가 걔랑 어떻게 친해져요. 싹수도 없는데." 메이는 루시 엄마가 한 이야기를 고스란히 나에게 전달했다. "엄마 신용카드도 가지고 갔는데 알면서도 정지하지 않았대요. 어디선가 사용하면 그 인근을 다 뒤져서라도 찾을 생각이었대요. 그런데 ATM에서 현금을 찾은 것 외에는 호텔이나 교통편 요금에 카드를 사용하지 않더래요. 막연히 어딘가 멀리 갔을 거라는 사실 외에는 단서가 없는 거죠. SNS 계정도 다 닫았고 전화 서비스도 중지했대요. 루시 친구들을 거의 다 만나봤는데 아무도 루시가 누구와 어디로 갔는지 모른다고 했다고… 혹시 루시한테 연락이 오면 엄마가 죽을 것 같으니 연락하라고 전해 달라고 했어요. 진짜 죽을 것 같대요. 루시 걔 생각보다 주도면밀하게 준비했나 봐요." 메이는 눈을 동그랗게 뜨고 호들갑을 떨었다.

루시의 오빠도 죽을 것 같고 엄마도 죽을 것 같고 아빠는 루시 손에 죽을지도 모르니 그 집 사람 중에 루시만 살아남는 건가, 생각하면서 "루시 남자친구가 쿠바 사람인 거 알아?" 하고 메이에게 물었다. 메이가 화들짝 놀라면서 눈을 반짝였다.

"정말요? 몰랐어요. 실장님은 어떻게 아셨어요?"

"지난번에 내 방에 들어와서 미국으로 갈 수 있는 방법을 알려달라 하길래 방법이 없다고 했더니 실망하고 갔거든. 그때 알았어. 쿠바 남자래. 정 사장 매장에서 일했다던데?"

"어머, 미쳤네."

"미치긴 왜? 멋지더구먼. 영화배우 같이 생겼더라."

"실장님은 따님이 쿠바 남자랑 도망갔다고 하면 잘했다 하시겠어요?"

어려운 질문이다. 이민자로 살면서 가장 난감한 상황이

있다면, 자식이 다른 인종, 특히 친근하지 않은 문화나 외모를 가진 애인을 데려와 결혼하겠다고 하는 게 아닐까. 어쩌랴. 이민 올 때 그만한 각오는 했어야지.

"아니. 잡아서 다리몽둥이를 분질러 놓든지 머리를 빡빡 깎아서 방에 가두겠지."

농담처럼 깔깔 웃으며 대답했다. 막상 그런 일이 나에게 닥친다면 어쩔 수 없다 체념할지 아니면 아이가 마음 아파할까 싶어 반기는 척이라도 할지, 자신 없었다. 우리는 루시 가족의 스캔들을 농담거리 삼아 가볍게 넘겼다.

"쿠바 남자랑 같이 갔는지 확실치도 않은데 뭐."

"아니에요. 그러고 보니까 그 남자랑 같이 간 게 분명해요. 나보고 쿠바 가본 적 있느냐고 묻길래 작년에 영주권 받고 자축하는 차원에서 다녀온 적 있다고 했거든요. 멕시코나 브라질보다 물가가 싸서 다녀왔는데 생각보다 좋았다고 이야기해줬더니 어디서 머물렀는지 뭘 했는지 꼬치꼬치 캐물었어요. 그때는 별생각 없이 대답해 줬는데, 지금 보니 그게 다 생각이 있어서 그런 거였네."

"이걸 루시 엄마한테 말해줘야 하나?"

메이는 무슨 생각을 하는지 눈만 꿈벅이며 나를 바라보다가 알아서 하라는 듯 어깨를 으쓱했다. 며칠 동안 고민하다가 루시 엄마에게 전화를 걸었다. 남의 속사정을 엿보고 싶은 관음증과 남의 집 딸이 어디 가서 뭘 하고 있는지 조금 걱정스럽기도 한, 오지랖 탓이다. "루시가 어디 갔는지 알 것 같기도 해서요"라고 했더니 전화를 끊고 득달같이 달려왔다. 전화로 이야기해도 된다고 했더니, 얼굴

보고 말하는 게 속 시원하다고 했다. 루시 엄마는 루시가
내 방에 들어와 쭈뼛거릴 때와 똑같은 표정으로 나와 마주
앉았다. 딸이 집을 나갔으니 심란할 테고 격식을 갖춰야
할 만큼 어려운 자리도 아닌데 차림새는 여전히 세련되고
정갈했다. 붉은 립스틱 하나만 발라도 정성 들여 화장한 것
같고 아무거나 걸쳐도 잘 차려 입은듯한 사람이 있는데, 루시
엄마가 그랬다. 침대에서 금방 일어난 여배우가 우아한 드레스
차림에 진한 화장까지 하고 있어도 드라마라 가능하다며
비현실감을 받아들일 때처럼 루시 엄마를 보면 비슷한 인상을
받았다. 그러고 보니 낯이 익은데… 누구지?

"남자친구가 있다는 사실은 아셨어요?"

"아뇨. 그런 이야기는 안 했어요."

"쿠바 남자던데. 그 남자랑 같이 갔는지는 확실치 않아요.
다만 확인이라도 해보시라고…."

"쿠바요?"

"정 사장님 매장에서 일하던 직원이라더군요."

루시 엄마는 아이보리색 벽에 눈길을 고정한 채 두어 번
한숨 소리를 냈다.

"돈은 좀 가져갔나요? 돈이 없으면 움직이기 쉽지 않을
텐데…."

"루시 이름으로 어릴 때부터 보험 들어놓은 게 있는데
그걸 대출받아 갔더군요. 큰돈은 아니고요."

루시 엄마는 고민하는 듯 뜸을 들이다 마지못해 대답했다.

"쿠바로 찾으러 가실 건가요?"

"가야죠. 미국으로 간 줄 알았는데 쿠바라니…."

"쿠바로 갔는지는 몰라요. 확실한 건 아니에요. 다만 지난번에 저한테 영주권이나 취업비자를 받아 미국으로 갈 방법을 알려달라고 하길래 캐나다 시민권자가 아니라서 어렵다는 이야기를 해줬거든요. 당연히 캐나다 시민권이 있을 줄 알았는데, 없다길래."

루시 엄마는 말없이 창밖을 바라보고 있었다. 루시 엄마를 어디선가 만났을 거라는 확신은 점점 강해졌지만 어디서 언제 어떻게 만난 사람인지 기억나지 않았다. 한인 마트 같은 데서 오다가다 본 얼굴이라고 하기에는 더 친근한 느낌이었다. 누구냐고 묻고 싶었지만 상황이 상황인지라 차마 입이 떨어지지 않았다.

"저희는 한국으로 돌아갈 거예요. 그래서 시민권 안 받았어요. 아무튼 알려주셔서 감사합니다. 아이를 찾아볼 단서 하나는 얻었네요."

루시 엄마는 내가 궁금해하는 것 중 어느 하나 실마리조차 주지 않은 채 가버렸다. 그런데 누구지? 아무리 생각해도 기억이 나지 않았지만 어딘지 친근한 얼굴이었다.

얼마 후, 커다란 소포 하나가 사무실로 배달 오면서 궁금했던 모든 이야기를 알게 되었다. 라면 박스 두 개 분량의 소포에는 지난 3개월 동안 루시가 입고 출근하던 캐나다 구스 롱 패딩이 들어 있었다. 받는 사람은 메이와 나. 보낸 곳은 토론토에서 멀지 않은 나이아가라 폴스. 보낸 이는 루시였다. 멀리 간 줄 알았더니 고작 두 시간 거리의 나이아가라에 있었다고? 편지도 함께 있었다.

하이 실장님. 그리고 메이. 둘이 같이 박스를 열어
볼 것 같아서 두 사람에게 한꺼번에 편지를 써. 나는
쿠바로 갈 준비를 거의 마쳤어. 내일 비행기를 탈
거야. 엄마가 남자친구에 대해서 어떻게 알았는지
남자친구 페이스북으로 연락했더군. 가만 생각해보니
실장님에게 남자친구에 대해서 이야기한 기억이 났어.
실장님 말고는 아무도 모르거든. 그래도 괜찮아. 내가
어디로 누구랑 가는지 엄마가 안다고 해서 달라질
것은 이제 아무것도 없어. 미국으로 가고 싶었지만
실장님 말대로 비자가 문제더군. 평생 불법체류자로
살 수는 없잖아? 그리고 나한테는 쿠바가 더 잘
어울리는 것 같아서 남자친구에게 쿠바에 가서 살자고
했어. 쿠바도 결혼하면 영주권을 받을 수 있대. 살다가
영 아니다 싶으면 미국으로 가든 캐나다로 돌아오든
선택할 수 있겠지.

　　내가 재미있는 이야기 하나 해줄게. 아빠가
엄마에게 무슨 짓을 했는지 얼마 전에 알게 됐어.
엄마는 예전에 배우였대. 유명하지는 않았던 것
같지만 그래도 배우였다네? 믿을 수 있어? 내 엄마가
한국에서 배우였다니. 엄마가 아무것도 아니었다는
사실보다 1000배는 좋은 얘기지. 엄마가 배우가
된 지 얼마 안 됐을 때, 그러니까 나만큼 젊었을 때
엄마는 사랑하는 남자를 만나서 미국으로 도망을
갔대. 그래서 오빠를 낳고 2년쯤 미국에서 살다가
남자에게 버림받았대. What the fuck?

엄마가 어쩔 수 없이 한국으로 돌아갔을 때 아빠를
만났대. 아빠는 엄마를 놓치기 싫었던 건지 성폭행을
했고 도망가지 못하도록 감금도 했대. 그래서 내가
태어난 거야. 어릴 때 들었던 선녀와 나무꾼 스토리인
줄. 옛날에 그 이야기를 유치원 선생이 읽어줬는데
선녀가 얼마나 집에 가고 싶었을까. 얼마나
무서웠을까 생각하면 울고 싶어. 그 기억이 잊히지
않아. 엄마는 선녀와 나무꾼 이야기 속 선녀였던
거야. 할머니는 엄마와 아빠의 사연을 다 알고 있으니
엄마가 마음에 안 들었겠지. 할머니 입장에서 보면
오빠는 자기 손자가 아닌 걸 뻔히 아는데, 손자로
받아들여 달라고 하니까 열 받았던 거지. 그래서
엄마를 달달 볶으면서 아들 하나 더 낳으라고 그랬던
거야. 아빠는 엄마랑 같이 할머니를 피해서 캐나다에
이민을 왔대. 할머니가 돌아가시기 전까지는 한국으로
돌아가지 않는다는군. 꽤 낭만적으로 들리는 대목이지.
사랑하는 여자 손을 잡고 마귀 같은 어머니로부터
도망친 남자. 그게 내 아빠야.

한국에는 집안 대대로 내려오는 재산이 많대. 엄마
말을 다 이해한 건 아니지만 무슨 산도 있다고 했어.
그래서 그걸 물려받으려면 한국으로 돌아가야 한대.
그 재산이 내 것이 될 거라는데, 웃기지 않아? 내가
언제 산을 달라고 했나? 고작 산 때문에 내가 한국으로
돌아가야 한다고? Fuck off. 아빠가 왜 캐나다에
왔는지 왜 한국으로 가고 싶어 하는지 이제야 알게

된 거야. 오빠랑 내 교육 때문에 캐나다에 왔다고 했지만 애초부터 그 말은 믿지도 않았어. 엄마는 아빠가 바람피우는 것도 다 이해한대. 괴로워서 그럴 거라더군. 배배 꼬인 인생이. 그리고 아빠의 8번*에는 여자가 많아서 어쩔 수 없대. 무슨 말인지 잘 모르겠어. Goddam. 아빠가 정말로 엄마를 사랑하는 건지 잘 모르겠어. 그런데 엄마는 사랑 같은 건 중요하지 않대. 이혼할 수도 없고. 오빠 때문이겠지. 서로 사랑하지도 않으면서 그게 사랑이라고 믿기로 했나 봐. 집착을 사랑이라고 생각하고 서로 괴롭히기만 하면서. 얼마나 멋진 세상이야(What a wonderful world!)

아빠가 외박한 날 엄마는 술을 마셔. 지난주에도 그랬지. 그날 이런 이야기를 나에게 들려주더군. 내가 무슨 생각을 했을 것 같아? Fucking Great. 머리가 맑아지는 느낌이었어. 뭐가 어디서부터 잘못됐는지, 혼란스럽고 이해가 안 가던 모든 상황이 정리되더군. 나는 깨달았어. 그들은 그저 인생의 패배자(Loser)일 뿐이야. 하지만 나는 아니지. 난 엄마도 닮았고 아빠도 닮았어. 같이 살다 보면 나도 그들처럼 될 거야. 엄마처럼 이쁘지도 않고 아빠처럼 지독하지도 못하니 다르기는 하겠지. 엄마처럼 예쁘지 않아서 다행이라고 생각한 것은 이번이 처음이야. 아빠처럼 욕심 많고

---

* 'Number eight'라고 썼는데, 이건 '팔자'라는 말을 모르는 루시가 그렇게 들은 듯했다.

근면 성실하지 않은 게 얼마나 다행인가 하는 생각도 처음 했지. 그래서 떠날 수 있는 거야. 왜냐고? 잃을 게 없거든. 지금 떠나지 않으면 나중에 후회할 것 같아. 떠나야 해. 어차피 집을 나올 생각이었는데, 멀리 가야지. 이젠 미련도 없어. 잘 됐지 뭐. 오빠에게 이 이야기를 해주고 너도 네 아빠 찾아가라고 해줄까 고민도 해봤어. 한국말에 '똥차 피하려다 호랑이에게 물려 죽는다'는 말이 있지. 아닌가? '쓰레기차 피하려다 똥차에 치여 죽는다'였나? 어릴 때 장난처럼 하던 말인데 기억이 정확하지 않네. 아무튼 오빠의 친아빠가 호랑이거나 똥차라면 어쩌지? 사랑했던 여자와 아들까지 버리고 떠난 놈이라면 아빠보다 더 나은 놈은 아닐 것 같다는 생각도 들었어. 어떤 인간일까 궁금하기도 해. 엄청나게 유명한 사람은 아니겠지? 이 스토리에서 가장 불쌍한 사람이 오빠잖아? 엄마가 도망갈 수 없게 잡아둔 아빠의 인질. 캐나다 영주권도 없으니 캐나다로 돌아갈 수도 없고 미국 영주권을 받기가 쉬운 것도 아니고 한국으로 돌아가려니 살아갈 일이 끔찍할 테고 오도 가도 못하는 거지. 나는 캐나다에 잡아두고 오빠만 미국으로 보낸 게 나는 딸이고 오빠는 아들이라서 그랬는 줄 알았는데, 알고 보니 아빠는 오빠랑 한집에 사는 게 싫었던 것 같아. 아니면 아빠한테 괴롭힘만 당하는 오빠가 불쌍해서 엄마가 보냈거나. 안쓰럽기도 하지. 이 스토리를 오빠가 다 알게 된다면, 어떻게 될까?

오빠나 엄마가 걱정되기는 하지만 다 같이 죽을
수는 없잖아? 난 파랑새를 찾아 떠날 거야. 그곳에
파랑새가 없어도 괜찮아. 파랑새가 없다면 내가
파랑새가 돼보는 것도 멋지지 않겠어? 어쨌든 그곳엔
나쁜 아빠도 바보 같은 엄마도 없을 테니까. 아. 한국
사람도 없대. 얼마나 환상적이야. 잘 됐지? 스페인어를
배워야 하는 게 문제지만 괜찮아. 설마 스페인어가
한국어보다 어렵지는 않겠지. 내가 한국어를 일부러
못하는 척한다고 생각하지? 아니야. 나 정말 한국어
잘 못 해. 엄마는 애지중지하는 전기밥솥이랑 대화할
때도 있어. 처음엔 미쳤나 싶었는데, 밥솥 앞에 단추를
눌러서 그 남자가 하는 말을 하나하나 다 듣기도 해.
심지어 밥솥을 쓰다듬기까지 해. 근데 난 그 남자가
하는 말이 무슨 뜻인지 잘 몰라. 첫. 지난번 실장님이
해준 말 중에 절반은 못 알아들었어. 중요한 얘기는
아닌 것 같아 넘긴 것뿐이지. 이러니 내가 한국 가서
살 수 있겠어?

쿠바에 가면 나만큼 영어를 잘하는 사람도 많지
않을 테니 영어로 할 수 있는 일을 찾아볼 거야.
뭐라도 할 일이 있겠지. 호텔 같은 데서 일하는
것도 좋을 것 같고. 남자친구 부모님이 하바나에서
민박집을 한대. 그 일을 같이 할 수 있다면 좋겠어.
멋지지 않아? 또 모르지. 헤밍웨이처럼 괜찮은 작가가
될지도. 헤밍웨이가 아마추어 스파이였다는 걸 알아?
잘하지는 못했나 봐. 그러니까 아마추어였겠지? 나도

스파이나 돼볼까? 아니야. 글을 쓰는 게 현실적이네. 내 필명은 파랑새로 할 거야. 언젠가 파랑새가 쓴 글을 읽는다면 그게 나라고 생각하면 돼. 으, 벌써 쪽팔리네. 패딩은 메이 거야. 쿠바에 가면 입을 일도 없어. 집을 나오기로 하고 필요 없는 물건은 '키지지'에 팔았어. 그런데 이 롱 패딩은 진짜인지 가짜인지 의심하는 사람이 많았어. 관심 있는 사람들도 먼저 입어 보고 살지 말지 결정하겠다네. 나는 그럴 형편이 아닌데 말이야. 그래서 메이에게 주기로 했어. 메이 넌 나보다 백만 배는 행복해 보여. 나도 너처럼 행복해지고 싶은데 네가 내 패딩을 받아준다면 더 빨리 행복해질 것 같아.

여기서부터가 중요한데, 나 시민권 신청했어. 실장님이 말해주지 않았다면 집을 떠나고 싶다는 생각만 하고 대책 없이 캐나다를 떠났겠지만, 생각해 보니 시민권이 있어야 아빠에게서 벗어날 수 있을 것 같더라. 내가 일이 더럽게 꼬여서 쿠바를 떠나야 할 일이 생긴다면 어쩔 수 없이 한국으로 돌아가야 할 수도 있잖아. 캐나다 시민권이 없다면 선택의 여지가 없잖아. 그런 일이 없길 바라지만, 앞날은 모르는 거잖아? 안 그래 실장님? 이민국 홈페이지를 뒤져서 무슨 서류를 제출해야 하는지 찾고 그 서류를 제출하느라 캐나다를 떠나지 못했던 거야. 시민권 신청을 했으니 이제 떠나도 돼. 이민국으로부터 연락 올 주소는 실장님 사무실로 해뒀어. 모든 연락처를

다 실장님 것으로 했으니 부족한 서류를 보완해야
하거나 시험 보러 오라거나 선서하러 오라는 모든
연락을 실장님이 받게 될 거야. 괜찮지? 내가 실장님이
궁금해할 우리 집 이야기 다 해줬으니까 실장님도
나를 도와줘야 해. 엄마에게는 절대로 말하지 말고.
내가 시민권 받을 수 있게 도와줘. 부탁이야. 나에게
수속비 달라고는 하지 않을 거지? 서류 접수는 내가
다했는데 돈 달라고 하지는 않겠지.

　　나에게 연락은 이메일로 해주면 좋을 것 같아.
쿠바는 인터넷이 연결되는 곳이 별로 없다고 해서
걱정이지만 그래도 이메일이 가장 좋을 것 같아.
급하게 연락할 일이 있을지도 모르니 쿠바 가서
전화번호도 보내줄게. 엄마에게 알리지 않는다면 쿠바
주소도 알려줄 수 있어. 언제든 쿠바에 놀러 와. 지난
3개월 동안 고마웠어. 날 괴롭히지도 않고 하기 싫은
일을 시키지도 않아서. 덕분에 생각할 시간이 많았고
뭘 할 것인지 계획을 세웠어. 나에게는 환상적인
시간이었지.

　　한국이나 중국 사람들이 왜 캐나다에 오려고
하는지 생각해 봤어. 아이러니하게도 내가 쿠바로
떠나려는 것과 비슷한 이유로 캐나다에 오려고 애를
쓰더군. 캐나다는 선진국이고 쿠바는 후진국이라서
다르다고 말하고 싶겠지만 아니야. 다르지 않아.
그들은 그저 떠나고 싶을 뿐이야. 나처럼. 그래서
캐나다에 오는 거지. 그곳이 어디든 상관없어. 떠나야

할 때 받아주는 곳이 그들에게는 캐나다고, 나에게는 쿠바야. 그래서 나도 떠나. 내가 결정할 수 있는 시간을 만들어준 실장님, 고마워. 메이, 한국에서 엄마가 오면 둘이 행복하게 잘 살 거야. 난 네 엄마 같은 엄마가 있으면 좋겠다고 생각해. 그래서 네가 부러워. 이 편지가 도착할 때쯤에 나는 쿠바에 있을 거야. 너희들의 행복을 기원할게. 친구 루시로부터.

이런 아침 드라마 같은 막장 스토리라니…. "아니 내가 무슨 거지인 줄 아나?" 메이는 짜증을 내는 듯했지만 실실 웃으며 캐나다 구스 패딩을 꺼내 입어 보았다. 통통한 루시가 입던 옷인데 날씬한 메이가 입어도 꼭 맞았다. "따뜻하겠네. 잘 어울린다. 수속비를 내고도 남을 정도로 비싼 옷이니 루시의 시민권 수속에 신경 좀 써줘"라고 말했더니 메이는 멋쩍게 웃으며 고개를 끄덕였다. 그러더니 "얘가 한국 드라마 안 보는 척하면서 볼 것 다 보더니 지가 꾸며낸 이야기 아닐까요? 허언증이 좀 있는 것 같아요. 평소에도 이상한 소리 많이 했거든요. 이 이야기도 꾸며낸 것 같아요. 정 사장이 그만큼 독한 사람 같아 보이지는 않잖아요" 하면서 혀를 끌끌 찼다.

그러면 어때랴. 떠날 이유를 설명하기에 나쁘지 않은 설정이네. 루시는 시민권 시험을 보러 1년쯤 후에 캐나다에 오겠군. 그때 입을 겨울옷은 챙겨 됐을까. 부디 쿠바 남자와 해피엔딩이 되길 바란다. 고기를 좋아하는 루시가 먹을 것이 귀한 쿠바에서 강제 다이어트를 하게 될지 모르겠다. 시민권 시험을 보러 올 때 살이 쭉 빠진 모습으로 나타나면 예쁘다고

해야 할까, 안쓰럽다고 해야 할까. 시민권을 받게 되면
언제든지 올 수 있으니 너무 고생하지 말고 돌아오고 싶으면
돌아오거라.

5

맹가랍국 장씨

바깥 온도가 영하 10도를 오르내리고 눈발이 힘없이 흩날리던 날. 점심을 먹고 나면 어김없이 몰려오는 잠을 깨워보려고 진한 에스프레소를 내리고 있을 때, 누군가 상담을 하러 곧 올 거라고 메이가 알려줬다. 전화로 당장 가도 되는지 묻길래 그러라고 했다면서 "한국어 발음이 어눌한 사람인 걸 보니 시간 낭비만 하실 것 같아요" 하고 툴툴거렸다. 흔한 일이다.

언어가 어눌할 정도로 캐나다에서 오래 산 2세라면, 배우자 초청 관련 상담을 하러 오는 것일 테고 중요한 정보 몇 가지를 얻어 간 후 자력으로 영주권 신청을 할 것이다. 공짜 상담만 받고 수속 의뢰를 하지 않는 고객을 상대하는 일은 헛수고이자 시간 낭비인 셈이다. 다른 나라에서 살다 온 교포도 별반 다르지 않다. 일제 강점기부터 러시아, 몽골, 중국 등지에 살던 동포의 후예들이 캐나다 이민 방법을 문의하기도 한다. 말이 통하는 자국의 이민업체를 주로 찾는 그들이 가끔 나에게까지 오는 이유는 다른 업체에서 안내하는 제도의 진위를 확인하기 위함이다. 워낙 사기가 횡행하고 피해 사례도 적지 않다 보니 불안한 마음에 그나마 말이 통하고 믿을 만한 한인업체를 찾는 것이리라.

그러나 그들이 나에게 수속을 의뢰하는 일은 드물다. 해당 나라에서 발급받아야 하는 서류에 대해서는 그 나라 대행업체가 가장 잘 알기 때문이다. 중국은 공공기관에서 발급하는 서류라고 하더라도 위조가 판친다. 캐나다 이민국도 중국 서류를 믿지 못해 번역 공증 등 다소 까다로운 과정을 거친 서류만 인정한다. 그 과정을 원활하게 안내하려면 가끔 진땀 빼는 일도 생긴다. 한국은 서류 대부분이 전산화되어 있어서 발급처가 어디든 같은 내용의 서류를 받아볼 수 있다. 예를 들어 경기도 동사무소에 가든 서울 종로에 가든 같은 가족관계등록부를 받아볼 수 있다. 하지만 중국이나 러시아에서는 특정 지역에 있는 어떤 기관에 가야 한다고 정해진 경우도 많다. 국가별 이민 정보 공유 포럼을 열기도 하고 인터넷 카페에서 필요한 서류를 발급받기 위해 정보를 공유하기도 한다. 이민대행사 직원이라면 고객이 헤매지 않고 서류 준비를 할 수 있도록 알려줘야 한다.

나는 중국, 러시아 서류에는 문외한이나 다름없으니 그 나라에 오래 산 고객이 찾아오면 난감해진다. 그래도 굳이 나에게 수속 대행을 맡기는 사람이 있기는 하다. 대부분 자기 나라 대행업체를 믿지 못하는 경우다. 그럴 때는 어쩔 수 없이 공식적인 안내만 해주고 알아서 서류를 준비해

오라고 한다. 그러면 고객은 자기 나라 이민대행사나 인터넷 카페 같은 곳에서 정보를 얻어야 한다. 내 사무실에는 그 나라 언어를 아는 직원이 없어서 번역도 알아서 해와야 하니 서로 불만족스러울 수밖에 없다. 한국인 중에도 여러 가지 이유로 영어권 대행사를 찾는 사람들이 있다. 이 경우도 비슷한 상황이 벌어진다. 돈은 그쪽 대행사에 내고, 정보는 한인업체에게 묻거나 번역을 해달라고 억지를 쓰는 사람도 있다. 계약한 대행사에서 해야 할 일을 엉뚱한 곳에서 요구하는 게 못마땅해서 매몰차게 대하면 대뜸 한인끼리 그것도 못 해주냐고 성을 내는 사람도 있다. 평소에는 한인 욕을 해대며 상종하기조차 싫어하다가 아쉬울 때만 '같은 한인끼리'를 외치는 사람이 한둘이 아니다.

　"방문하겠다는 사람의 국적은 뭔데?" 방문 예약 전화를 받은 메이에게 물었다. 상담 신청자의 국적에 따라서 상담 내용이 조금씩 달라지기 때문에 국적을 확인해야 한다. "한국 여권 갖고 있대요." 한국 국적자라는 뜻이다. 발음이 어눌할 정도로 다른 나라에서 오래 살았다면 그 나라 국적을 취득하고 여권도 가지고 있는 경우가 많다. 그렇지만 다른 나라 국적을 취득하고도 한국 국적을 포기하지 않는 사람도 제법 많다. 한국은 이중 국적을 법으로 금지하고 있어서 다른 나라 국적을 취득하면 한국 국적을 포기해야 한다. 하지만 이 또한 현지 공관과 한국 법무부에서 각각 다른 소리를 해대니 어느 것이 정확한 정보인지 알 수 없다. 그래서 많은 이민자가 다른 나라 국적을 취득했음에도 한국 국적을 포기하지 않고 한국 여권을 사용 중인 경우가 있다. 그런가 하면 정작 한국 국적을 포기할 필요가 없는 사람이 법을 지키겠다고 국적을 포기하는 일도 있다.

어느 나라에서 얼마나 오래 살던 사람일까 궁금해하던 찰나, 한 남자가 문을 열고 들어섰다. 그런데 그를 보고 나도 모르게 '어라?' 싶었다. 예상했던 외모가 아니었다. 피부색으로 보나 행색으로 보나 한국 사람이라고 하기에는 좀 다른 외양이었다. 영락없는 인도나 파키스탄계 사람이다. 캐나다에서는 외양을 보고 국적이나 핏줄을 추정하는 행위를 일종의 인종차별로 본다. 속으로는 무슨 생각이든 입 밖으로 "캐나다 사람처럼 생기지 않았다"라거나 "캐나다 사람은 백인이다"라고 말한다면, 단순한 인종차별을 넘어 다양성을 국가의 자랑으로 생각하는 이민자 국가 캐나다를 부정하는 말이 된다. 하지만 이번에는 상황이 달랐다. 단일민족, 백의민족을 외쳐대는 민족주의자가 넘쳐나는 대한민국, 국가와 민족을 동일시하는 나라에 저런 외모를 가진 한국 사람이 있구나 싶었다. 한국은 단일민족이라는 단어에 유별난 자부심을 느낀다. 가까운 중국만 해도 조선족, 한족 등 다양한 민족이 모여 국가를 이루었고, 일본 열도에는 야마토, 류큐, 아이누, 윌타, 니브히, 오로치 민족이 살고 있으니 단일민족 국가가 아니다. 북유럽 몇 나라와 고립된 채 살고 있는 섬나라를 빼면 세계 어딜 가든 단일민족 국가를 찾아보기 어렵다. 어차피 '말로만' 단일민족이라는 사실을 이미 알 만한 사람은 다 알지만 유별나게도 단일민족, 순혈주의를 고집하는 나라가 한국이다. 오죽하면 애완견도 순종이 아니면 모조리 똥개 취급을 할 정도니 토종 한국인이 아니면 사람이라도 순종 애완견보다 나은 대접을 받지도 않는 듯하다. 그동안 한국인 고객들을 상대하면서 종종 백인이나 흑인 혼혈을 만나기도 했다. 하지만 한국 국적을 가지고 있는 브라운(brown), 그러니까 남아시아 핏줄을 본 적은 없었다. 당연히 혼혈이라고 생각하면서 "한국 분이시군요" 하고 슬그머니 눈치를 봤다. 그가 어떤 이야기를 꺼내든 이미 낯설고 흥미로웠다.

"네. 한국 사람입니다. 원래는 방글라데시 사람이고… 한국 사람 된 지는 5년 됐습니다."

귀화자. 왜 그 생각을 못 했을까. 변명의 여지 없는 몹쓸 편견이다. 세상이 얼마나 좁아졌는데 얼굴색이 다른 한국 사람도 있겠지. 물론 오토바이 시동 걸듯 빠르게 말하던 프랑스 여자, 한국관광공사 사장까지 한 백인 아저씨, 한때 "한 뚝배기 하실래예"라는 멘트로 유명해졌지만 마약 파문으로 온 나라를 떠들썩하게 만든 백인 변호사이자 방송인, 그 외에도 다양한 귀화자가 있다는 사실은 나도 알고 있다. 하지만 한국 텔레비전에서는 피부색이 어두운 귀화자나 외국인을 잘 보여주지 않는다. 그래서 나처럼 무신경하고 무식한 사람은 피부색이 어두운 사람을 보면 언젠가 자기 나라로 쫓겨날 불법체류자나 외국인 노동자로 생각할 수밖에.

"그러시군요. 어떻게 한국에 귀화하셨어요? 그리고 여기는 왜?"

귀화까지 하면서 한국 국적을 취득했으면 한국에 살지, 캐나다는 왜 왔는지 궁금했다.

"제가 캐나다에 살고 싶은데, 방법을 알고 싶습니다."

그는 어눌한 한국말로 이야기를 시작했다. 어려움 없이 알아들은 대목도 있었지만 어떤 문장은 단어만 겨우 알아들었다. 가까스로 이해한 그의 이야기는 이랬다.

이름 장현철. 나이 40대 중반. 현재 경기도 안산에 가족이 살고 있고 혼자 캐나다에 방문비자로 체류 중이다. 나와 성이 같다. 다만 그의 장씨 성은 본이 맹가랍(孟加拉)이며 안산 공파라고 했다. 몇 안 되는 장씨 본 중에 새로운 장씨 성의 등장이다. 맹가랍이 무슨 뜻인지 물었더니 방글라데시의 한자어라면서 종이에 본인의 이름과 본을 썼다. 한참 걸렸지만 묵묵히 그가 어려운 한자를 다 쓸 때까지 기다렸다. 한국 사람은 이름과 본 정도는 한자로 쓸 줄 알아야 한다고 해서 익혔단다.

그는 20여 년 전 방글라데시에서 한국으로 갔다. 경기도에 있는 4년제 대학의 무역학과에 다닌 적도 있다며 자랑하듯 말했다. '다닌 적이 있다'는 말은 졸업을 못 했다는 뜻이려나. 잠시 무역회사에 다녔지만, 주로 공장에서 일했다. 가구공장에서 일하다가 절단기에 손가락 하나를 잃었다. 그는 오른손 주먹을 들어 마디 하나가 없는 손가락을 보여 주었다. 하필 가운뎃손가락이었다. 잘려 나간 손가락 끝은 뭉툭하게 아물었고, 늙은 나뭇등걸처럼 거친 모습으로 남은 손가락과 어색한 조화를 이루었다.

장현철 씨는 손을 책상 위에 올려놓고 가운뎃손가락을 까딱거리며 이야기를 계속했다. 한국 영주권을 받은 후 방글라데시 여자를 데리고 와 결혼했고, 5년 전에 귀화했다. 6학년 아들도 하나 있는데 태권도가 2단이다. 공부도 제법

잘한다. 장현철 씨는 아들 이야기가 나오자 빙그레 미소
짓더니 핸드폰을 들어 태권도 도복을 입고 자세를 잡은 아이
사진을 불쑥 보여주었다. 손에는 번쩍이는 금색 메달을 들고
있었다. 무슨 메달인지 묻고 싶었지만 이야기가 길어질 것
같아 그만두었다. 큰 눈망울이 장현철 씨와 똑 닮은 아이였다.

공장을 다니며 번 돈을 모아 작은 슈퍼마켓을 인수했다.
한국 사람은 대부분 떠나고 다양한 민족이 들어와 살기
시작한 동네에 있는 오래되고 작은 마트였다. 전 주인은
한국인이 떠나고 매상이 줄자 가게를 헐값에 내놨다. 그
가게를 장현철 씨가 인수해 방글라데시나 인도의 물품을
들여와 팔았다. 큰돈은 못 벌어도 밥 먹고 살 만큼은 장사가
되었다. 가게 일은 주로 와이프 몫이었고, 장현철 씨는
공장에서 악착같이 돈을 벌었다. 그러던 와중에 마트의 전
주인이 재고 값과 권리금을 더 많이 받아 갔다는 사실을 알게
됐다. 억울한 마음에 친한 한국 사람들에게 이야기했더니
발 벗고 나서 주었고, 덕분에 재판을 할 수 있었다. 다행히
법원에서 2000만 원을 돌려주라는 판결이 났다.

하지만 전 주인은 돈을 돌려주기는커녕 걸핏하면
찾아와서 행패를 부리고 죽여버리겠다는 협박을 일삼았다.
새벽 두 시에 집에 찾아와 돌을 던져 유리창을 깨기도 했다.
경찰에 신고도 해봤지만 별 도움이 되지는 않았다. 신고를
받고 느릿느릿 출동한 경찰은 행패 부리는 전 주인에게
"이러시면 곤란한 거 아시잖아요"라면서 짓궂은 친구의 못된
장난질을 말리듯 달래서 돌려보냈다. 그래도 말을 듣지 않을
때는 경찰차에 억지로 태워 가기도 했지만, 전 주인은 다음날

보란 듯이 다시 와서 더욱더 심하게 행패를 부렸다. 장현철
씨보다 10살이나 젊은 전 주인은 장현철 씨와 그 가족을
벌레 취급하면서 "너희 나라로 돌아가라"고 말했다. 장현철
씨는 전 주인이 협박하면서 했던 말을 흉내 내기도 했고
슬픈 대목에선 우는 표정을 지었다가 눈을 동그랗게 뜨며 날
노려보기도 했다. 마치 일인극 공연을 보는 듯했다. 연극의
콘셉트는 분노나 불합리함보다 '불쌍함, 처량함'이었다. 여러
번 연습한 듯 어느 대목은 한국어가 자연스럽고 유창했다.

그러던 중 토론토에 살고 있는 친구와 연락이 닿았다.
그 친구도 한동안 한국에서 살다가 캐나다로 간 방글라데시
사람이었다. 토론토에서 큰 가구점을 하면서 잘산다고 하길래
큰맘 먹고 보러 왔다. 정말 큰 가구점을 하면서 큰집에서
살더라. 한국처럼 인종차별이 없어서 아이들도 행복해
보였다. 그래서 그 친구처럼 캐나다에 와서 살고 싶어졌다.
취업비자를 받고 가족을 데려오고 싶어 이것저것 알아보다
일을 하기 시작했다. 방문비자로 일하는 게 불법임을 알고
있었지만, 취업비자를 후원해주려면 일을 얼마나 잘하는지 좀
더 지켜봐야 한다는 말에 어쩔 수 없이 계속 일하고 있다.

장현철 씨의 이야기를 듣다가 "어디서 무슨 일을
하시나요?"라고 물었다. 이민 온 지 오래된 한국 사장이
운영하는 인테리어 회사였다. 열심히 일하는 장현철 씨를
보고 사장은 취업비자를 후원해주기로 약속했다. 그런데 몇
달이 지나도록 취업비자 진행에 관한 소식을 들을 수 없었다.
어떤 이민 변호사한테 수속을 맡겼다길래 어떻게 돼 가고
있는지 물어봤다. 그때마다 사장은 "넌 알 필요 없어. 신경

쓰지 말고 일이나 열심히 해"라는 대답만 되풀이했다. 왜
안 알려주는지 모르겠다. 빨리 비자 받고 가족을 데려와야
하는데 뭐가 어떻게 돌아가는지 알 수가 없으니 속이 터져
죽을 지경이다.

　　장현철 씨는 "사장님이 취업비자를 신청하긴 한 걸까요?
궁금하고 속 터져 죽겠어요"라면서 나를 빤히 바라봤다.
'그걸 나한테 물으면 어쩌지? 내가 그 고용주 속을 어찌
알겠나' 하는 생각이 들었지만 그 정도 일로 죽지는 말라고
했다. 장현철 씨는 어린아이처럼 쑥스러운 웃음을 보였다. 속
터져 죽겠다, 궁금해 죽겠다, 그는 말끝마다 "죽겠다"라고
했다. 나도 몇 가지 궁금증이 생겼다. 장현철 씨의 한국어가
자연스럽지 않아 이해하기 힘들었고, 그가 내 질문을
정확하게 이해하는지도 확실치 않았다. 그래서 선문답 같은
대화를 시작했다.

　　왜 토론토까지 와서 방글라데시 사람에게 도움을
청하지 않고 한국인을 찾았는가.

　　방글라데시를 떠난 지 오래돼서 아는 사람도 별로
없고, 있다고 해도 취업비자를 도와줄 능력이 없다고
생각했다. 다들 먹고살기 어려운 데 그런 부탁하기
싫었다.

　　인도, 파키스탄, 방글라데시의 관계를 잘 모르는
무지한 사람이라서 묻는 말인데, 캐나다에 인도
사람이 꽤 많다. 중국 사람보다 더 많은 지역도 있다.
옛날에 방글라데시는 인도, 파키스탄과 같은 나라였다.

독립한 지 몇십 년밖에 안 됐으니 인도 사람에게
도움을 청하는 게 한국 사람보다 낫지 않은가? 그런데
왜 인도 사람 중에 고용주를 찾을 생각은 하지 않았나.
인도 사람이 운영하는 이민대행사도 많은데 왜 나를
찾아왔는지?

인도, 방글라데시, 파키스탄은 '원수' 지간과
마찬가지다. 같은 나라 사람이었다고 해도 지금은
남보다 못한 관계다. 그리고 나는 한국인이다.
한국에서 오래 살아서 그런지 한국 사람이 더 편하다.

장현철 씨는 '원수'라는 단어를 유독 또박또박 말했다.
"우엔쑤." 그러고 보면 한국 사람 중에도 말 통하는 북한을
세상 어느 나라보다 적대적인 철천지원수나 주적으로 여기는
사람도 있으니 그럴 수 있겠군. 아, 그러고 보니 장현철 씨는
한국 사람이었지.

하고 많은 성씨 중에 왜 하필이면 장씨를 택했는가?

내가 장씨라서 더 궁금하기도 했지만 그 안에 무슨 사연이
있을 것 같아 사소한 호기심으로 물었다.

처음 한국에 왔을 때부터 보살펴주고 도와준 사람이
있다. 나이는 비슷하지만 아버지 같은 사람이다. 그
사람이 장씨인데 귀화할 때 장씨 성을 '하사'했다.

맹가랍국 장씨

장현철 씨가 '하사'라는 어색한 단어를 힘주어 말하니 피식 웃음이 나왔다.

내가 캐나다에 온 지 얼마 안 되었을 무렵, 무료로 영어를 배울 수 있는 정부 지원 학교에 다녔다. 한국에서 중고등학교에 다니면서 수년 동안 배운 읽기와 문법, 단어 실력도 그다지 우수한 편은 아니었지만, 듣고 말하기는 더 형편없었다. 영어를 기초부터 배워볼 요량으로 낮은 수준의 반에 들어갔더니 같은 반 사람들 모두 나이가 많거나 학력이 낮은 난민 혹은 후진국 이민자들이었다. 그런데 영어 선생은 나보다 실력이 낮은 사람들이 말할 때는 한마디 한마디 예의 바르게 경청하면서 내가 말할 때는 피식피식 비웃음을 내비쳤다. 같은 반 사람들보다 실력이 뛰어나다고 생각해 하루빨리 그 형편없는 반을 벗어나려고 애쓰던 나로서는 자존심 상하는 일이었다. 어느 날 무엇이 못마땅한지 알고 싶어 조용히 선생에게 찾아가서 물었다. 그때 선생이 나에게 했던 말이 문득 기억났다. "네가 말을 할 때는 다섯 살짜리가 대학 논문 읽는 것처럼 어색하다. 일상생활에 어울리지 않는 학문적 단어나 고어를 사용하기 때문이다. 대학교 영문학 전공 시간에 셰익스피어나 고전 소설 공부를 하면서 배웠던 단어를 네가 일상 용어처럼 말할 때 조금 웃긴다. 한국 학생 대부분이 그렇기 때문에 매번 수정해주기도 어렵다. 하지만 들을 때마다 웃음이 나온다. 비웃으려고 한 건 아니니 기분 나쁘게 생각하지 마라."

장현철 씨의 한국어 실력이 고어나 한자어를 많이 알 정도는 아닌 듯한데 왜 장씨 성을 '주었다'거나 '권했다'처럼 쉬운 말을 쓰지 않고 굳이 "장씨 성을 하사했다"고 했을까.
어쩌면 아버지 같다는 그분이 "내가 너에게 장씨 성을
하사하노라" 하고 근엄하게 말했고, 그 말을 새겨들은 장현철
씨는 누군가 장씨 성을 갖게 된 연유를 물을 때마다 같은
대답을 한 것은 아니었을까. 장씨 성을 하사받아 맹가랍국
장씨 문중을 일으켜 세운 역사적 사건에는 고단하고 긴
사연이 있었을 테고, 허투루 넘길 수 없는 일종의 의례가
필요했으리라 짐작했다. 그래서 사용하는 단어에 형식과 예를
갖추고 싶은 게 아니었을까.

어째서 캐나다에 오고 싶은지? 한국이 싫은가?

내 질문에 그는 눈치를 보는 듯 머뭇거렸다. 한국에서 나고
자란 한국 사람끼리는 욕을 먹어도 내 나라고, 욕을 해도 내
고국이라고 생각한다. 그래서 서로 한국을 흉보고 욕하면서도
아쉬워하고 그리워한다. 하지만 태생이 방글라데시인 장현철
씨가 내 앞에서 한국 욕을 대놓고 하기는 부담스러웠을지도
모르겠다.

한국이 싫다기보다, 미래를 생각하면 걱정스러운
일이 많았다. 허구한 날 찾아오는 슈퍼마켓 전 주인도
언제까지 참아줘야 할지 모르겠다. 내가 한국을 떠난
후로 부쩍 행패가 심해졌다며 와이프가 불안해한다.
한국에서 도와주는 사람도 있지만 이 일은 쉽게
해결이 나지 않을 것 같다. 2000만 원을 돌려주라는

판결이 난 후 그것을 취소하라고 행패를 부리는 건데, 이것은 목숨을 위협받는다고 해도 포기할 수 없는 큰돈이다. 지금 당장 한국을 떠나야 할 이유가 있는 것은 아니지만 인종차별을 하고 위협하며 함부로 대하는 사람이 주변에 너무 많다.

특히 아들이 받을 인종차별이 걱정이다. 괴롭히는 아이들이 있으면 자기 몸은 자기가 지키라고 태권도를 가르쳤는데, 지금은 아주 잘한다. 주변에서 농담처럼 국가대표를 시키라고 하지만, 태권도 국가대표가 어디 실력만으로 되는 일인가. 아이가 더 자란 후 대학도 가고 취직도 할 때가 되면 인종차별이 좀 사라질까 기대할 때도 있다. 하지만 아직 꿈같은 일이다. 처음 한국 국적을 받았을 때는 평생 한국에서 뼈를 묻을 거라고 생각했다. 아들이 학교에서 역사를 배워오더니 독립군처럼 애국자가 되고 싶다고 했다. 나도 애국자가 되고 싶었지만 쉽지 않을 것 같다. 점점 더 한국에 사는 게 버겁다. 평생을 살아도 한국에서 겪는 인종차별은 극복하기 어려울 것 같다. 한국에는 좋은 사람도 많지만 나쁜 사람도 많다.

장현철 씨가 하는 말을 힘겹게 알아들었다. 가슴 아픈 이야기다.

"그렇군요. 취업비자는 한 달 이상 구인광고를 하고 이민국에 취업비자를 신청합니다. 결과가 나오려면 6개월 이상 걸리고요. 저도 다른 업체에서 수속 중인 케이스의 진행 상황을 알 방법은 없습니다. 고용주에게 다시 한번 물어보셔야 할 것 같습니다."

어린아이와 대화하는 것처럼 말수를 줄여 간략하게 캐나다 취업비자가 어떻게 굴러가는지 설명했다. 다른 이민업체에서 진행하는 일을 내가 설명할 필요도 없고 설명해서도 안 된다. 그러나 인종차별을 하는 사람으로 오해받기 싫어서 예의를 갖추어 차근차근 설명했다. 장현철 씨가 내 설명을 다 이해했기를 바랄 뿐이었다.

언어 능력이 떨어지는 사람과 대화하다 보면 상대의 지능이 낮은 것처럼 느껴진다. 그럴 때는 둘 다 익숙지 않은 언어로 말하는 게 동등한 관계로 대화할 수 있는 최선의 방법이다. 하지만 우리의 공통 언어가 한국어뿐이어서 나는 어쩔 수 없이 장현철 씨보다 심적으로 우위에 선 채 대화를 나누었다. 한국어 사용 면에서 나는 어른이었고 장현철 씨는 어린아이였다. 불공평하게 이뤄지는 대화였다. 영어를 못하는 거주자나 여행자, 유학생이 많은 캐나다에서는 인종차별처럼 언어차별을 당하는 사람이 많다. 영어를 못하는 한국인 이민자 역시 토론토에서 흔히 당하는 일이다. 특히 언어 구사 능력이 중요한 상황, 예를 들면 직장생활 등에서 겪는 언어차별은 인종차별보다 더 자주 일어난다. 장현철 씨를 처음 만난 날, 그가 나와 비슷한 지능과 생각을 하는 성인이라는 사실을 잊지 않기 위해 애썼다. 그런데 가만 생각해보니 캐나다에 있는 많은 한인들의 영어 실력도 장현철 씨의 한국어 실력보다 나을 게 없었다. '그렇구나. 장현철 씨나 우리나 이민자로 살기 쉽지 않은 건 마찬가지구나. 캐나다 사람들이

나와 대화할 때마다 얼마나 답답했을까?' 장현철 씨 앞에서
잘난 척할 것 없다는 생각이 들자 내심 부끄러워졌다.

　　첫 대면 후, 장현철 씨는 피곤할 정도로 자주 찾아왔다.
전화 통화나 이메일로 해결할 수 있는 일도 굳이 방문해서
마주 보고 이야기를 나누었다. 나중에 알게 된 사실이었지만
전화기 너머로 대화를 나누기가 쉽지 않은 데다, 한글로
이메일을 쓰는 것은 더 어려운 까닭에 수고를 감수하고 나를
찾아온 것이었다. 내가 인권 단체의 자원봉사자도 아닌데
매번 성가시게 한다고 생각하면서도 '나는 좋은 사람이니까…'
하고 달랬다. 그러던 어느 날부터 장현철 씨는 인테리어 업체
사장의 악행을 하나씩 말하기 시작했다.

　　"처음 일을 시작할 때는 취업비자도 내주고 영주권도 받게
해 준다더니, 방문비자 끝나면 한국으로 돌아가래요. 월급도
안 줘요. 이민국에 연락해서 추방당하게 한대요. 막 욕도 해요.
인테리어 공사를 하다 보면 사무실은 밤에 공사해야 하는데,
밤새워 일하고 그다음 날 낮에도 일하라고 해서 자야한다고
했더니 잠은 나중에 한국 돌아가서 자고 지금은 일하래요.
나는 언제 자요? 그래서 자야한다고 했더니 빈둥거릴 거면
한국 가래요. 취업비자 물 건너갔대요."

　　장현철 씨는 6개월 방문비자로 캐나다에 온 탓에
합법적으로는 일할 수 없는 처지라 법의 보호를 받기도
어려웠다. 이를 알고 있던 인테리어 업체 사장이 취업비자를
빌미로 자신을 노예처럼 부려 먹는다는 것이었다. '사장님
나빠요' 토론토 버전이었다. 방글라데시 태생 한국인
장현철 씨뿐만 아니라 캐나다 영주권이 없는 한국인들도

토론토에서는 같은 처지였다. 장현철 씨가 일한다는 인테리어 업체는 토론토 한인 사회에서도 악명 높은 곳이었다. 인테리어 업체라고 하기에는 규모가 작아서 '핸디맨(Handy Man)' 정도로 불려야 맞겠지만, 한인 전화번호부에 꽤 큼지막하게 광고를 하다 보니 겉으로 보기엔 규모가 큰 건축 인테리어 업체처럼 보일 뿐이다.

캐나다의 목조 주택은 구조상 주기적으로 수리해줘야 하는 내장재도 있고 너구리 같은 작은 동물들이 드나들며 집을 망가뜨리기도 해서 이것저것 손볼 부분이 많다. 아파트 생활에 익숙한 한인들은 집 고치는 데 소질도 없는 데다가 하찮고 성가신 일이라 여겨 핸디맨을 불러 문제를 해결한다. 남편 없이 혼자 와 있는 기러기 엄마들이 손대기 어려운 문제가 생겼을 때도 핸디맨을 부른다. 단독주택 지하에 방을 만들거나 오래된 창틀을 새것으로 교체하는 등 다양한 일도 핸디맨이 도맡아 한다. 작은 규모 인테리어 업체도 잘만 하면 고객이 끊이지 않는 이유다.

언젠가 인테리어 업체 사장도 나에게 직원을 소개해달라고 연락해온 적이 있었다. '시다바리'가 필요하다면서 성실한 사람이 있으면 소개해달라고 했다. '캐나다에서도 시다바리라는 표현을 쓰는 사람이 있구나' 하면서 수소문해봤더니 형편없는 회사였다. 한인들에게 영주권을 미끼로 부당한 일을 시킨다거나 취업비자 혹은 영주권 후원을 해주기로 하고 차일피일 미루는 일도 있었고, 고객들의 불만도 수시로 들렸다. 토론토 핸디맨의 인건비는 한국보다 상당히 비싼 편인데, 그 사장은 다른 곳보다 싸게 견적을 내고 계약을

했다. 하지만 약속한 일정 안에 일을 끝마치지 않은 채 돈을
더 요구하기도 하고, 일솜씨가 떨어지는 것인지 성의가 없는
것인지 마무리가 깔끔하지 않았다. 하자 보수를 요구하면
차일피일 미루다가 연락이 두절되기 일쑤였다. 시비가
끊이지 않는 게 당연했다. 영어를 못하는 유학생 엄마들은
귀찮은 일 만들기 싫다며 토론토 한인들이 모이는 인터넷
카페에 하소연하는 정도로 화풀이를 하고 얼렁뚱땅 넘어간다.
그래서인지 매번 같은 일이 반복되곤 했다. 정직원이라고
해봐야 사장 혼자거나 고객의 전화에 응대하는 사장의 배우자
정도가 아닐까. 공사장에 직원 한둘을 데리고 다니지만 매번
사람이 바뀐다. 오래전부터 명맥은 유지하는 것으로 봐서
한인들 사이에 원성이 자자해도 별 타격 없이 밥은 먹고사는
듯했다. 물정 모르는 초기 이민자들이 주 고객일 것이다.
어쩌면 어리바리한 한인 고객들의 일은 성의 없이 한다고
해도 함부로 대할 수 없는 백인이나 돈 많이 주는 다른 민족이
주는 일은 꼼꼼하게 처리할지도 모를 일이다.

　하필이면 그런 사람과 장현철 씨가 연이 닿은 것이다.
처음 장현철 씨가 나를 찾아왔을 때부터 끝이 좋지 않을
거라고 짐작했다. 그 회사는 취업비자를 내줄 만한 요건도
갖추지 못했고 취업비자를 후원해줄 마음도 없는 것 같았다.
그렇지만 이런 이야기를 시시콜콜 해줄 수는 없었다.
장현철 씨는 나를 붙들고 다른 고용주를 찾아 달라고 할
것이 뻔했지만, 취업비자를 담보해줄 만한 고용주를 찾을
자신이 없었다. 그뿐만 아니라 영주권 획득에 필요한 영어
실력이나 기술도 없는 데다 나이는 많고 돈도 없는 장현철

씨는 나에게도 귀찮고 영양가 없는 고객이었다. 그러면서도 가슴 한쪽에 괜히 미안한 마음이 들어 내가 도울 수 있는 것이 무엇일까 고민이 되기도 했다. 일단 장현철 씨의 방문비자를 최저 비용을 받고 연장해주었다. 비자는 별 탈 없이 발급되었다. 취업비자를 후원해줄 다른 좋은 고용주를 찾을 시간은 벌어준 셈이었다.

장현철 씨가 일을 그만두겠다고 하자 인테리어 사장은 이민국에 신고할 거라고 하더란다. 그래서 한국으로 돌아간다고 거짓말을 했다면서 그 사장을 길거리에서 만나면 안 된다고 했다. 그 후로 몇 개월간 장현철 씨는 한국 식당에서 일했다. 식당 사장은 "방글라데시 사람이 한국말도 잘하고 국적도 한국인이라는 게 신기하고 반갑다"라며 흔쾌히 고용해주었다. 그러나 취업비자 이야기를 꺼냈을 때는 이런저런 핑계로 결정을 미뤘다. 그래도 월급을 제때 받을 수 있다는 사실에 만족했다. 한국에서 일하던 가구공장이나 밤낮 안 가리고 부려먹던 핸디맨 일보다 식당 주방일이 결코 더 쉽진 않았다. 하지만 취업비자 후원을 해줄지도 모른다는 기대 때문에 열심히 일했다. 그렇지만 결국 그곳에서도 취업비자 후원을 받을 수는 없었다. 백방으로 고용주를 찾아다니는 동안 방문비자를 한 번 더 연장했다. 토론토에서 18개월을 보냈지만 취업비자를 후원해줄 고용주는 찾지 못했다. 방문비자를 더 연장하기도 쉽지 않았다.

고용주들은 이런저런 핑계를 대고 취업비자 후원을 해주지 않았다. 변호사를 만나 비용을 지불하고, 까다로운 서류를 준비해서 노동부에 접수하고, 운이 나쁘면 노동부의 감사를 받을 수도 있는 일련의 과정이 고용주 입장에서는 성가시고 부담스러웠을 것이다. 게다가 한 사업장에서 많아야 한두 건 신청할 수 있는 귀한 취업비자를 이 사람 저 사람 아무나 해주고 싶지 않다. 취업비자는 부르는 게 값이 돼버렸기 때문에 누군가 큰돈을 주겠다고 할 때를 대비해 자리를 비워두기도 한다. 그래도 일할 사람은 필요하다. "일하는 것 봐서 생각해보자"라는 말은 고용주에게는 참 좋은 미끼인 셈이다.

어느 날 장현철 씨에게 매번 한국 사람에게 당하면서도 왜 한국 사람 주위를 맴도는지, 한국 사람이라면 지긋지긋해졌을 텐데 왜 다른 길을 찾지 않는지 물었다. 답변은 명확했다. '최선'이기 때문이란다. 그리고 구구절절 잘 알아듣지 못할 말을 길게 했다. 나는 그의 말을 이렇게 이해했다.

"한국에서 20년을 살았어요. 난민으로 한국에 갔고 한참 시간이 지나 영주권을 받았죠. 그리고 또 한참 시간이 지나 한국 국적을 취득했으니 인생에서 가장 중요한 시기를 한국에서 살았던 겁니다. 한국 사람들은 저를 보면 욕하고 침을 뱉으면서도 일자리를 주고 먹고살 수 있는 길을 만들어 줬어요. 슈퍼마켓 전 사장이 저에게 가게를 팔아준 덕분에 그나마 와이프가 생계를 이어가고 있는 거예요. 그 사람이 밉기도 하지만 고맙기도 해요. 그 사람이 저보고 시커멓고 더러운 똥파리 같다고 말하더군요. 파리채로 쳐서 죽었으면 좋겠다고 했어요. 그 말을 듣고 보니 내가 전생에 똥파리였을지도 모르겠다는 생각이 들었어요. 똥파리가 맞아 죽을지도 모르는데 왜 사람 곁에서 자꾸 윙윙거리면서 날아다니겠어요. 그나마 먹을 것이 있으니까 그런 게 아니겠어요? 저는 전생에 지은 죄가 많아서 이렇게 사는 거예요. 그래도 이번 생에 사람으로 태어났으니까 착하게 살면 다음 생에는 더 낫겠죠."

장현철 씨는 아무렇지도 않게 웃으면서 자신이 전생에 똥파리였을 것 같다고 했다. 똥파리라니…. 장현철 씨는 어떻게든 가족들을 캐나다에 데리고 오고 싶어 했다. 그래서 학생비자를 받아 캐나다에 체류하는 길을 권했다. 장현철 씨도 내 제안을 듣고 좋아했다. 한국어를 제법 잘하는 와이프가 학교에 다닌다면 영어도 금방 배울 거라며, 10살이나 차이 나는 와이프 자랑을 했다. 장현철 씨는 배우자비자로 동반 입국해서 일할 수 있다는 점도 마음에 들어 했다. 영주권을 받기가 쉽지 않겠지만 열심히 살다 보면 기회가 생길 거라며 환하게 웃었다.

문제는 돈이었다. 3인 가족 기준으로 학비를 제외하고 3000만 원은 있어야 학생비자를 받을 수 있다. 통장 잔액이 얼마나 되는지 물었다. 한국에 가서 마트를 팔고 현재 살고 있는 집 보증금을 2000만 원을 돌려받으면 6000~7000만 원 정도는 마련할 수 있는데, 전 주인이 돈을 줄지 모르겠다고 했다. 주변 지인들에게 잠시 빌리면 잔액 증명은 어떻게든 해볼 만한데, 여전히 캐나다에서 어떻게 먹고살 것인지에 관한 문제는 남는다. 토론토를 비롯한 대부분의 전문대학교 과정은 학비가 일 년에 1만 5000불(약 1300만 원) 정도 된다. 3인 가족의 경우 생활비도 만만치 않다. 아무리 아껴 쓴다고 해도 연간 3000만 원은 있어야 버틸 수 있다. 결국,

장현철 씨가 열심히 일해도 토론토에서 번 돈으로 생활하기 어렵다는 계산이 나온다. 와이프도 공부를 뒷전으로 미뤄두고 일해야 하는 상황이 오면 어쩌나. 돈 계산을 하던 장현철 씨 얼굴이 어두워졌다. 나도 달리 할 말이 없었다. 멀고 먼 동부 어느 시골 마을은 학비도 싸고 영주권 받기도 수월하다고 알려졌지만, 한국인이 많은 토론토에 오고 싶어 했다. 궁여지책으로 장현철 씨에게 학비가 싼 학교 한 곳을 추천했다. 한국인이 학장인 크리스천 칼리지. 한국말로 강의를 들을 수 있고, 비자 연장이 잘 되는 학교로 유명했다. 정체를 알 수 없는 비슷비슷한 칼리지들이 불법 입학허가서 발급 혹은 비자 관련 범죄에 연루되거나 재정난으로 문을 닫을 때도 별 탈 없이 잘 운영되고 있는 나름 건실한 대학이었다. 학비는 연간 600만 원 정도인데, 학비가 싼 대신 온타리오주 정부의 국제 학생 프로그램에 지원할 수 있는 학교는 아니었다.

"어떠세요? 학비가 싸서 몇 년을 다녀도 학비 부담은 많지 않죠."

내 말에 장현철 씨는 한참을 우두커니 앉아 있었다. 못 알아들었나? 다시 설명해야 하나? 눈치를 보는데 그가 입을 열었다.

"실장님, 제가 불교 신자거든요. 제가 방글라데시를 떠난 이유도 종교 문제 때문이었어요."

방글라데시는 이슬람 국가다. 그러다 보니 생명에 위협을 느낄 정도로 불교 탄압이 심했다. 장현철 씨가 난민 지위를 인정받고 영주권까지 받을 수 있었던 것도 한국의 스님들과 불교 단체가 많이 도와줬기 때문이었다. 지금도 방글라데시 불교 신자들은 이슬람으로 개종하지 않으려고 온갖 노력을 하면서 어떻게든 방글라데시를 떠나고 싶어 한다. 배우자도 독실한 불교 신자다. 그런데 이제 와서 기독교 학교에서 공부한다는 게 어떨지 모르겠다고 했다. 쉬운 일이 하나도 없었다. 일단 장현철 씨를 크리스천 칼리지 학장과 만나도록 주선했다. 만나고 나면 생각이 바뀔지도 모르니까. 그런데 그는 굳이 나와 동행하고 싶어 했다. 그래, 이왕 이렇게 된 것, 원한다면 들어주자는 마음으로 날을 잡아 크리스천 칼리지에 가서 학장을 만났다. 복음주의 보수 크리스천을 표방하는 깐깐한 학장과 종교 때문에 고국을 떠난 불교 신자 장현철 씨가 마주 앉았다. 장현철 씨는 학장과 마주 앉자마자 나를 처음 만난 날 말했던 것처럼 구구절절 슬픈 사연을 읊어댔다. 한국에 처음 도착해서 어떻게 살았고 대학교에 들어가서 무슨 공부를 했으며 가구공장 다니면서 어떤 일을 겪었는지. 그때 사장이 했던 말과 부당한 대우, 처해 있던 상황을 학장에게 낱낱이 고해바쳤다. 공장에서 일하다 사고를 당해 손가락이 잘려 나갔다고 말하면서 마디 하나가 없는 가운뎃손가락을 치켜세울 때는 난감함에 헛웃음이 나왔다.

그는 처음 만나는 한인 앞에서 자신이 겪었던 일을 녹음기 틀어 놓듯 반복하는 것 같았다. 자주 이야기하다 보니 외워진 것일 수도 있고 워낙 억울한 사연이다 보니 남들이 잘 알아듣도록 설명하려고 연습했을 수도 있다. 한 편의 일인극을 연기하듯, 간혹 흥분하기도 하고 눈물도 글썽이면서 거침없이 계속되는 그의 이야기를 어느 시점에서 중단해야 할지 고민스러웠다. 나는 이미 다 알고 있는 이야기를 재방송 보듯 지루하게 다시 들어야 했고, 학장은 그런 이야기에는 관심조차 없는 듯 난감하고 어색한 표정으로 나를 힐끔거리고 있었다. "한국에서 아주 힘들게 사셨대요. 억울한 일도 여러 번 당하셨다는군요." 내가 끼어들어 이야기를 대강 마무리했다. 장현철 씨는 먹던 사탕을 빼앗긴 어린아이 표정으로 나를 바라봤지만 나도 학장도 그다지 한가한 사람은 아니었으니 어쩔 수 없었다. 학장은 학비만 내면 입학허가서를 서둘러 발급하겠다면서 "우리 학교는 동성결혼에 찬성하는 대부분의 캐나다 교단과는 다르게 성경에 충실한 교단에 속해 있습니다. 그래서 신앙심이 좋은 학생들이 많습니다"라고 학교 자랑을 늘어놓았다. 입학허가서를 받기 위해서는 일종의 신앙 간증서를 제출해야 하는데, 기독교 교육을 받고 싶은 이유와 졸업 이후에 기독교인으로서 어떻게 하나님의 일을 하면서 살아갈 것인지 마음에서 우러나오는 대로 작성해야 한다고 강조했다. 장현철 씨가 불교 신자임을 설명하고 간증서는 형식적으로 써야 할 텐데 괜찮냐고 물었더니 "이게 다 하나님이 인도하시는 것이니 이제부터 하나님 믿으시면 됩니다"라며 오히려 반가워했다.

　푸르르던 가로수가 마지막 잎새를 떨구던 초겨울, 하늘은 맑았고 바람은 차가웠다. 그즈음부터 시작된 토론토의 건조한 겨울 하늘은 옅은 남색에 가까워진다. 맑으면 맑을수록 되려 무겁고 얼음장처럼 날카롭고 시리다. 장현철 씨 얼굴은 그날따라 무겁고 날카롭고 시렸다. 학장 사무실에서 나온 장현철 씨는 나에게 종교가 무엇인지 묻더니 이내 질문을

고쳐서 교회에 다니느냐고 물었다. 대답 없이 웃는 나를
물끄러미 바라보더니 "부처님의 뜻이 무엇인지 알 수
없네요"라고 했다. 그로부터 얼마 후 장현철 씨는 가족이 있는
한국으로 돌아갔다. 배우자와 상의해서 크리스천 칼리지에
입학하기로 결정하면 연락하겠다고 했지만 종교적 신념을
버릴 것 같지는 않았다. 그가 일했던 인테리어 업체의 사장은
여전히 누군가로부터 욕을 먹으면서도 한인이 보는 각종
정보지에 대문짝만한 광고를 싣는다. 항상 일손이 부족한
한식당 주방 역시 구인광고 안내문을 출입문 앞에 일 년 내내
붙여 둔다.

　　장현철 씨가 한국으로 돌아간 지 일 년이 지난 어느
날, 그가 SNS에서 친구 신청을 했다는 알림이 떴다.
반갑지는 않았지만 그렇다고 무시하기도 꺼림칙했다. 그의
페이스북 담벼락에는 일 년 새 쑥 자란 아들이 태권도복을
입고 발차기하는 사진이 있었다. 쌍꺼풀이 진하고 콧날은
날카로웠으며 입술 윤곽은 선명했다. 어느 서글서글한 배우와
닮기도 한, 토론토 길거리에서 환하게 웃으며 재잘거리는
아이 중 흔히 볼 수 있는 외양이었다. 그 아이가 토론토에
온다면 그들 틈에 섞여 눈에 덜 띄고 더 무난하게 살지 않을까.
절을 배경으로 찍은 가족사진도 있었다. 사진 속의 장현철
씨는 어리숙하고 불쌍한 콘셉트가 아니라 근엄하고 심각한
'어른'의 모습이었다. 그가 쓴 글은 온통 알 수 없는 언어였다.
궁금한 마음에 자동 번역을 시도했더니 이해하기 어려운
문장이 가득했다. 그 속에서 부처님, 고뇌, 지혜 같은 단어
몇 개만이 눈에 들어왔다. 다음날 장현철 씨에게서 이메일을

받았다. 장현철 씨의 한국어 실력에 비해서 전혀 어색하지
않은 문장이었다. 토론토에 있는 한인 이민자들도 영어를
잘하는 아이들의 손을 빌려 편지도 쓰고 공문서도 읽는데,
어쩌면 장현철 씨의 아들이 비슷한 역할을 했을까 싶었다.

실장님 안녕하세요. 저는 한국에 와서 잘 지내고
있습니다. 하지만 캐나다에 가서 살고 싶습니다.
한국에서 언제까지 살 수 있을지 모르겠습니다.
한국은 좋은 나라지만 저처럼 얼굴이 까만 사람에게는
그렇지 않은 것 같습니다. 캐나다에 가서 보니 까만
사람도 하얀 사람도 다 비슷하게 사는 것 같아서
언젠가는 가고 싶습니다. 그래서 요즘 열심히 돈을
벌고 영어 공부도 하고 있습니다. 그때 알려주신
학교는 한국에 와서 고민을 많이 했지만 안 가기로
했습니다. 제가 방글라데시를 떠난 이유가 종교
때문만은 아닙니다. 후진국이고 안전하지도 않습니다.
그래도 종교를 바꾸면서까지 캐나다에 갈 수는 없을
것 같습니다. 스님들이 도와주지 않았다면 저는
아직도 방글라데시에서 생명의 위협을 받으면서
살고 있겠죠. 이제 와서 더 잘살아 보겠다고 그럴
수는 없습니다. 실장님, 제가 캐나다에 갈 수 있는
다른 길이 생기면 연락해주세요. 사장님들 중에 사람
필요하다는 분이 있으면 연락해주세요. 언제든지
가겠습니다. 일이 힘들어도 괜찮습니다. 비행기
요금이 비싸서 아무 때나 갈 수 없지만 중국 비행기

표는 한국 비행기 표의 절반 가격이면 갈 수 있다는 사실을 알게 되었습니다. 오라고 하면 어떻게든 가겠습니다. 요즘은 방글라데시에 있는 불교 신자들을 한국으로 데리고 올 수 있는 방법을 찾고 있습니다. 그 사람들을 도와주고 싶습니다. 방법이 있다면 캐나다에 보내면 좋겠지만 방글라데시 사람들은 학생비자 받기도 어렵습니다. 그래서 저처럼 한국으로 올 수 있는 방법이 있는지 찾는 중입니다. 요즘은 더 어려워졌지만 가만히 앉아서 죽는 것보다는 낫다고 생각합니다. 실장님도 좋은 방법이 있거나 도와줄 수 있는 길이 있다면 연락해주세요. 부탁드립니다.

답변을 썼다. 중학교 1학년짜리가 아빠에게 방글라데시 말로 설명하는 게 가능할까 걱정이 되었지만 그래도 하고 싶은 말을 썼다. 최대한 단출하게.

안녕하세요. 한국에서 잘 지내신다니 다행입니다. 제 선조는 중국 사신으로 왔다가 한국에 눌러앉았답니다. 저도 순수한 한국인이 아니지만 수십 세대를 거쳐 살다 보니 한국 사람이 된 것이지요. 가무잡잡한 피부에 크고 쌍꺼풀이 짙은 눈이나 외모를 보면 서아시아나 동남아시아 피가 섞인 것이 아닐까 짐작합니다. 한국 사람 중에 40%는 다른 나라에서 온 성씨랍니다. 장현철 씨도 이왕 한국 사람이 되었으니 부당한 것은 부당하다고 말하면서 당당하게 살기 바랍니다. 누군가

장현철 씨를 똥파리라고 무시하면 "아예~ 구더기 나으리" 하고 비웃어 주세요. 그런 인물들은 비겁해서 강한 상대를 만나면 함부로 못 합니다. 그러니 기죽지 마세요. 장현철 씨는 누가 뭐래도 한국인입니다. 지금 제가 도와드릴 수 있는 일은 없지만 장현철 씨를 기억하고 있다가 좋은 방법이 생기면 연락하겠습니다. 행복하세요.

내 고향 집 거실 장식장에는 열 권 남짓 되는 누런 표지의 족보가 자랑처럼 꽂혀있다. 족보 첫 장에는 중국 사신으로 조선에 왔다가 눌러앉은 시조의 이야기가 쓰여 있다. 대한민국 족보의 90%가 가짜라고 하니 그 족보가 진짜 내 조상의 것일까 하는 의심은 잠시 미뤄두고 말하자면, 나는 애초 이민자의 후손이었다. 지금은 바다 건너 캐나다에 와 있다. 수십 세대를 거쳐 다시 이민자가 된 것이다. 얼굴색으로 인종을 나누고 혈통으로 우열을 가르는 게 얼마나 부질없는지 조금만 되짚어 보면 확연히 알 수 있다. 어차피 맹가랍 장씨와 인동 장씨는 수천, 수만 년 전 한 선조에서 갈라진 한 핏줄이다. 모든 이야기는 해피엔딩이 제맛이니 형제애를 발휘해 이번 일을 잘 마무리하고 싶었다. 장현철 씨가 생각하는 해피엔딩과 내가 생각하는 그것이 다를 수 있겠지만, 내 식대로의 해피엔딩이 가능할 것 같았다. 그런데 시작도 못 해보고 어정쩡하게 마무리해서 아쉽고 안타까웠다.

장현철 씨는 하루 열여섯 시간 뜨거운 불 앞에서 일하고 나쁜 사장을 만나서 폭언에 시달리며 잠도 못 자면서 월급도 정당하게 못 받는 건 참을 수 있지만, 종교를 바꾸는 일은 할 수 없다고 했다. 어떤 것이 부처님의 뜻인지는 알 수 없는 일이다. 그가 지키려는 의리가 신에 대한 것인지 사람에 대한 것인지도 명확해 보이지 않는다. 어느 종교를 막론하고 신의 영역은 불가사의하다. 고난과 역경을 견뎌내고 좋은 업을 쌓아 내세에는 미국이나 영국, 캐나다, 북유럽 국가 같은 부자 나라에서 얼굴 하얗고 돈 많이 버는 사람으로 태어나고 싶은 것일까. 그것도 아니라면 핍박 없이 부처님을 마음껏 모실 수 있는 나라에 태어나 원 없이 고행하다가 성불하는 것이 꿈일지도 모르겠다. 다만, 그의 삶이 이번 생에도 행복하길 기원한다.

6

환치기는
이렇게 하는 것이다

영주권 상담을 하다 보면 돈은 많지만, 영어를 못하고 나이는 많은 데다 고생이라고는 해본 적도 없는 사람을 자주 만난다. 그럴 때는 퀘벡 투자 이민을 권한다. 퀘벡 투자 이민은 2019년 현재, 가진 돈과 경영 능력만 입증하면 영주권을 받을 수 있는 유일한 프로그램이기 때문이다. 최근 5년 중 2년 이상 관리자로 일한 경력과 본인 자산이 200만 불(약 18억 원) 이상 있으면 영주권 신청을 할 수 있다. 심사에 통과하면 본인 자산 중 120만 불(약 11억 원)을 캐나다 정부에 5년간 예치했다가 5년 후 원금만 돌려받는다. 또는 정부 지정 은행에 선이자를 내고 대출을 신청할 수도 있다. 선이자 액수는 3억 정도로, 일반 금융권에서 책정된 이자율보다 훨씬 높다. 지정 은행 간 담합도 의심해볼 수 있지만, 여기에는 이민대행사에 건네는 거액의 커미션이 한몫한다.

모든 투자 이민은 이민대행사의 큰 수입원이다. 물론 이민대행사에만 좋은 일은 아니다. 이재에 밝은 자산가들은 영주권을 받기 위해 지불해야 하는 돈과 비교했을 때 얻는 것이 무엇인지 셈을 해본다. 영주권을 받으면 고등학교까지는 학비를 내지 않아도 되고 대학교 학비도 유학생과 큰 차이가 난다. 군대에 가기 싫다는 아들이 있다면 금상첨화다. 그리고 무엇보다 국내 자산의 해외 반출이 쉬워진다. 국내의 자산 출처와 형성 과정만 입증할 수 있으면 얼마든지 자산 반출이 가능해진다. 많은 재력가가 영주권 취득에 가장 매력을 느끼는 항목이다. 왜 그럴까. 표면적으로는 국내 정세가 불안정하니 계란을 여러 바구니에 나누어 보관하듯 자산을 여러 나라에 나누어 보관하고 싶다거나, 해외 투자를 손쉽게 하고 싶다는 이유를 댄다.

　　어쨌든, 유학생은 매년 1인당 미화 10만 불(약 1억 원)을 유학비로 송금받을 수 있다. 만약 부모 중 한 명이 유학생 자녀 둘을 데리고 캐나다에 거주한다면 매년 3억 원 정도를 송금받을 수 있다. 하지만 영주권을 취득한다면 해외로 원하는 만큼 재산을 보낼 수 있고, 그 돈으로 무엇을 하든 한국 국세청에서 관여하지 않는다. 그러니 해외로 자산 반출을 하고 싶다면 영주권을 받는 것이 가장 안전한 길이다. 다만 퀘벡 투자 이민 신청자는 자산 형성 과정이 투명해야 하고 경영 능력도 입증해야 한다. 급여를 성실하게 저축했거나 증여세와 상속세를 납부하고 물려받은 자산 혹은 주식, 부동산 가격이 올라서 얻게 된 이득 등 자산 축적 과정을 입증할 수 있을 때 비로소 자기 자산으로 인정받는다. 따라서 '블랙 머니'를 아무리 많이 가지고 있다 해도 퀘벡 투자 이민을 신청할 수는 없다.

퀘벡주 이민국은 몇 년에 한 번씩 영주권 신청 조건을 상향 조정한다. 2000년대 초반까지는 보유자산 80만 불에 40만 불을 예치하거나 10만 불 선이자를 내는 조건이었고, 2012년에는 보유자산 160만 불에 80만 불 예치로 기준을 상향 조정했다. 급기야 2019년 초반에는 보유자산 200만 불에 120만 불 예치 조건으로 바뀌었다. 이는 미국 투자 이민보다 높은 기준이다.

보유자산과 투자 금액이 많지 않았던 2000년대 초반까지만 해도 캐나다 투자 이민 신청자 중에는 한국인이 많았다. 캐나다 조기유학이 붐을 이루던 시기였으니 아이들을 유학 보낸 기러기 아빠가 신청자의 다수를 차지했다. 아이가 둘이라고 가정하면, 5년 유학 시 학비로만 1억 원 정도를 지출해야 한다. 만약 영주권을 받는다면 학비 혜택과 의료 혜택은 물론, 양육비까지 챙길 수 있다. 대학 학비를 고려한다면 1억 원짜리 영주권은 '괜찮은 투자'였다. 당시만 해도 영주권 심사 기간에는 유학생 학비를 면제해주는 제도가 있었기 때문에 투자이민 자격이 되든 안 되든 일단 영주권 신청을 하고 학비 면제 혜택을 받는 사람이 많았다. 투자금을 먼저 보내고 심사를 기다리는 미국 투자 이민과 달리, 캐나다 투자 이민은 영주권 심사를 통과한 후 투자금을 송금하면 된다. 그러니 심사 기간에 캐나다에서 학비 혜택을 받고 지내다가 영주권 심사가 마무리될 때쯤 자기 나라로 복귀하는 얌체족이 민족과 국가를 막론하고 기승을 부렸다.

2012년, 보유자산과 투자 금액이 두 배로 오르자 각 지역 교육청은 영주권 신청자 무료 학비 혜택을 없앴다. 게다가 연방 투자 이민이 잠정 중단된 탓에 퀘벡주에서 살아야 하는 퀘벡주 투자 이민만 유지됐다. 퀘벡주는 한국인에게 인기가 많지 않은 불어 생활권이라, 2억 원이나 들여 영주권을 취득하고 싶어 하는 사람이 많지 않았다. 거액의 커미션을 받을 수 있는 캐나다 투자 이민 고객이 줄었으니 한국 이민대행사의 화려한 날은 가고 말았다. 따라서 이주업체들은 상대적으로 적은 투자금으로도 비슷한 수익이 생기는 미국 투자이민 고객 유치에 열을 올렸다. 간혹 자격이 좋은 고객이 상담을 요청하면 어떻게든 퀘벡 투자 이민 수속을 권했다. 커미션의 유혹 때문이다. 나도 마찬가지다.

2016년 12월의 어느 날, 밤새 우빙(freezing rain)이 내렸다. 우빙은 고층과 중하층 대기의 기온 차이 때문에 일어나는 현상으로, 우빙이 내리면 나뭇가지와 전선 줄, 거리에 세워 둔 자동차까지 두꺼운 얼음으로 뒤덮인다. 날씨가 변덕을 부려 그 위로 햇빛이 내려앉으면 온 세상은 애니메이션 속 얼음 제국처럼 신비롭게 빛난다. 한쪽에서는 들러붙은 얼음의 무게를 힘겹게 버티던 나뭇가지가 처참하게 찢기고 다른 한쪽에서는 전선이 끊어지면서 온 동네가 정전 사태를 겪기도 한다. 이런 날 피치 못한 사정으로 바깥출입을 해야 하는 사람들은 많은 위험과 불편을 감수해야 한다. 몇 년 전, 우빙이 내린 어느 날 외출하던 지인이 빙판길에 미끄러지면서 왼손 검지 손가락이 절단되었다. 이후 우빙이 내린 날은 그이의 꿰매 붙인 검지 손가락이 떠올라 나도 모르게 소름이 돋곤 한다. 밤새 제설차가 염화칼슘을 거리에 쏟아붓고 다닌 덕에 아쉬운 대로 통행은 할 수 있었지만, 여전히 감당하기 버거운 무게와 미끌거리는 날카로움 때문에 온 거리가 위태로웠다.

그날, 40대 중반에 접어든 부부가 어느 한인 교회 교인의 소개로 나를 찾아왔다. 그 교회에 다니는 유학생 엄마들이 유학비자 연장이나 영주권 상담, 자녀의 진로 상담 등을 이유로 내 사무실을 사랑방처럼 들락거렸으니 그 부부도 그들 중 누군가에게 소개받았으리라 생각했다. 아무리 멋쟁이라고 해도 그 정도 날씨에는 따뜻하고 움직이기 편한 옷을 입기 마련인데, 여자는 굽 높은 하이힐을 신고 얇은 오렌지색 가죽 롱 재킷에 레깅스같이 얇고 딱 붙는 바지를 입고 있었다. 천지사방에 뿌려진 염화칼슘이 얼음을 녹이고 있는 토론토 길거리에 어울리지 않는 모습이었다. 손에 든 핸드백은 가격이 꽤 나가는 명품이었다. 단순히 무엇인가 넣고 다니기 위한 용도라기보다는 다이아몬드 반지나 목걸이 등 과시용 액세서리처럼 보였다. 각이 잘 잡히고 화려한 가방은 주인의 무릎 위에 곱게 떠받들어져 대화 도중에도 자꾸 눈길을 끌었다. 남자는 구두코가 길게 뻗은 갈색 정장 구두를 신고 묵직한 모직 재킷 속에 밝은 톤의 와이셔츠를 입었고, 이민 상담 오는 사람이 굳이 하지 않아도 되는 요란한 무늬의 넥타이를 매고 있었다. 명품 매장이 즐비한 백화점에 가면 볼 수 있는 돈 많은 중국 부자의 차림새 같았다. 어색하고 비현실적인 외모에 들뜨고 흥분한 듯한 표정까지, 마치 시트콤 속 주인공 같았다. 십수 년간 사람들을 만나 오면서 눈치깨나 발달한 나로서는 어지간하면 딱 보고 어떤 사람인지 알 수 있건만, 이런 사람들은 도통 감을 잡기가 어렵다. 돈은 좀 있어 보였지만 뼛속까지 알부자는 아닌 것 같았다. 살면서 큰 부자들을 몇 번 만나봤는데 의외로 수수했으니까.

남자는 한국에서 화학 제품 제조업을 한다고 했다. 유학 중인 아들과 아내가 있는 캐나다에 와서 겨울을 보내던 중, 캐나다의 집값이 오르고 있다는 이야기를 들었다. 집값이 더 오르기 전에 집 한 채를 사고 싶어졌다. 그러려면 한국에서 돈을 가지고 와야 하는데, 부동산 중개인으로부터 영주권이 있어야 이 과정이 쉽게 진행된다는 말을 들었다. 토론토 노스 요크에서 가장 부유한 동네에 있는 2000만 불짜리 저택을 사고 싶다. 아들과 아내의 유학비로 송금할 수 있는 돈이 연간 20만 불 정도라, 2000만 불짜리 집을 사기에는 턱없이 부족하다. 여기까지 이야기를 듣던 나는 남자가 숫자를 잘못 말한 듯싶어 정정을 시도했다.

"2000만 불이요? 200만 불이겠죠? 20억 원!"

"아닙니다. 200억 원이 맞아요. 방금 2000만 불짜리 집을 부동산 중개인과 같이 가서 보고 오는 길입니다. 베이뷰와 레슬리 근처에 있는 집입니다."

오늘 같이 질척거리는 날씨에도 이렇게 빼입고 온 이유가 그것이었구나. 부부가 왜 그런 모습으로 나타났는지 이해가 됐다. 집에 대한 애착이 크고 정이 많이 든 사람일수록 구매자를 까다롭게 고른다. 자기가 살던 집이 잘 관리되고 오랫동안 유지되기를 바라는 마음 때문이다. 돈이 있어도 내 마음에 드는 집을 살 수 없는 경우도 허다하다. 인기가 많은 집은 경매하듯 가격을 제시하기도 하는데, 최고 가격을 부르고도 거절당할 때가 있다. 어떻게든 집 매매를 성사시켜야 하는 중개인은 집주인의 취향과 가족사까지 미리 알아뒀다가 고객에게 언질을 주기도 한다. 집을 팔고 사는 과정이 복잡하기도 하고 민족별 문화적 특성도 천차만별이기 때문이다. 그래서 까다로운 집주인을 만나러 갈 때는 상대의 취향에 맞게 치장하고 가는 것이 일종의 예의이다.

"아, 토론토에도 2000만 불이 넘는 집을 사는 분이 계시는군요. 죄송합니다."

어느 도시든 200억 원보다 더 비싼 집이 왜 없겠느냐마는, 보고 들은 게 많지 않은 나로서는 그들이 하는 말이 선뜻 믿어지지 않았다. 자산이 많은 유학생 가족이라고 해도 한국에서 큰돈을 가져오기가 번거로운 탓에 수십억 내외의 단독 주택을 사기조차 쉽지 않다. 기껏해야 10억 내외의 타운 하우스나 콘도를 사는 데 만족하는 수준이다. 게다가 비싼 집은 사고팔기도 쉽지도 않다. 평균 이상으로 비싼 집은 공개적으로 시장에 나오지 않고, 그들만의 세계에서 소리소문없이 거래된다.

"실례가 안 된다면 왜 그렇게 비싼 집을 사고 싶으신지 여쭤봐도 될까요? 그렇게 비싼 집은 나중에 팔기도 쉽지 않고 투자 가치도 높지 않을 텐데요? 모기지*를 받는다고 하더라도 집값의 30~40%는 현금으로 준비하셔야 하는데, 200억

---

* mortgage, 부동산 담보대출

원짜리 집이면 60~70억 원은 있어야 하잖아요? 당장 그 정도 현금은 준비하실 수 있다는 말씀이군요."

"네, 현금 몇백억 원 정도는 있어요. 필요하다면 더 준비할 수도 있고요. 돈 걱정은 안 하셔도 돼요. 모기지도 안 받아도 됩니다. 한국에서는 남들 눈치가 보여서 내 돈 쓰기도 쉽지 않아요. 이제 여기서 마음껏 쓰면서 살고 싶어요. 한 번뿐인 인생인데 영화에 나오는 집처럼 마당도 넓고 건물 안에 수영장도 있는 집에서 살아보고 싶어요. 한국은 그 정도로 근사한 집이 흔치도 않고 그런 집을 사겠다고 하면 주변에서 손가락질하잖아요. 졸부니 뭐니 하는 소리도 듣기 싫어요. 내 돈 내가 쓰겠다는데…."

여자가 경쾌하게 대답했다. 뒷마당에 수영장이 있는 집은 많지만, 건물 안에 수영장이 있는 단독 주택은 소문으로만 들어봤지 나도 본 적이 없었다. 부부가 사려는 집은 건물 안에 수영장이 있었나 보다. 관리비가 어마어마할 텐데.

"그러시군요."

근래 보기 드문 재력가 고객이었다. 그런데 어떻게 돈을 벌었을까? 복권에 당첨되었나? 물려받은 땅에 신도시라도 들어왔나?

그들은 하나뿐인 아들이 토론토에서 가장 비싼 사립 학교에 다니고 있는데, '서울대학교보다 순위가 높은' 미국의 아이비리그나 유명 사립대학교에 갈 것이라며 장담하듯 말했다. 더 늙기 전에 토론토에서 그럴듯한 집 한 채를 사고 '손이 많이 안 가는' 주유소 하나 정도 운영하면서 편안하고 폼나게 살고 싶다고도 했다. 직원들이 알아서 운영하고 관리하는 수입 좋은 주유소를 중개인에게 소개받을 거라고 말할 때는 모든 것이 원하는 대로 되리라는 확신마저 읽혔다.

"그러려면 한국에서 300억 원은 가지고 와야 하는데, 돈을 가져오기에 가장 수월한 방법이 영주권 취득이라더군요. 저희가 영주권을 받을 수 있는 제일 쉬운 방법을 알려주세요."

원하는 것이 명확한 만큼 나도 긍정적인 답변을 들려줘야 할 텐데, 쉽지 않아 보였다. 남자는 대학원 학력에 나이는 49세였다. 대학교에 외부 강사로 출강하기 때문에 교수 직함이 찍힌 명함을 가지고 있었다. '영주권을 받기 가장 쉬운 방법이라… 돈이 많으니 투자 이민을 하셔야겠군.'

"대학교수는 영주권을 받기 쉽다던데, 제가 대학교수니까 저도 영주권을 받기 쉽겠죠?" 오래전 정보를 가지고 질문하는 남자에게 안타까운 표정을 지으며 답변해주었다.

"네, 몇 년 전까지는 그랬죠. 영어 점수와 나이 등을 고려해서 자격이 되면 캐나다 영주권을 받을 수 있었습니다. 자격 조건만 갖추면 누구나 영주권을 받을 수 있는 절대평가 제도였죠. 지금도 기술 이민 자격 조건은 그대로지만, 2015년 이후로는 급행 이민이라는 제도가 생겼습니다. 쉽게 말해, 자격 조건을 갖춘 사람 중에 점수가 높은 사람에게 먼저 기회를 주는 상대평가로 바뀐 겁니다. 대부분 젊고 영어를 잘하는 사람이 점수가 높습니다.

캐나다 이민국은 필요한 인력에게 영주권을 주려고 수십 년 동안 여러 가지 이민 정책을 시도해왔습니다만 실패를 거듭했어요. 전문 인력에게 영주권을 줬더니 이민 와서 자기 분야에 취업을 못 하고 편의점이나 식당 같은 자영업 분야로 갔죠. 취업에 도전하지 않고 가진 돈으로 자영업을 꾸리면서 안주하는 사람들이 생각보다 많았던 거예요. 그래서 젊고 영어도 잘하면서 이미 캐나다에 취업해서 일하고 있는 사람에게 유리하도록 제도를 바꾼 겁니다. 급행이민은 그동안 실패를 거듭했던 제도를 가장 잘 보완한 프로그램이라고 평가받고 있습니다. 교수님처럼 40대 후반은 나이 점수가 없는 데다 영어를 못하신다면 가능성은 희박하죠."

"요즘 캐나다는 젊은 사람을 좋아하는군요."

"네. 40대 후반이면 캐나다 기술 이민을 하기에는 좋은 조건이 아닙니다. 게다가 영어가 중요한 항목 중에 하나다 보니, 한국에서 쭉 살았던 사람에게 불리해요. 한국에서 영어 강사를 하는 분들도 급행 이민에 필요한 영어 점수를 못 받는 경우가 허다합니다. 영어권 국가, 그러니까 영국, 미국, 호주를 비롯해 인도, 필리핀 등에서 오는 이민자에게 아주 유리해졌습니다."

'당신은 기술 이민으로 영주권 받기는 어렵다'는 말을 자존심 상하지 않게 최대한 돌려서 말했다. 군이 교수 명함을 가지고 다니는 것으로 봐서 '교수님'이라는 호칭을 사장님 또는 고객님이라는 호칭보다 듣기 좋아할 것 같았다.

"교수님은 경력과 다른 자격은 다 좋으신데 나이와 영어가 문제입니다. 이럴 때는 차라리 주 정부 이민이나 투자 이민을 하시는 게 좋은데… 퀘벡 투자 이민이라는 제도도 있습니다. 다만 2억 원 정도를 은행 '선이자'로 내야 하고 돌려받지는 못합니다."

그 당시에는 선이자가 2억 원이었다. 누군가에게는 큰돈일 수 있지만 누군가에게는 저녁 술값 정도의 하찮은 돈이다. 이 정도 이야기를 들으면 고객마다 반응이 다양해진다. 그 정도 금액을 쓰면서까지 영주권을 받을 필요가 없다는 사람도 있고, 영주권만 받을 수 있다면 돈이 얼마가 들더라도 괜찮다는 사람도 있다. 고객 반응에 따라서 영주권이 얼마나 절실하게 필요한지 알 수 있다. 이 부부는 어떨까 생각하고 있는데, 남자가 망설이지 않고 답했다. "그 정도야 뭐, 영주권만 받을 수 있다면…."

"그런데 퀘벡 투자 이민은 자산 축적 과정이 투명해야 합니다. 예를 들면 지금 가지고 있는 자산이 급여를 받아 모은 돈이라면, '소득금액증명원'을 토대로 입증해야 합니다. 투자해서 얻은 자산 상승분도 인정받을 수 있죠. 다만 종잣돈의 출처까지 명확하게 보여줄 수 있어야 합니다. 증여나 상속을 받은 돈이라면 한국에서 증여세나 상속세를 낸 기록을 제출해야 합니다. 증여세와 상속세를 내지 않았다면, 설령 캐나다 이민국에서 큰 문제 없이 영주권 승인을 해준다고 해도 한국은행에서 캐나다로 송금을 허락하지 않을 겁니다. 한국 외환관리법상 자산출처확인서를 발급받지 못하면 해외 송금이 안 되기 때문입니다."

많은 사람이 투자 이민 수속을 포기하는 중요한 이유다. 미국 투자 이민은 상대적으로 심사가 수월 하지만 맥락은 비슷하다. 전두환 씨의 아들이 2009년 미국 투자 이민을 신청했는데, 2014년 미국 법무부는 그들의 투자금과 미국 내 재산을 몰수해 한국 정부에 돌려줬다. 그 투자금이 전두환

씨의 불법 비자금이라는 이유였다. 그만큼 미국이나 캐나다는
불법 자금에 엄격하다. 영주권 승인을 받았다고 하더라도
블랙 머니로 밝혀지면 영주권이 취소되거나 추방당할 수도
있다. 퀘벡 투자 이민은 미국 투자 이민보다 더 치밀하게
확인한다. 서류로 꼼꼼히 확인하고 인터뷰에서 재확인한다.
나를 찾아온 이 부부는 얼마나 합법적으로 자산을 불렸을지
궁금했다. 아니나 다를까 시종일관 들뜨고 흥분한 듯하던
고객의 낯빛이 어두워졌다. 부부가 눈을 맞추고 서로
물끄러미 바라보는 모습을 보니 두 사람은 같은 생각을 하는
듯했다. 무슨 생각일까. 뭔가 풀기 어려운 문제가 있는 것
같았다.

　"한국은 이상해요. 공부를 잘해서 출세한 사람도 많고,
재능이나 예쁘고 잘생긴 외모 덕에 연예인을 하면서 잘사는
사람도 많잖아요. 그런 것도 다 부모에게 물려받은 것
아닌가요? 그런 건 세금 내라고 안 하면서 왜 돈으로 물려받은
부분만 집요하게 세금을 내라고 하는지 모르겠어요. 부모가
돈을 벌면서 세금 냈으면 됐지, 자식에게 물려줄 때도 세금을
내라는 건 이중과세 아닌가요? 내 돈 내가 쓰겠다는데…
돈 가져오기도 쉽지 않군요."

　여전히 각 잡힌 가방을 공손히 받쳐 들고 앉아 있던
'사모님'은 푸념인 듯 혼잣말인 듯 구시렁거리더니 또 다른
문제는 없는지 물었다.

　"그다음은 아드님의 학교를 퀘벡주, 그러니까 몬트리올로
옮겨야 합니다. 퀘벡주 이민국에서 영주권 승인을 해주는
것이다 보니 거기 가서 살지 않으면 영주권 받기가

어렵습니다. 퀘벡 투자이민을 하려면 토론토에서 살면 안됩니다. 몬트리올이나 퀘벡주 도시로 이사하셔야 합니다."

말없이 조용히 앉아 있던 '교수님'이 나섰다.

"안 됩니다. 애가 11학년인데 지금 학교를 어떻게 옮깁니까. 말도 안 돼요. 토론토에 살면서 퀘벡에 산다고 하면 안 되나요? 주소지를 하나 만들든지 실장님이 아는 사람 주소지를 빌리든지, 거기 산다고 하면 될 것 같은데요."

"그럴 수는 없습니다. 영주권 신청서에 아이가 어느 도시에 있는 어떤 학교에 다니는 지 적어야 합니다. 그런 것까지 거짓말할 수는 없어요. 그렇게 했다가 들통나면 영주권은 취소되고 추방될 수도 있습니다."

"온타리오주에는 비슷한 투자 이민 프로그램이 없나요? 저희는 토론토에 살고 싶어요."

"온타리오주에는 투자 이민은 없고 사업 이민이 있기는 합니다만, 영어 성적이 좋아야 합니다."

교수님의 미간에 주름이 잡혔다.

"그러니까 돈을 싸 들고 와서 자기 나라에서 쓰겠다는데도 영어를 못하면 안 된다는 말이군요. 웃기는 나라네. 우리 가족이 여기서 쓰는 돈이 일 년에 얼만데…."

고상하고 밝던 목소리에 짜증스러움이 묻어났다. 이번에는 쾌활한 사모님이 입을 열었다.

"달리 권해주실 방법은 없나요? 한국에 있는 돈을 복잡한 절차 없이 가지고 올 수 있는 법이라도 알려주세요."

취조라도 당하는 기분이었다. 교수님은 억지 미소를 짓고 있었지만, 나에게 얻을 것이 없다고 판단했는지 당장이라도 자리를 털고 일어날 기세였다.

"한국에는 한국의 법이 있고 캐나다에는 캐나다의 법이
있으니, 각각의 법에 따라 일 처리를 하는 것이 원칙입니다."

"실장님은 법으로 할 수 있는 일만 해주는 분이군요.
우리가 '안 된다, 어렵다, 법대로 해야 한다' 이런 말 듣자고
여기까지 찾아온 게 아니잖아요? 이럴 때는 이렇게, 저럴
때는 저렇게, 고객이 원하는 방법을 알려 주셔야 하는 거
아닌가요? 실력 있다고 소개받아 왔는데, 남들 다 할 수 있는
일만 하신다면 실력 있는 분이라고 할 수 없죠."

빈정거리는 듯 웃으면서 말하더니 입까지 삐죽였다.
나는 어색하게 웃었다. 뭐라고 해야 할까. 아쉬운 마음에
마지막으로 한 가지를 더 권했다. 돈은 많고 영어를 못하는
고객에게 권할 프로그램은 미국 투자 이민뿐이다.

"미국 투자 이민은 어떠세요? 아드님을 위해서라도 미국
영주권을 받는 게 낫지 않겠어요? 캐나다보다 따뜻한 곳도
많잖아요. 미국으로 가고 싶은데 못 가는 분들도 많아요.
돈 있고 권력 있는 사람들은 미국을 더 좋아하던데… 미국은
영어 실력이나 나이가 중요하지 않습니다."

"미국에서 총 맞아 죽기 싫어요. 뭐, 방법이 없다는 말이네.
아무튼 명확하게 이야기해줘서 고맙습니다."

단호하고 명료했다. 나이 많고 영어 못하는 사람은
영주권을 받기 어렵다는 대목에서 자존심이 상했을 테고,
합법적으로 증빙할 수 있는 자산만 자기 자산으로 인정을
받을 수 있다는 대목부터는 희망이 절망이 됐을지도 모르겠다.
캐나다에서 총기 사건이 얼마나 빈번한지 말해준다고 해도

남자의 마음을 돌리기는 어려워 보였다.* 남자는 기분 나쁜 이 상황에서 빨리 벗어나고 싶은지 포기가 빨랐다.

잘난 사람일수록 영주권을 받을 자격이 없다는 말을 들으면 불쾌한 내색을 숨기지 않는다. 그럴수록 자기 입맛에 맞는 방법을 찾아내라고 종용하기도 한다. 그런 사람들은 나처럼 곧이곧대로 설명하는 사람을 재수 없어 하거나 무능하다고 힐난한다. 부부는 인사를 하는 둥 마는 둥 사라져 버렸다. 실력 없는 나를 소개한 누군가를 탓하면서 다른 유학원이나 이주업체를 찾아가 어떻게든 본인들이 원하는 길을 찾아낼 것이다. 토론토에는 사기와 수완의 경계를 아슬아슬하게 넘나드는 실력 좋은 K 법무사를 비롯해 많은 이민법무사가 있다. 서류 위조도 서슴없이 권하는 중국인이나 인도인 법무사 또는 정부이민관으로 일한 경력을 내세워 실력을 부풀리는 유대인 변호사까지, 나보다 실력 있는 조력자는 얼마든지 많다.

한참 시간이 지나 이 가족에 대해서 까맣게 잊고 있을 즈음, 그들과 같은 교회에 다니는 윤 집사가 아들의 진로 상담을 핑계로 나를 찾아왔다. 시답지 않은 수다가 끝나갈 무렵 윤 집사는 그들의 소식을 들려줬다. 예상보다 흥미진진했다.

"실장님, 현수네 아시죠? 현수 엄마가 실장님 만나고

---

* 2018년 10월경 토론토에서 범죄로 인한 사망 사건은 80건 정도 발생했고, 그중 30여 건 정도가 총기 사고로 인한 것이다. 미국에 비하면 낮은 수치지만, 해마다 증가 추세에 있다.

와서 어찌나 실장님 실력 없다고 흉을 보던지. 그래서 우리
교회에서는 현수네가 여기 다녀간 후일담을 다 알아요.
목사님이 실장님을 소개했는데, 목사님도 민망했을 거예요."

　　그렇군, 목사님이 소개했구나. 그러고 보니 그 교회
목사님도 오래전 나를 통해서 영주권을 받았다. 목사님의
영어 점수가 영주권 수속에 필요한 만큼 나오지 않아서
애먹었던 케이스였다. 목사로 영주권을 신청하려면 IELTS
6점은 받아야 하는데, 한 과목씩 낙제 점수를 받아오는
통에 2년 넘게 영주권을 받지 못하고 애만 태우던 분이었다.
그는 캐나다에 종교비자로 입국해 6년째 비자 연장을 하고
있는 상황이었다. 교회에서 계속 고용계약을 해준다면
언제까지든 캐나다에 체류할 수 있지만, 고용 연장을 못하면
다른 교회를 찾거나 캐나다를 떠나야 했다. 목사나 선교사,
기타 종교인들이 캐나다에 개척교회를 설립하는 이유도
비자 연장과 무관치 않다. 가장 쉽게 비자를 받을 수 있고
배우자도 일할 수 있으며 아이들 학비도 면제되는 종교비자는
후원해주는 교회만 있다면 기간과 상관없이 체류할 수 있다.
다시 말해 비자 중에서도 '꽃 비자'인 것이다. 유학생 엄마
중에는 일주일에 한두 번 예배 시간에 피아노 반주를 해주고
비자 후원을 받는 사람도 있고, 전혀 일하지 않으면서도
고용계약서를 받아 종교비자를 신청하는 사람도 있다. 어떤
연결고리가 숨어 있는지는 알 수 없지만, 재정 형편이 좋지
않은 작은 교회일수록 비자 후원을 많이 해준다.

　　그 목사님 역시 종교비자로 체류하면서 열심히 목회를
했지만 영주권을 받지 못하고 있었다. 영주권을 받지

못해 교회를 떠나야 하는 상황이 온다면 '하나님 뜻에 따라' 떠나겠다고 했지만, 말끝에는 '길이 있다면 기도로 간구하겠다'는 단서가 붙었다. 나는 목사님에게 한 가지 길을 제시했다. "목사가 아닌 선교사로 직급을 바꿔 고용계약서를 발급받으세요. 선교사나 교육 전도사는 목사보다 낮은 영어 점수로 영주권 신청을 할 수 있습니다. 단, 고용계약서와 직무확인서, 이력서, 급여명세서까지 전부 직급을 바꿔야 합니다. 교회 직원들과 상의해보세요. 그런데 교회 직인이나 모든 서류는 목사 권한으로 사용할 수 있지 않나요? 아무튼, 서류를 만들어 오시면 선교사 직급으로 영주권 신청을 할 수 있습니다." 목사님은 고개를 끄덕였다. 속으로는 아멘을 외치지 않았을까.

"하지만 문제가 전혀 없는 것은 아닙니다. 지난 6년간 종교비자를 받을 때 이력서를 비롯한 모든 서류에 '목사'로 기록했을 겁니다. 꼼꼼한 이민관이 서류 심사를 한다면, 종교비자를 신청할 때는 목사였던 사람이 갑자기 선교사로 직급이 낮아졌다는 사실을 발견하고 의문을 제기할 수도 있습니다. 서류 위조가 들통나면, 허위진술로 영주권 기절은 물론 추방을 당할 수도 있습니다." 목사님은 "해보겠습니다"라고 나지막이 대답했다. 나중에 원망하지 말라는 내 말에 목사님은 "하나님이 바른길로 인도하실 겁니다"라고 받아치며 가볍게 손을 모았다.

전자 파일로 비자나 영주권 신청을 하던 시절이 아니었기 때문에 비자 신청 기록을 공유하기가 어려웠다. 이민국 직원 간에 정보를 주고받기도 쉽지 않았을 것이다. 덕분에 목사님은 별 탈 없이 영주권을 받았다. 내가 하나님의 종인지 마귀의 동역자인지 헷갈리기는 했지만 그래도 다행이었다. 목사님은 본인의 치부가 있으니 소문날 것이 두려워서 나에게 고객을 소개하기를 꺼릴 만도 한데 꾸준히 교인들을 소개한다. 어쩌면 '당신도 공범인데 뭘 어쩌겠는가' 하는 생각과, 어려운 상황을 함께 극복한 의리 때문일지도 모르겠다. 목사님이 그런 방법으로 영주권을 받았다는 사실을 윤 집사는 알고 있을까?

"아휴, 현수네는 교회에서 유명했어요. 아들이 비싼 학교 다니면 다 좋은 대학에 가는 줄 아는 거지. 비싸다고 다 좋은 학교가 아니라는 걸 캐나다에 온 지 얼마 안 되는 사람들은 잘 모르니까. 비싼 사립 학교가 무조건 좋은 줄 알거나 애가 공부를 잘해야 사립 학교 가는 줄 아는 사람도 많잖아요. 돈 있고 영어 할 줄 알면 어지간해서는 사립 학교에 다 갈 수 있는데. 여기 사립 학교를 한국의 특목고와 같다고 생각하나 봐요. 비싼 사립보다 더 좋은 동네 공립 학교가 얼마나 많은데요."

윤 집사는 자기 아들이 가고 싶은 학교에 대해 말할 때보다 더 열정적으로 현수네 이야기를 했다.

"그 집 남편이 일 년에 너덧 번은 토론토에 와요. 그리고 한 달 넘게 머물다 가더군요. 팔자도 좋지. 아들이 코넬대를 갈 거라고 그렇게 떠들고 다니더니 합격은 감감무소식이네요. 어디 갔는지 아무도 몰라요. 우리끼리는 다 알잖아요. 애가 공부를 잘해도 입학 허가받기 전까지는 어느 대학을 갈지 장담할 수 없죠. 현수 엄마는 믿는 구석이 있었는지 애가 벌써 입학허가서라도 받은 것처럼 떠들고 다녔어요. 그래서 우리는 기부금 입학이라도 하려는 줄 알았지. 웃기는 일이죠. 현수 엄마가 떠들고 다닐 때 우리끼리는 다 알면서도 좋겠다고 호들갑 떨어줬어요."

윤 집사가 틈틈이 강조하는 '우리끼리'란, 영주권 혹은 시민권을 가졌거나 영주권을 목표로 취업비자를 받아 억척스럽게 살고 있는 이민자를 말한다. 한국에서 보내주는 돈으로 유유자적하는 유학생 엄마들은 '우리'가 아니다. 형편이 다른 만큼 시기와 반목의 대상일 뿐이다.

"부동산 중개업을 하는 이 집사가 그러는데, 현수네가 엄청나게 비싼 집을 사고 싶어 한다더군요. 이 집사도 한동안 현수네 집 보여 주러 다니느라 바빴어요. 그런 집 하나 거래 성사되면 수수료가 어마어마하잖아요. 근데 한국에서 돈을 못 가져오는 게 문제였다네요. 그래서 K 법무사를 찾아갔나 봐요. 그 수완 좋기로 유명한⋯."

윤 집사는 듣는 사람도 없는데 속삭이듯 말했다. 힐끗힐끗 문 쪽을 돌아보기도 했다. 뭔가 중요한 비밀을 말할 테니 집중해서 들으라는 신호다.

"K 법무사가 주유소에 투자하면 영주권을 받을 수 있다고 했나 봐요. 취업비자 먼저 받게 해준다면서, 한국에서 돈 가지고 오는 것도 알아서 해줄 테니 걱정하지 말라고 그랬대요. K 법무사 고객 중에 유학생 엄마들이 거의 다 동원됐다더군요. 한 사람 한 사람 유학생 송금을 최대한도로 받아서 기어이 200만 불을 만들었대요. 우리 교회에도 거기 가담한 사람이 있어요. 그 집은 엄마랑 애들 합해서

일 년에 가지고 올 수 있는 돈이 30만 불이래요. 학비랑
생활비 포함해서 10만 불 정도만 가지고 와서 살았다죠?
큰 부잣집이 아닌 다음에야 일 년에 10만 불도 큰돈이지만,
법적으로는 20만 불을 더 가지고 올 수 있잖아요. 그래서
현수 아빠가 20만 불을 한국 계좌로 보내면 그걸 캐나다로
보내서 K 법무사가 전해 받아 현수네로 전달하고… 생각만
해도 아슬아슬하지 않아요? 그런 방법으로 돈 가지고
와서 나이아가라 근처에 주유소를 하나 샀다죠? 그게 작년
이야기예요."

　　윤 집사는 속닥속닥 빠르게 큰 비밀을 알려줬다. 예상대로
K 법무사를 만났군. 큰 비밀일 것도 없었다. 예상했던 바였고,
적게는 몇백 불부터 많게는 몇십만 불까지 환치기 거래가
비일비재하니 불가능한 일도 아니었다. 다만 액수가 커지면
위험 부담도 커지는데, 역시 K 법무사는 대담하고 부지런하고
수완이 좋았다. 적어도 열 명 이상의 유학생 부모에게 진행
과정을 설명해 동의를 얻었고, 한국에서 보낸 돈을 캐나다에서
무사히 회수했으며, 그 돈을 주유소 사장에게 전달하기까지
했다. 그 만만치 않은 과정을 해낸 것이었다. 일에 협조한
사람들에게는 약간의 이득을 나누어 주거나 또 다른 부탁을
들어주면서 혹시 모를 말썽의 소지를 미리 차단했겠지. 내가
머릿속으로 상상만 하는 복잡한 일을 K 법무사는 실제로
해냈다. 역시 능력자였다. '환치기'는 이렇게 해야 한다는
본보기였을까. 알 만한 사람들 사이에서 두고두고 회자될
지도 모를 정도의 일이었다. 불법인지 편법인지 알 수 없는
일을 K 법무사는 소동 없이 해냈다. 애써서 일을 성사시키고

받은 수수료가 얼마나 되었을까 궁금하기도 했다.

"어머…그런데 문제는 그다음부터예요. 취업비자 신청한 게 거절됐대요. 온타리오주에서는 주유소 매니저로 취업비자가 나오기 어렵다는데, 이미 가진 돈 전부를 투자하고 나서 취업비자가 떨어지니까 그때부터 멘붕이 왔겠죠? 그 법무사 사무실 가서 싸우고 난리가 났대요. 변호사 수소문해서 투자한 금액 찾겠다고 하던데. 그 집 돈 다 날리는 건 아니겠죠?"

아들의 진로 상담을 핑계로 찾아온 윤 집사였지만, 어쩌면 그 부부가 처한 상황의 뒷일을 가늠해보는 게 그로서도 더 흥미로운 일 아니었을까. '우리끼리' 모여서 현수네를 위한 기도회라도 열지 모를 일이었다. K 법무사가 주유소 사장과 계획적으로 일을 진행했다면 하소연 한마디 못하고 돈을 다 날릴 수 있는 상황이었다. 하지만 단정 지을 수 있는 것은 아무것도 없었다. 다만 내가 알기로, K 법무사가 그 정도로 대범한 사람은 아니었다. 아무리 큰돈을 얻는다고 하더라도 남은 인생을 걸고 모험에 나설 정도로 무모하지는 않을 것이다. 차라리 비자 거절 사유를 확인하고 서류를 보완해서 고객이 비자를 받도록 최선을 다 할 사람이라고 믿었다. "제가 그걸 어떻게 알겠어요. K 법무사가 알아서 하겠죠"라는 말 외에는 할 말이 없었다. 윤 집사는 싱겁다는 듯 "그렇겠죠"라고 답했다. 돌아가는 길에 그는 "제가 이런 이야기 했다고 아무한테도 말하지 마세요" 하고 속삭였다. 나는 오히려 윤 집사의 입이 더 무서웠다.

몇 개월 후 현수 엄마가 취업비자를 받았다는 소문을 다른 입을 통해서 들었다. 주유소에 달린 조그만 카페를 식당으로 개조해서 요리사로 취업비자를 받았더란다. 요리와 관련된 경력이 없는 현수 엄마의 이력을 조작해 노동부에 제출했을 것이다. 이러니저러니 해도 역시 K 법무사는 수완이 좋은 사람이다. 그다음 문제를 어떻게 해결할 것인지도 궁금하기는 했다. 영어를 못하는 사람이 영주권을 받을 수 있는 방법은 많지 않다. 하지만 이번에도 K 법무사의 권능을 믿기로 했다. 조만간 그 부부가 원하는 대로 호화 주택을 사서 이사했다는 소식을 듣게 될지도 모르겠다. 이쯤 해서 그 사연에 대한 관심은 거두고 대어를 놓친 아쉬움도 잊기로 했다.

여전히 궁금한 것 한 가지는 그 부부의 정체다. 받아두었던 명함 속 학교 이름을 검색했더니 한국 지방에 있는 작은 전문대학교가 나왔다. 그렇지만 교수 명단에 남자 이름은 없었다. 외부 강사라서 그렇겠지. 내친김에 남자가 운영한다는 회사 이름도 찾아봤지만 아무 정보도 없었다. 하다못해 SNS에서도 그 남자로 추정되는 사람은 없었다. 내 검색 능력이 좋지 않은 탓이겠지. 그런데 그 많은 돈은 어떻게 벌었을까? 군이 위험한 환치기를 하면서까지 자금을 해외로 빼돌려야 하는 이유는 무엇이었을까. 증여나 상속으로 받은 돈이라면 그들이 내야 하는 세금은 얼마나 됐을까. 궁금한 점이 많다. 나중에 K 법무사를 만나면 슬쩍 물어봐야겠다. 하이힐을 신고 우빙이 내린 토론토 거리를 걷는 아슬아슬한 욕망은 언제까지 안전할 수 있을까.

7

증여세를 내기 싫으면
이민 가면 된다

고객과 가까운 곳에 살면 영주권 수속이 끝난 후에도 끊임없이 연락을 주고받곤 한다. 어느 식당이 맛있는지, 어느 은행에 가면 한인 직원이 있는지 등 사소한 문제는 물론, 세금이나 주택 구입, 아이 교육과 진로 문제부터 영주권 연장, 시민권 받기, 가족이나 지인의 영주권 가능성 유무까지 이것저것 묻거나 도움을 청하는 일이 계속 이어진다. 간혹 연락이 끊기는 고객도 있다. 오늘은 유난히 기억에 오래 남는 고객, 지금쯤 어디에서 어떻게 살고 있는지 궁금한 고객이 떠오른다. '증여세' 하면 생각 나는 또 다른 고객이다.

2015년 여름이 막 시작될 무렵, 퀘벡 투자이민이 궁금하다는 노인의 전화를 받았다. 방문 상담 비용이 있는지 묻길래 1시간은 무료라고 했더니 곧 방문하겠다며 전화를 끊었다. 토론토는 여름에도 긴 소매 옷 하나쯤은 챙겨 다녀야 할 정도로 건조하고 쾌적하다. 하지만 그날은 유난히 후텁지근하고 기온도 높았다.

캐나다 사람들과 같은 공간에서 생활하다 보면 더위를 못 참는 그들의 습성 탓에 늘 춥게 지내기 마련이다. 추위를 많이 타는 나는 꽤 도톰한 카디건을 찾아 걸쳤다. 그때 70대 중반쯤으로 보이는 노인이 쭈뼛쭈뼛 문을 열고 들어왔다. 예상했던 것보다 노인의 행색이 추레해 보였다. 퀘벡 투자이민은 어지간한 재력가가 아니면 어려운데. 계절에 어울리지 않는 두꺼운 정장 바지와 소매를 둘둘 말아 걷어 올린 니트 셔츠가 더워 보였다. 커피를 권했더니 찬물을 달라고 했다. 그리고 두 잔을 연거푸 들이켰다. 물을 다 마시고 자리에 앉은 그는 명함을 한 장 내밀었다. 성환 상사 - 대표 김성환. 명함만으로는 그가 하는 일이 무엇인지 알 수 없었다.

"부동산 임대업을 하는데, 세 들어 사는 사람들에게 주는 명함입니다. 명함이 없으면 사람들이 무시하는 것 같아서 가지고 다닙니다."

부동산 임대업을 얼마나 크게 하시길래 명함까지 가지고 다니실까. 나도 명함을 건넸더니 노인이 미간을 찡그렸다.

"글씨가 작아서 잘 안 보이실 겁니다. 젊은 저도 보기 힘들어요. 장 실장이라고 부르시면 됩니다."

명함에는 내 직함과 주소, 밴쿠버와 한국의 협력업체 연락처와 홈페이지, 블로그와 소셜미디어 주소, 주력으로 하는 업무가 모조리 적혀 있었다. 게다가 쑥스러울 정도로 유치한, '고객이 가는 길을 끝까지 안내하겠습니다'라는 문구까지 너무 많은 내용이 담겨 있었다. 명함 디자인을 바꾸어야겠다고 생각했지만 무엇을 빼야 할지 몰라 고민만 거듭하는 중이었다. 내 고객 중에 노인이 많았다면 진작 명함 글씨를 키웠겠지만, 보통 내 고객은 갓 20대가 된 사람부터 많아 봐야 40~50대 정도였다. 이 정도 나이대는 흔치 않았다.

"아, 예… 장 실장님. 오늘은 꽤 덥네요. 잠깐 다녀갈 계획으로 봄에 토론토에 왔는데 어쩌다 보니 여름까지 있게 됐어요. 대중교통 타는 게 어려워서 여기까지 걸어왔습니다. 족히 1시간은 걸렸어요. 보통 때는 며느리가 차로 데려다주는데 오늘은 몰래 오느라고 그냥 산책 간다고 하고 나왔거든요. 이렇게 더운 줄 알았으면 다른 날 올 걸 그랬습니다. 그나저나 캐나다 사람들은 전기 아까운 줄 모르고 에어컨을 돌리는군요. 시원해서 좋기는 합니다만."

옷차림과 어울리지 않는 진한 꽃분홍색 손수건을 꺼내 땀을 닦던 노인은 토론토 한국 식당 간판이 홍은동 시장 골목 간판보다 후지다는 둥, 여자들이 아무렇지도 않게 벌거벗고 다닌다는 둥 흉을 봤다. 그리고는 나에게 이것저것 질문했다. 마치 인사청문회라도 하듯 가족사부터 업무 경력까지 꼬치꼬치 캐물었다. 과장하는 사람을 신뢰하지 않을 것 같은 눈빛 때문에 차분하게 내 소개를 했다. 나 역시 고객의 영주권 신청 자격을 확인하기 위해 질문했다. 자산이 얼마나 되는지, 어떻게 벌었는지, 그리고 최근 경력은 무엇인지.

노인은 홍은동에서 오랫동안 고깃집을 운영했다. 한자리에서 계속 장사를 했더니 맛집으로 이름도 꽤 날렸다. 성실하게 번 돈을 종잣돈 삼아 부동산에 투자했다. 젊을 때부터 사 모으기 시작한 부동산 중에는 몇십 년 만에

20~30배가량 오른 곳도 있었다. 부동산을 사고팔면서 시세차익으로 또 다른 곳에 투자하기도 했고, 오래된 건물이 재개발되면서 얻은 이득도 적지 않았다. 작고 허물어져 가지만 임대료는 꾸준히 잘 나오는 상가도 가지고 있었다. 여기저기 있는 부동산을 취합해보면 적어도 몇백억은 되지 않았을까. 식당 사업에 평생을 바쳤지만 돈은 부동산 투자 덕에 벌었다. 가진 것 하나 없지만 이만큼 살게 된 것은 시대를 잘 타고난 데다 안목도 뛰어났기 때문이다. 식당 일만 미련하게 했다면 여전히 고생스럽게 살고 있었을 것이다. 부동산을 관리하다 보면 번거로운 일도 있고 골치 아픈 일도 있다. 그래도 그 정도 수고를 감수하는 것치고는 수익성이 좋았다. 물려받은 것이 없다는 게 한이었지만, 혼자 힘으로 이만큼 벌었으면 성공한 인생이다. 가난을 대물림하지 않으려고 악착같이 벌었고 아들에게 다 물려줄 생각이었다.

그런데 하나밖에 없는 아들이 어느 날 갑자기 캐나다에 이민을 가겠다고 했다. 이민 가기만 해 봐라, 재산을 물려주는 건 고사하고 부모와 자식 간의 연도 끊겠다고 엄포를 놨지만 아들은 고집을 부렸다. 결국 아들과 며느리는 눈에 넣어도 아프지 않을 손자들을 데리고 몇 년 전 캐나다에 가버렸다. 그 후로 그들은 단 한 번도 한국에 오지 않았다. 가진 재산이라고 해봐야 결혼할 때 보태준 얼마 안 되는 전세 자금이 전부였다. 돈도 없는 놈이 세상 물정도 모르고 허세만 가득한 게 아닐까 싶었다. 괘씸하고 서운하기도 했지만 무엇보다 한심하기 그지없었다. 제 복을 제 발로 차 버린 거다. 제 부모도 나라도 버리고 떠난 한심한 놈과 연을 끊고 사는 것은 하나도 아쉽지 않았다. 그렇지만 손자들이 보고 싶기는 했다. 아들이 떠난 후에도 한동안 식당 문을 닫지 않았다. 오기로 버텼다. 아들이 돌아올 줄 알고 기다렸다. 그런데 아무리 기다려도 아들은 오지 않았다. 그러다 몇 년 전부터 동네 상권이 바뀌었고, 주방일을 주로 맡던 아내의 건강이 나빠졌다. 육체적인 건강도 문제였지만 우울증이 더 큰 문제였다. 그래서 식당을 팔았다. 시간 여유가 생기니 아내가 손자를 보고 싶다고 해서 캐나다에 왔다. 아내가 간곡하게 원하지 않았다면 오지 않았을지도 모른다.

"나쁜 놈." 노인은 진심으로 아들을 미워하는 것처럼 욕했다. 아들은 아직도 정신을 못 차렸는지, 절대로 한국에 돌아가지 않겠다고 한다. 손자들도 벌써 캐나다가 한국보다 좋다고 한다. 늙어서 손자 재롱 보면서 아들 옆에 살고 싶으니, 아이들이 오지 않겠다면 내가 와야겠다는 생각이 들었다.

"그래서 영주권을 받을 수 있는 방법을 알아봤더니 늙은이가 영주권을 받을 수 있는 방법은 퀘벡 투자 이민뿐이라더군요. 그게 뭔지 자세하게 들어보려고 왔습니다."

"그러시군요. 자격은 충분하신 것 같습니다. 다만 2억 원 정도 되는 돈을 선이자 형태로 내셔야 합니다. 소멸성 투자금입니다. 심사가 다 끝나고 영주권 받는 게 확실해지는 시점에 내는 것이라서 돈만 잃고 영주권은 못 받는 일은 거의 없습니다."

"그래요? 자세하게 설명 좀 해주세요."

퀘벡 투자 이민의 자격과 진행 절차를 자세하게 설명하는 동안 노인은 낮은 실내 온도 탓에 더위가 식어 한기까지 느끼는 듯했다.

"춥지 않으세요? 온도를 올릴 수는 없나요?"

"네, 저도 추워요. 여름에도 실내에서는 긴 소매 옷
하나쯤 걸치고 있어야 합니다. 캐나다의 오래된 건물은 중앙
냉난방인데, 캐나다 사람들은 일 년 내내 실내 온도를 20도
정도로 맞추고 삽니다. 그래서 겨울도 여름도 춥습니다.
캐나다 사람들은 추운 나라에서 태어나고 자라서 그런지
우리보다 추위를 덜 타는 것 같네요. 캐나다에 오시면 춥게
사셔야 하는데 괜찮으시겠어요?" 농담을 던지듯 웃으며
물었다.

"나이가 들수록 더위는 견딜만한데 추위는 못 견디겠어요.
뼈마디가 시려서… 겨울에는 전기장판 깔고 살아야죠 뭐. 그건
그렇고 제가 흥미로운 사실을 알게 되었는데…."

노인은 믿기 어려운 사실을 확인하고 싶은 듯, 잠시 뜸을
들이다 고개를 삐딱하게 돌려 나를 노려봤다. 아는 대로
말하라는 뜻이었다.

"캐나다는 증여세가 없다면서요? 그게 사실인가요?"

"네, 캐나다는 증여세도 없고 상속세도 없습니다. 돈을
주고받아도 따로 세금을 내지는 않습니다. 그래서 장성한
자녀와 부모가 각자 영주권을 받은 후, 부모가 한국에서
자산을 가지고 와 자녀에게 물려주는 경우도 있습니다.
현금을 주고받는 것은 세금이 없지만, 부동산처럼 시간이
지나 가치가 상승하는 것은 시세차익에 따른 양도소득세를
내셔야 합니다."

"그렇군요. 그렇다면 내가 반드시 영주권을 받아야

하겠네요. 여기 와서 알게 된 노인들에게 들은 이야기라서 긴가민가했는데, 확실하다면 더 망설일 필요도 없네요. 한국에서는 내가 아들한테 재산을 물려주려면 40~50%는 증여세를 내야 한답니다. 내 재산이 300억 원이라고 치면 120억 원은 세금으로 내야 하는 거죠. 부모가 뼈 빠지게 일해서 번 돈을 자식에게 물려주겠다는데 나라가 해준 게 뭐 있다고 세금을 그만큼 뜯어 가나요? 평생 내라는 세금 다 내면서 살았습니다. 그런데, 죽어서 내 재산을 물려주면서까지 세금을 내야 한다는 게 억울한 일 아니겠어요? 삼성 이건희 회장은 1년 넘게 죽었는지 살았는지 알리지도 않잖아요? 상속세가 무서워서 사망신고도 못 한다는 소문이 파다해요. 이러니 상속세 무서워 죽지도 못해요. 그렇다고 안 죽을 수도 없고… 이건희 회장 자식 중 누군가 정부에 줄을 대서 상속세를 없애지 않을까 기대했는데, 언제가 될지도 모르는 그때까지 내가 살아있으리란 보장은 없잖아요."

노인은 슬그머니 흥분한 내색을 보였다. 나는 이건희 회장이 병원에 입원했다는 이야기를 그때 처음 들었다. 죽었는지 살았는지도 모를 정도로 건강이 안 좋다는 게 믿기지 않았다. 한국에서 제일 돈 많은 사람이 건강 관리를 어떻게 했길래. 이건희 회장은 우리 엄마와 동갑이다. 시골에서 평생 농사짓고 허드렛일이나 하면서 가난하게 살았던 우리 엄마는 나보다 산을 더 잘 올라가고, 하루 세 끼 푸성귀 반찬만 있어도 밥 한 공기를 뚝딱 해치우며, 손주들 재롱을 보면서 숨넘어가게 웃기도 하고, 매년 초겨울 동네 아줌마들과 품앗이로 몇백 포기씩 김장을 해치운다. 그렇게 돈 많은 사람도 그 나이에 쓰러져서 일 년 넘게 병원 신세를 질 수 있다고 생각하니 믿기지는 않았지만 돈이 많다고 수명도 길어지는 것은 아니구나 싶었다. 그 돈 아까워 어떻게 죽을까. 죽음은 누구에게나 공평하게 찾아오는구나.

"제가 가진 재산이 얼마나 되는지 아들은 모릅니다. 10억 원쯤 있다고만 했거든요. 내가 가진 재산이 얼마인지 알려주면 한국으로 돌아올지도 모른다고 생각해본 적도 있었죠. 아무리 돈 욕심이 없다고 큰소리쳐도 사람 마음이 그런 게 아니거든요. 그런데 캐나다에 와서 상속세 이야기를 듣고 보니 제가 뒤통수를 맞은 기분입니다. 60대 들어서면서부터 상속세에 관해 알아보기 시작했습니다. 대규모 사업을 하는 사람들은 몇백억 원 정도 상속해줘도 세금 한 푼 안 낼 방법이 있다더군요. 국회에서도 큰 기업체를 운영하는 사람들의 상속세를 면제해주는 법은 자꾸 발의하는데, 나처럼 동네에서 장사하는 사람들은 그런 법에 해당도 안 됩니다. 20년 이상 운영 중인 법인 사업체는 500억까지 공제해준다더군요. 자기 지분이 낮으면 그마저도 쉽지 않은 것 같지만, 어쨌든 삼성 같은 큰 회사는 변호사나 회계사들이 머리 굴려서 주식이다 뭐다 해서 자식한테 물려줄 것은 이미 다 물려줬을 겁니다. 빠져나갈 사람들은 다 빠져나가고 저같이 몸뚱이 하나로 벌어먹은 사람들만 세금을 다 내야 하는 거죠.

젊을 때 아들 명의로 부동산을 샀다면 얼렁뚱땅 재산이 넘어가서 상속세 부담이 줄었겠지만, 아들놈이 제 어미를 닮아 씀씀이가 헤퍼요. 자기 명의로 된 재산이 있는 줄 알면 다 팔아 치워서 남는 게 없을 겁니다. 그래서 차일피일 미루다 보니 시기를 놓쳤네요. 부동산을 팔아서 표 안 나게 증여할 수도 있다더군요. 남들은 다 그렇게 한다고 들었습니다. 그러다 걸리기라도 하는 날엔…. 어쨌든, 사람은 죽어도 돈은 남는다는 게 제 생각입니다. 하나밖에 없는 아들놈한테 재산 물려주려고 얼마나 힘들게 돈을 벌었는데, 재산의 절반 가까운 돈을 상속세로 내라고 하니 억울하지 않겠어요? 캐나다는 상속세가 없다는 말에 제가 충격을 받은 것도 이상할 게 없지 않나요?"

노인은 덤덤하게 이야기하다가 눈에 힘을 주고 나를 노려봤다. 아들에게 말하지 못한 재산 자랑을 하면서 노고에 대한 인정을 받고 싶은 것일까. 나는 고개를 끄덕여 주었다. 하지만 캐나다는 여러 항목으로 적지 않은 세금을 떼 가는 나라이다 보니 적극적으로 수긍하기도 난처했다. 살아 있는 사람에게 매기는 세금이 죽은 사람에게 매기는 세금보다 무거운 법이다.

"투자 이민하려면 2억 원을 내야 한다고요? 그 돈 주면 영주권 받는다는 말이죠? 영주권 받으면 합법적으로 한국에 있는 재산을 처분해서 가지고 올 수 있고, 어마어마한 증여세를 안 내도 된다는 이야기 맞나요? 어차피 한국은 인구도 줄어든다고 하고, 강남 빼고는 부동산 가격이 오르지도 않을 것 같아요. 토론토는 이민자가 계속 들어올 거라더군요. 인구가 계속 늘어난다는 말이잖아요? 요즘 집값 오르는 추세로 봐서는 하루라도 빨리 한국 부동산 정리해서 캐나다에 집을 사야겠더군요. 영주권 받는 데 얼마나 걸릴까요?"

노인은 마음이 급해진 듯했다.

"퀘벡 투자 이민은 적어도 3년은 걸려야 최종 영주권까지 받으실 수 있습니다. 그전에라도 한국에서 해외 투자 형식으로 토론토 부동산을 사는 것은 가능합니다. 단, 영주권 취득을 못 하게 되면 국세청에 자금 변동 상황을 보고해야 합니다. 어찌 되었든 불법적인 요소가 많고 과정이 복잡합니다. 토론토 부동산은 중국 사람들이 꾸준히 투자하고 있습니다. 그 덕에 캐나다 부동산 가격은 하늘 높은 줄 모르고 오르고 있죠. 당분간 캐나다 부동산 가격은 계속 오를 겁니다. 특히 밴쿠버, 토론토같이 이민자가 계속 들어오는 지역이나 토론토 다운타운 같은 곳은 한동안 더 오를 겁니다.＊ 자세한 서류 목록은 이메일로 보내드리겠습니다. 그런데 건강하시죠? 영주권 최종 단계에 신체검사를 받아야 하는데 지병이 있거나 전염병이 있으면 수속이 지연될 수 있고 자칫하면 영주권을 못 받을 수도 있습니다. 혹시 지병은 없으세요?"

　"집사람은 잔병치레를 많이 해서 병원에 자주 다니는 데 저는 아직은 건강합니다. 사실, 종합검진을 받아볼까도 생각해봤지만 병원 갔다가 큰 병을 알게 될까 봐 안 갑니다. 잘 숨겨 놓으면 죽을 때까지 아무도 모르지 않겠어요? 다 된 밥에 코 빠트리지 않으려면 이제 건강관리도 해야겠군요."

＊　하지만 내가 노인에게 했던 말은 금세 틀린 말이 되어 버렸다. 해외 자금 유입으로 집값이 폭등하자, 2018년 5월 온타리오주는 영주권이 없는 외국인 부동산 투자자에게 취득세 15%를 더 부과하는 정책을 시행했다. 그 덕인지 가파르게 치솟던 부동산 가격이 주춤한 상태다. 밴쿠버가 있는 브리티시 컬럼비아주는 온타리오주보다 1년 빨리 비슷한 정책을 시행했는데, 그럼에도 인구 유입 등 기타 호재 때문에 부동산 가격은 여전히 오를 수 있다는 전망이다.

농담인지 진담인지 알 수 없는 소리를 하던 노인은
돌아가면서 한 가지 당부를 건넸다.

　"내가 캐나다에 오겠다고 하면 아들이 싫어할 겁니다.
가족들은 내가 영주권 상담하러 온 사실도 몰라요.
아내한테도 이야기하지 않았습니다. 아내가 알게 되면 아들도
눈치챌 테니 당분간, 아니 영주권을 받은 후에도 비밀로
하고 싶습니다. 나중에 돈이나 물려주면 돼요. 수속 중에
연락을 주고받다 보면 가족들이 알아차릴 수 있을 것 같아
걱정입니다. 실장님도 조심해주세요."

　노인이 한국으로 돌아간 지 얼마 되지 않아 요청했던
서류가 도착했다. 영주권을 빨리 받고 싶은 마음에 서둘러
준비했으리라. 부채를 포함한 재산 증빙 서류와 식당 관련
서류, 신용 서류, 부동산 등기부등본까지 전화번호부 세 권은
족히 될 분량이었다. 자산축적진술서는 퀘벡 투자 이민의
성패를 가를 만큼 중요한 항목이다. 어떤 부동산을 언제
사고팔았는지, 세금 내역은 어떻게 나오는지, 월세 수입은
얼마인지 등 하나하나 계산해야 하는 데다 종잣돈의 출처부터
생활비 지출까지 들어오고 나간 돈을 퍼즐 맞추듯 작성해야
한다.

　노인의 자산은 대부분은 부동산이었다. 사고팔기를
거듭하면서 폐기했을 법한 오래된 부동산 매매 계약서도
꼼꼼하게 보관하고 있었다. 1983년에 구입한 신도시 소재
2000만 원짜리 밭을 1990년 3억 원에 팔았다. 그 돈으로
구입한 강남의 작은 아파트 세 채는 전세를 줬다. 인터넷
부동산 사이트에 올라와 있는 그 아파트 한 채의 가격은

10억 원 이상이었다. 각각 전세보증금은 4억 원 정도였다. 강남 아파트의 전세보증금을 뺀 자산가치는 20억 원. 가로수길, 세로수길로 이슈가 된 동네에 있는 작은 상가 건물은 아예 통째로 노인 명의였다. 그 건물을 샀을 때는 대부분 은행 빚이었지만, 20년 동안 은행 빚은 거의 다 갚았다. 등기부등본상에 은행 담보가 잡혀 있기는 하지만 부채사실증명원에 남아 있는 부채는 많지 않았다. 여기에 기타 소소한 부동산까지 합하면 노인의 자산은 실거래가로 몇백억 원은 될 것 같았다. 이 정도면 퀘벡 투자 이민을 신청할 만했다. 신원조회를 해보니 오래전 청소년에게 주류를 판매하여 벌금을 낸 적이 있고, 손님끼리 붙은 시비에 같이 휘말려 쌍방폭행으로 조사받고 합의를 본 기록이 있었다. 하지만 5년 이내에는 음주운전을 하지도 폭행에 연루되지도 않았다. 특별히 문제 될 것은 없는지 서류를 하나하나 검토했다. 그런데 노인 배우자의 부채 증명이 없었다. 한국에 있는 노인에게 부리나케 메시지를 보냈다.

안녕하세요. 꼼꼼하게 서류 준비를 잘 해주셨네요.
서류 번역 먼저 하고 서식 작성하겠습니다.
그런데 배우자 김영숙 님의 부채증명원이 없네요.
신용평가원에서 발급받아 보내 주세요. 서류가 모두
준비되면 서둘러 접수하겠습니다.

메시지를 보낸 지 1시간 만에 답변이 돌아왔다.

집사람 이름으로는 재산이 아무것도 없는데 그래도
부채증명을 해야 하나요? 부채 확인 서류는 본인
아니면 발급이 안 되는데, 집사람한테 이 서류를
발급받아 오라고 하면 어디에 쓸 건지 물어볼 텐데요.
뭐라고 핑계를 대야 할지 모르겠습니다. 제출하지
않고 넘어갈 방법은 없을까요?

배우자에게 자산이 없어도 부채 내역을 제출해야
합니다. 부채가 있든 없든 상관없습니다. 반드시
제출해야 하는 서류입니다.

알겠습니다. 날 밝은 대로 서류를 발급받아
보내드리겠습니다.

어떤 서류를 어디에서 발급받아야 하는지 설명할 때
이미 노인에게 강조한 내용이었다. 물론 한 번 듣고
완벽하게 서류를 준비하는 고객은 없다. "이 서류는 왜
필요하냐, 이 서류는 안 내면 안 되는 것이냐" 하는 질문을
한 고객으로부터 적어도 한두 번 이상은 받는다. 이민
심사제도를 이해하지 못한 탓에 엉뚱한 핑계로 서류 제출을
거부하는 고객도 있었다. 범죄를 저지른 적이 없으니 신원
조회 서류를 내지 않겠다고 우기는 사람도 있었다. 이민국
직원이 서류를 보지 않고 신청자의 범죄기록 여부를 어떻게
알겠느냐며 힘겹게 설명해서 겨우 받아냈다. 다니던 회사가
없어져서 경력증명서를 발급받을 수 없다거나, 심지어 학교가

없어져서 졸업증명서를 발급받을 수 없다는 사람도 있었다. 학교가 없어졌으면 교육청에 가서 발급받으면 되고, 회사가 없어졌어도 소득증명원으로 경력을 입증할 수 있다.

내가 몇 번씩 강조한 내용을 노인이 잊었을 리 없는데 배우자에게 핑계 댈 방법이 없어서 슬그머니 넘기려 했나 보다. 이민국도 그 마음을 헤아려 모르는 척 눈감아 주면 좋을 텐데 그런 일은 일어나지 않는다. 다행히 얼마 지나지 않아 항공우편으로 원본 서류가 도착했다. 그런데 배우자 김영숙 씨에게 부채가 있었다. 자산을 입증하는 데 문제 될 정도는 아니었지만 예상치 못한 일이었다. 생명보험을 담보로 받은 대출이었다. 큰 변수는 아니라 해도 덕분에 서류 작업이 약간 복잡해졌다. 꽤 많은 양의 서류를 번역해 서식을 작성하고 투자은행의 변호사 검토까지 마친 후 퀘벡 이민국에 접수했다. 무리 없이 진행되면 3년이 걸린다. 노령의 고객이 건강하기만 하면 다른 일은 걱정할 필요가 없는 케이스였다.

그런데 어느 날, 예상치 못한 전화를 받았다. 낮은 톤의 점잖은 목소리에 단호한 말투로 봐서 나에게 무엇인가 따지려는 듯했다.

"저… 안녕하세요. 장 실장님이신가요? 김성환 씨 아들입니다."

"아, 네."

"저희 아버지가 영주권 신청을 진행하신다고 들었습니다. 저도 영주권을 받아 봐서 아는데, 영어도 못하고 기술도 없고 나이도 많은 아버지가 영주권을 받을 방법이 있나요? 부모 초청밖에 없을 텐데요. 도대체 뭔가요? 노인 양반이 제대로 알아보고 하시는 게 맞나요?"

　어리숙한 아버지가 사기를 당하는 게 아닌지 의심하는 듯한 말투로 그는 거칠게 물었다. 가족 모르게 진행하고 싶다는 노인의 당부가 기억나서 아무 말도 할 수 없었다.

　"자격 검증을 거친 정상적인 방법으로 영주권 수속을 밟고 있습니다. 자세한 내용은 아버님께 직접 여쭤보시는 게 좋을 듯합니다. 더 이상은 말씀드릴 수 없습니다."

　"설마 했는데…."

　전화기 너머로 한숨 소리가 몇 번 들렸다.

　"영주권을 받고 싶은 이유가 뭐라고 하시던가요? 아들 따라 여기까지 오시려는 이유나 좀 알았으면 하네요."

　"저도 아는 게 별로 없습니다. 모르겠습니다. 드릴 말씀이 없습니다."

　노인의 아들은 무엇을 알아내려는 목적보다는 단순 확인차 전화를 건 듯했다. 난감해하는 나를 붙잡고 길게 이야기할 필요가 없다고 생각했는지 곧 알겠다며 전화를 끊었다. 영주권 신청 사실을 들키고 싶지 않았던 노인의 바람은 이루어지지 않았다. 부채가 생긴 연유가 궁금한 노인과 신용 조회 서류가 왜 필요한지 알고 싶은 노인의 배우자가 서로 다투기라도 한 것일까. 그 속에 아들이 끼어들었나? 이 일의 여파가 염려스러웠다.

　며칠이 지난 어느 날, 급기야 노인의 아들이 사무실로 찾아왔다. 역시 예상치 못한 일이었다. 어색한 인사를 하고 자리에 앉은 아들은 언제쯤 아버지가 영주권을 받을 수 있는지, 가능성은 얼마나 되는지 물었다.

"전화로 여쭤보면 대답을 안 해주실 것 같아서 직접 찾아왔습니다. 제 가족에게는 중요한 일입니다. 좀 알려주세요. 아버지는 전혀 말을 안 해주시더군요."

아버지를 빼닮은 아들은 목소리도 표정도 심지어 차림새도 비슷했다. 키가 더 크고 어깨가 넓어 보이기는 했지만, 젊은 시절의 노인도 그 모습 그대로가 아니었을까 싶을 만큼 많이 닮아 있었다.

"저는 아무 이야기도 할 수 없습니다. 아버님께 직접 여쭤보시는 게 좋겠네요. 고객의 정보를 아무에게나 알려드릴 수 없어요. 당사자가 원하지 않으면 가족에게도 알려드릴 수 없습니다."

아들은 나에 대해서 어떻게 알았을까. 아버지가 말해 주었나? 그렇다면 아들이 나를 찾아오리라는 걸 노인도 예상했을 텐데 아무 언질도 주지 않았다. 나에게 또 다른 역할을 기대한 건 아닐까. 노인의 속내가 궁금했지만 내 마음대로 추측해서 고객의 사정을 누설할 수는 없었다.

"저희 집 내막은 잘 모르실 겁니다."

아들은 잠시 망설이다가 이야기를 시작했다.

"아버지는 돈을 참 좋아하는 분입니다. 돈을 좋아하니 열심히 벌었죠. 그런데 번 돈을 쓰는 데는 인색했어요. 자린고비, 맞아요. 아버지는 자린고비였죠. 가까운 사람들에게도 너무 인색했어요. 아버지가 살고 계신 집은 오래된 단독주택이에요. 저는 그 집에서 어릴 때부터 살았어요. 단독주택이 겨울에 얼마나 추운지 아세요? 제가 기억하는 한, 연탄보일러로 난방하던 시절에는 그나마 괜찮았던 것 같아요. 그때는 다들 춥게 살았으니 그런가 보다 했을지도 모르고요. 그런데 기름보일러로 바꾸고 나서는 물론이고, 도시가스로 바꾼 후에도 겨울에는 따뜻하게 살아본 기억이 없어요. 너무 추웠어요. 지금도 부모님은 그 주택에 사세요. 벌써 30년이 넘었죠. 30년 전에도 낡았던 집이 지금은 오죽하겠어요. 겉모습은 멀쩡한 탓에 겨울에 그렇게까지 춥게 사는 줄 다른 사람들은 모를 겁니다.

아버지는 그 집이 재개발될 때까지 사시겠답니다. 이건 가족을 학대하는 거예요. 물리적으로 때려 부수고 손찌검하는 것만 폭력이 아니잖아요? 그깟 도시가스 요금이 얼마나 나온다고…. 아버지는 식당 운영을 본인이 다 하신 것처럼 말씀하고 다니시지만 정작 일은 엄마가 다 하셨어요. 엄마는 여름이고 겨울이고 손 마를 날 없었고 몸도 안 아픈 곳이 없을 정도였죠. 아버지는 직원들에게도 끔찍하게 굴었어요. 겉으로는 점잖고 조용했지만, 직원들 월급이나 복지처럼 돈 들어가는 일에는 잔인할 정도로 아꼈죠. 서너 명 이상이 해야 하는 일을 두 명이 했고, 안전은 각자 알아서 조심해야 했어요. 노동법은 신경도 안 썼고요. 옛날에는 다 그랬다고 하니까 그럴 수 있다고 쳐도… 그래도 사람이 그러면 안 되는 겁니다. 고깃집은 항상 불을 다뤄야 하는 데 직원 안전은 신경도 안 썼어요. 그러니 사고도 잦았죠. 직원들이 화상을 입는 일도 자주 있었어요. 아버지는 다친 직원들에게 돈이 들어갈까 봐 벌벌 떨었죠. 누가 그런 식당에서 오래 일하겠어요. 그러다 보니 힘든 일은 엄마가 다 하셨죠.

지금도 이해가 안 되고 화가 나는 점은, 가족이나 직원에게 쓰는 돈은 그렇게 아까워하면서도 동네 경찰, 공무원에게는 엄청나게 후하다는 거예요. 제가 어릴 때 제일 하기 싫은 일이 뭐였는지 아세요? 좋은 고기 들어오면 경찰서와 동사무소를 돌면서 직원들한테 가져다주는 일이었어요. 정말 하기 싫은 일이었어요. 그걸로도 모자라서 공무원들이 밥 먹으러 오면 뭐든 아까운 줄 모르고 다 내놨어요. 왜 그랬을까요? 아버지는 사장이랍시고 폼 잡고 다니면서 경찰이나 공무원 앞에서는 굽신거리다가도 가족과 직원에게는 잔인할 정도로 짜게 굴면서 끊임없이 잔소리를 늘어놓았죠."

아들은 간간이 한숨을 몰아쉬었다.

"저는 어릴 때부터 식당에서 심부름을 했어요. 고등학교, 대학교에 다닐 때까지 줄곧 식당에서 일했죠. 대학교 졸업 후 다른 곳에 취직해보려고 했지만, 여의치 않았어요. 그래서 결혼하고도 계속 식당일을 했죠. 밤낮없이 일하면서도 용돈을 타서 쓰듯이 생활비 정도만 받았어요. 가족이니까, 하나밖에 없는 아들이니까, 월급 같은 건 안 줘도 된다는 게 아버지 생각이었어요. 그때는 저도 그런가 보다 했고요. 결혼하고 나서는 아내도 식당에 가서 일해야 했죠. 둘이 같이 식당일에 매달려 살 때도 생활비만 받아 썼어요. 친구들은 앞날을 계획하고 저축도 하는데 저희 부부는 아버지가 주는 생활비로 겨우 살아간 거예요. 꿈도 없이.

그렇다고 가족 간에 화목하지도 않았어요. 일이나 돈 이야기 말고는 부모님이 대화하는 모습을 본 적이 없어요. 아버지는 식당 돈 관리를 맡아서 하셨는데, 고객이 불만을 말하다 시비가 붙거나 하는 귀찮은 일이 생기면 슬그머니

사라지셨다가 한참 후에 돌아오곤 하셨어요. 그 사이 엄마가 나서서 해결했죠. 다른 사람들이 아무리 바빠도 아버지는 돈 통만 지키고 섰다가, 하루에 한 번 은행에 다녀오거나 조용히 사라졌다 한참 만에 돌아오는 게 다였죠. 한 번은 아버지에게 여쭤봤어요. 장사도 잘되는데 돈은 다 어디에 쓰느냐고. 그랬더니 남는 게 얼마 없다고 하시더라고요. 제가 바보도 아니고… 그래서 혹시 아버지가 도박을 하는 건 아닌지, 바람피워서 딴살림을 차린 건 아닌지 생각했죠." 노인의 아들은 잠시 숨 고르기라도 하는 듯 조용히 창밖을 응시했다.

"저는 그렇게 사는 게 이골이 났는지 뭐가 문제인지도 모르고 살았어요. 그러던 어느 날, 아내가 우리도 이렇게 살다가 부모님처럼 늙어갈 것 같다고, 숨 막혀 죽겠다고 하더군요. 정신이 번쩍 들었어요. 제가 아버지를 닮아서 성격도 비슷해요. 아이들한테도 살갑게 못 대하고 아침에 일어나서 밤늦게까지 식당에서 일만 했거든요. 아내 말을 듣고는 더 이상 그렇게 살면 안 되겠다 싶더군요. 오래 고민하지 않고 캐나다로 왔어요. 캐나다라고 해서 마냥 좋기만 한 건 아니었지만, 한국에 있을 때 한 번도 못 해본 가족 여행도 다니고, 주말에는 공원에 가서 종일 놀다 오기도 하고, 아이들과 운동도 해요. 고생만 하다가 몸이 다 망가진 엄마에게는 미안하지만 저도 저만의 삶이 필요해요.

서울에 아파트 몇 채 정도 있다는 말을 들었어요. 도박이나 딴살림을 차린 건 아니었는지…. 그렇게 주변 사람들 고생시켜서 모은 돈으로 부동산에 투자했다니. 그나마 노년에 쓸 돈은 준비해두셨으니 다행이에요. 그런데 그걸 팔아서

투자 이민을 하시겠다고요? 요즘 부동산 가격이 올랐다고
하니까 대출이 없으면 10억 원은 넘겠죠. 저라고 그 돈이
욕심 안 나는 건 아니에요. 아버지는 제가 이민 올 때 재산을
물려주지 않겠다고 협박까지 하시더군요. 솔직히 아들
하나뿐인데 그 돈이 어디로 가겠나 하는 생각이 들다가도,
그깟 돈보다 더 중요한 게 따로 있다는 생각이 먼저 들었어요.
무엇보다 그때는 식당에서 떠나고 싶은 마음이 너무 컸어요.
캐나다에 와서 겨우 자리 잡을 만하니까 아버지가 여기로
오시겠다는 거잖아요. 아버지가 한국에 있는 전 재산을
팔아서 오시면, 그 재산을 줄 테니 부모 노후를 책임지라고
하실지도 몰라요. 아마 그 돈으로 식당을 차리라고 하겠죠.
그런데 아무리 생각해봐도 식당은 하기도 싫고 자칫하면 돈만
날리게 될 것 같아 무섭기도 해요. 사업하다가 돈 날린 분들을
많이 봤거든요. 차라리 그 돈을 잘 보관하다가 노후자금으로
쓰시라고 하는 게 낫겠다 싶어요.

　　하나뿐인 아들이라서 당연히 부모를 모셔야 한다고
생각하시나 본데, 죄송하지만 두 분 노후까지 책임질 여력은
없어요. 저도 여기서 살기 힘듭니다. 월세 내기도 버거워서
집을 살까 생각했어요. 한국에서 전세자금 털어서 가지고 온
돈에 엄마가 아버지 몰래 보내준 돈을 합해서 작은 콘도라도
하나 살까 하고 있어요. 요즘 부동산 가격도 너무 올라서
코딱지만 한 콘도밖에 못 사지만, 그렇게 살다 보면 내 힘으로
자리 잡을 수 있을 것 같았어요. 그런데 부모님까지 여기
오시면… 아무리 돈을 싸 들고 오신다고 해도, 그 돈 금방 날릴
수도 있어요."

노인의 아들은 아버지와 꼭 닮은 얼굴에 똑같은 말투로 예상보다 많은 이야기를 건넸다. 집안 속사정까지 다 털어놓을 생각으로 날 찾아온 건 아니었겠지만, 감정이 격앙돼 봇물 터지듯 이야기를 풀어낸 것이리라. 그마저도 아버지와 비슷했다. 치밀한 척하던 그의 아버지도 묻지도 않은 이야기를 시시콜콜 털어냈으니까.

"도대체 어떻게 진행이 되는지 자세히 알고 싶습니다. 그래야 내가 뭘 할지 결정할 수 있죠."

노인의 아들은 어쩌면 아버지의 영주권 수속을 말려달라는 부탁을 하러 왔을지도 모른다. 나는 짐짓 모른 척 사무적인 태도로 설명했다.

"아버님은 퀘벡 투자 이민으로 영주권을 받게 될 겁니다. 자격이 좋습니다. 주 정부 승인을 받고 나면 2억 원을 캐나다 은행에 송금하셔야 합니다. 없어지는 돈입니다. 영주권을 받은 후에는 부동산 투자를 하고 싶으신 듯합니다."

듣고 있던 아들의 눈이 커졌다.

"2억 원이요? 2억 원이 없어져요?"

아들의 흥분을 가라앉혀야 했다.

"아드님이 알고 계신 것보다 아버님 재산이 훨씬 많습니다. 액수를 알려드릴 수는 없습니다만, 아드님이나 손주들에게 재산을 물려주고 싶다고 하셨습니다. 증여세에 대해서 많이 알아보셨더군요. 캐나다는 증여세가 없어서 좋다고…. 지금 알려드린 이야기는 부디 아버님께 전달하지 마시고 모른 척해 주셨으면 합니다."

노인이 탈 없이 영주권을 받아야 아들 가족은 재산을

물려받을 수 있고, 나도 커미션을 받을 수 있다. 그러니
아버님의 영주권 진행을 방해하지 말라는 뜻으로 힌트를
준 것이다. '당신 아버지의 인생 목표는 아들에게 재산을
무사히 물려주는 것이다. 조용히 굿이나 보고 떡이나 먹는 게
어떻겠는가.'

　잠시 우두커니 앉아있던 노인의 아들은 "훨씬 많다는
게 어느 정도나…" 하고 말끝을 흐렸다. 나는 조용히 웃었다.
노인의 아들은 더 할 말이 있다는 듯 입을 달싹거리다가
한숨을 몇 차례 쉬었다. "왜 이런 이야기를 남에게 들어야
하나요. 왜 나한테 직접 이야기하지 않으셨을까요." 나도 모를
일이다. 한국 아버지 중에는 과묵한 것이 멋인 줄 아는 분들이
종종 있다. 내색하지 않고 조용히, 생색내지 않기. 그렇지만
그것이 불러오는 오해와 불신은 미처 계산하지 못한 듯싶다.
아들은 잠시 멍하니 앉았다가 조용히 인사를 하고 돌아갔다.
속내를 알 수 없으니 못내 불안하기는 했지만 큰 문제를
일으킬 것 같지는 않았다. 짐작건대, 아들과 아버지 사이에 큰
분란이 생기지는 않았나 보다. 한동안 잠잠했으니까.

　2016년 봄, 퀘벡주 서류 심사가 끝나고 인터뷰까지 마친
노인은 퀘벡주 정부 승인을 받았고 투자금을 송금했다. 나도
무사히 커미션을 받았다. 요식행위나 다름없는 연방심사가
남았지만 시간문제였다. 노인은 한국 부동산을 정리하기
시작했고 그 돈을 캐나다로 보내 토론토 부동산에 투자했다.
콘도 몇 채를 사서 월세도 받았다. 마침 2016년 캐나다
부동산의 시장 상황은 거침이 없었다. 30만 불 후반으로
구매한 콘도가 1년 사이에 10만 불 가까이 더 오를 정도였다.

노인은 인기가 높은 지역에 있는 부동산만 골라 매입한 덕에 세입자의 선호도가 높았다.

식당 사업은 절대로 하지 않겠다던 노인의 아들은 꽤 규모가 큰 한국식 고기구이집을 열었다. 한국식 비법이 다른 민족에게도 통했던지 맛집으로 알려지기까지는 오랜 시간이 걸리지 않았다. 다행히 아들은 아버지와 달리 직원에게 인심이 후한 사장이 되었고, 나도 일자리가 필요한 젊은 청년들을 그 식당에 소개했다. 그렇게 모든 일은 순조롭게 흘러갔다. 그런 줄 알았다.

노인의 영주권은 건강 문제 때문에 제동이 걸렸다. 2018년 봄, 노인은 영주권 절차의 마지막 단계인 신체검사 통보를 받았다. 혹시라도 문제가 있으면 대책을 세워야 한다는 내 말에 큰마음 먹고 대학병원에 가서 머리부터 발끝까지 정밀 검진을 받았다. 그런데 노인의 위에서 작은 종양이 발견된 것이었다. 조직검사 결과 암이라고 했다. 그는 "실장님 안녕하세요. 드디어 숨겨뒀던 큰 병을 들켰네요. 개복을 해봐야 알겠지만 당장 죽을 일은 아닌 것 같습니다"라고 느긋한 태도를 보였다. 그렇지만 이민 심사 최종 관문인 신체검사에 문제없이 통과할 수 있을까 걱정이라며, 아들과 상의해서 방법을 알려달라고 했다.

퇴근 시간이 다 되었을 무렵, 예상보다 늦게 노인의 아들이 찾아왔다. 암에 걸렸다는 아버지의 소식에 크게 동요하지 않는 듯 아들은 차분하고 밝았다. 하지만 부모의 영주권 진행이 순조롭지 않을까 봐 걱정하고 있었다.

"암 환자는 영주권을 못 받죠? 제가 영주권 받을 때

신체검사를 해봐서 아는데, 암 환자라고 밝히지만 않는다면 신체검사 담당 의사도 알 도리가 없지 않나요?"

영주권 수속의 최종 단계인 건강검진은 의외로 절차가 간단하다. 피검사, 소변검사, 엑스레이 촬영이 전부다. 전염성 질병을 찾아내는 데 주력하기 때문에 소변검사나 피검사로 확인되지 않는 병력은 먼저 알리지 않으면 모를 수 있다. 다만 개복 수술을 한 경우, 신체검사를 진행하는 의사가 흔적을 발견한다면 무슨 수술을 했는지 묻고 수술한 병원의 의사에게 소견서를 요청한다. 암은 수술 후 5년이 지나 완치 판정을 받기 전까지는 영주권 수속이 거절되거나 중단될 가능성도 높다. 입국 후 5년간 연간 7000달러 이상의 의료비가 들것으로 예상되는 중증 환자는 영주권이 거절되던 시절이었다.* 캐나다 대부분의 주는 병원을 무료로 이용할 수 있다. 한국처럼 의료보험비를 내지도 않는다. 의료 비용 대부분은 정부 기금으로 운영된다. 의료비 지원이 큰 중증 환자나 장애인이 영주권을 받는다는 건 정부 재정에 손실이 생길 수 있음을 의미한다. 신체검사 담당 의사가 노인의 병력을 알게 된다면 영주권 수속에 차질이 생길 게 분명했다. 아들은 조용하고 차분한 목소리로 본인의 계획을 말했다.

"실장님, 일단 아버지의 수술은 두 달 후로 잡겠습니다. 아무리 빨리 수술 스케줄을 잡아도 보름 이후인데 두어 달 더 늦춘다고 병세가 많이 악화되지는 않을 거라더군요.

---

* 이 법은 2018년 4월, 연간 2만 달러로 기준이 상향 조정되었다.

신체검사 먼저 마치고 수술하면 될 것 같아요. 어머니도
잔병치레가 많아서 재검 요청을 받을 수 있어요. 재검까지
고려하면 적어도 두 달 정도는 시간 여유가 있어야
하니까요. 아버지는 가능하면 빨리 한국 부동산 몇 개를 더
처분하시겠답니다. 마음이 급해지셨나 봅니다. 영주권 승인서
나오면 바로 송금하신다더군요. 영주권을 받는다고 해도
당장 캐나다에 오셔야 하는 건 아니니까 항암 치료는 그때
하면 되겠죠? 아버지는 돈을 보내기 위해 영주권을 받으시는
거잖아요. 캐나다에서 계속 머물 생각은 없으실 겁니다. 몸이
편찮으시다면 병원 다니기 편한 한국이 낫겠죠."

　　노인의 아들은 나를 만나러 오기 전에 인터넷을
찾아보거나 여기저기 연락해서 조언을 구했으리라. 그의 방문
시간이 예상보다 늦어진 이유였겠지. 내 조언이나 제안 따위는
필요하지 않아 보였다. 돈밖에 모르는 아버지의 비인간적인
모습과 아무렇지도 않게 자행한 불법에 치를 떨었던 아들.
하지만 이런 꾀를 생각해낼 만큼 아버지가 영주권 받기를
간절히 바라다니, 그 이유가 뻔히 들여다보여 씁쓸했다. 나는
조용히 고개를 끄덕이는 것 외에는 달리 할 말이 없었다.
노인의 아들은 '장 실장이 권한 방법'이라며 본인의 계획을
아버지에게 설명했나 보다. 노인이 나에게 보내온 메시지에는
'실장님이 하라는 대로 하겠습니다'라고 찍혀 있었다.

　　아들이 다녀가고 한 달이 안 돼서 노인과 노인의 배우자는
지정 병원에서 신체검사를 마쳤다. 다행히 재검 요청 없이
통과했고, 곧 영주권 확인서(COPR)를 받았다. 노인의
아들에게 신체검사를 받은 날로부터 1년 이내에 '랜딩'을

해야만 완전한 캐나다 영주권자가 된다고 다시 알려줬다. 영주권 카드는 5년이 지나면 말소된다는 사실과 함께 소소한 안내도 덧붙였다. 아들도 경험을 통해서 알고 있는 내용이니 재차 확인하지 않아도 알아서 할 터였다. 내가 할 일은 모두 마친 셈이다.

노인의 아들이 운영하는 식당은 여전히 손님이 많다. 가끔 삼겹살이나 갈비구이를 먹고 싶을 때 나도 그 식당을 찾는다. 사장을 볼 때마다 아버지의 소식을 물을까 망설였지만 묻지 않았다. 뒷이야기를 수소문해 보지도 않았다. 하고 싶은 이야기가 있다면 내가 묻기 전에 말해줬을 텐데 사장은 한 번도 아버지의 이야기를 하지 않았다. 고액의 커미션을 받는 퀘벡 투자이민 수속을 무사히 마무리했다는 안도감 뒤에 무엇인지 모를 찜찜함이 남았다. 돈을 물려주는 것이 부모의 역할이라고 생각하는 아버지와 그래서 돈만 물려받은 아들의 이야기다. 지금도 가끔 노인의 안부가 궁금하다.

8

도서관에서 만난
한 노인

나는 도서관을 좋아한다. 딱히 할 일도 없고 갈 곳도 없는 주말이나 휴일에는 도서관에서 하루 종일 시간을 보내기도 한다. 그러나 내가 주로 도서관을 찾는 시간은 평일 오후 1시경이다. 점심을 먹고 난 후 남은 시간을 보내기 가장 좋은 장소가 도서관이기 때문이다. 불쑥 찾아오는 고객이나 시도 때도 없이 울려대는 전화를 피해 쉴 수 있는 공간을 찾다 보면 막상 갈 곳이 마땅치 않다.

다행히 노스 요크 시청 바로 옆에는 시설 좋은 도서관이 있다. 내부 수리 공사를 한다면서 문을 닫은 지 2년 만에 다시 개관했는데, 전체 5층 중 3층까지만 문을 열었다. 그런데 예전보다 썩 좋아진 것 같지 않았다. '일머리'가 없는 캐나다 사람들이 열심히 일했음에도 별다른 성과를 내지 못한 것인지, 공사 기간을 단축하라는 압력이 없으니 시간만 보내다가 마지못해 개관한 것인지 모를 일이었다. 도대체 무슨 일이 있었길래 그리 오랫동안 내부 공사를 마무리하지 못했을까, 한심할 정도였다. 모든 것을 서둘러 해치우는 통에 겉으로 보이는 모습이 멀쩡해도 어딘지 모르게 믿음이 안 가는 한국 스타일도 문제지만, 돌다리를 두드리고 또 두드리느라 정작 다 같이 불편을 감수해야 하는 캐나다 스타일은 속에서 천불이 날 지경이다.

오랜만에 도서관이 문을 여니 반가웠다. 갈 때마다 만원사례인 걸 보니 나만 도서관을 좋아하는 것은 아닌가 보다. 한국 사람도 꽤 많은 편인데, 한인끼리는 눈치로 서로를 알아본다. 토론토에서 한국 사람을 만나면 반가움보다는 오히려 미묘하게 불편한 감정이 앞선다. 시골 고향 마을에서 내 부모·형제를 다 아는 사람들 틈에 끼어 있는 느낌이랄까. 나는 그들을 모르지만 그들 중 누군가가 나를 알고 있을까 봐 행동거지를 조심해야 한다. 토론토에 사는 한인 수를 다 합해 봐야 한국의 어지간한 시골 읍 단위 인구 정도밖에 안 되다 보니, 한 다리만 건너면 서로 아는 사이일 확률이 높다. 이렇듯 반갑고 좋으면서도 한편으로는 불편하고 부담스러운 이유는 감정, 문화, 언어의 주파수가 같기 때문 아닐까.

도서관에 들어서면 일단 주변을 둘러보고 감을 잡는다. 어디쯤 자리를 잡아야 방해받지 않고 편하게 쉬었다 갈 수 있을까. 어린아이들을 데리고 몰려온 한인 엄마들은 남들 눈치 볼 것도 없이 수다 삼매경에 시간 가는 줄 모른다. 매주 같은 요일에 나타나는 걸 보니 정기적으로 만나고 있는 듯하다. 일주일에 한 번, 그날을 얼마나 기다렸을까.

숫자가 많아지면 세력이 커져 남 눈치를 보지 않게 되는
것은 남녀노소, 국가, 민족, 피부색을 떠나 만고의 진리다.
그래서인지 우르르 몰려다닐 때면 혼자 있을 때의 조용함과
조심성은 찾아보기 어렵다. 주변 사람들이 힐끗 눈치를
줄 때는 잠시 조용해지지만, 점점 커지는 속닥거림은 결국
멀리 있는 나에게까지 들리기 일쑤다. 매주 같은 자리에서
이야기를 훔쳐 듣는 나는 그 모임에 낀 사람처럼 그들의
집안 사정을 다 알게 된다. 수다에 등장하는 사람들 이야기를
듣노라면 여기가 한국인지 캐나다인지 헷갈릴 지경이다.

결혼 후 이민까지 떠난 아들 부부에게 전화를 걸어
사사건건 참견하는 시어머니는 매주 빠지지 않고 등장하는
단골 주제다. 아들이 좋아하는 생굴이 들어간 배추김치와
갈치 젓갈이 듬뿍 들어간 파김치를 비행기로 보내주겠다는
시어머니의 전화를 받고 며느리는 고민에 빠졌다. 세관에서
무슨 문제라도 생기면 어쩌나 싶은 데다 시어머니의 아들은
냄새 때문에 더 이상 파김치를 먹지 않기 때문이다. 남편이
새로 옮긴 직장에 백인 여자 상사가 있는데, 미팅할 때마다
무엇을 먹었는지 남편에게 자꾸 묻더란다. 아무래도 냄새
때문에 그러는 게 아닌지 신경 쓰여서 이젠 노이로제에 걸릴
지경이라고. 그는 유독 여자의 남편에게만 무엇을 먹었는지
물었는데, 이유를 알려주지 않아서 더 기분 나쁘고 골치도
아팠다. 인종 차별인가 싶었지만, 대놓고 항의할 형편도
아니었다. 마늘과 파김치를 좋아하던 남편의 식습관이 바뀐
이유였다. "파김치는 보내지 말라고 해야겠지?" 여자가
물었다. 그러자 다른 여자가 "시어머니 마음을 생각하면

군말 없이 받아서 버리든 남을 주든 해야 하지 않겠냐?"고
했다. 듣고 있던 다른 여자는 "그런 것 보내주는 시어머니가
있어서 좋겠다. 받아서 버리지 말고 나 줘" 하며 부러운 듯
이죽거렸다.

대뜸 건너편에 앉은 여자가 "요즘 어딜 가나 마른
거름 태우는 역겨운 냄새가 나는데, 무슨 냄새인지 알아?"
하고 물었다. 옆에 앉은 여자는 대번에 "그거 마리화나
냄새잖아"라고 대답했다. 마리화나가 합법화됐으니 담배처럼
아무 데서나 피워대는 모양이라고 한숨을 섞어 투덜댔다.
다른 여자 하나는 "동성결혼을 합법화한 것도 부족해서 이젠
마리화나까지 합법화하다니, 애들 키우기 무서워서 한국으로
돌아가야 할 것 같아"라면서 한숨을 쉬었다. 또 다른 여자는
"마리화나가 진짜 나쁜 마약은 아니래. 담배보다 중독성도
없고 술 마신 사람처럼 폭력적으로 되지도 않는다던데?
어차피 미국이나 캐나다는 너 나 할 것 없이 다 피우잖아.
차라리 합법화해서 관리라도 잘하는 게 낫지" 하고 마리화나
합법화를 옹호했다. 논쟁이라도 오가려나 싶었는데 갑자기 또
다른 여자 하나가 끼어들었다. 그는 "그나저나 영주권 수속은
언제 끝나려나, 애가 타서 미치겠네"라고 하더니, 말도 잘 안
통하는 직장에서 종일 고생하다 집에 들어와 지쳐 쓰러지는
불쌍한 남편의 말을 옮겼다. "조금만 참으면 좋은 날이
오겠지." 그러자 냉큼 "그래, 곧 좋아질 거야. 영주권만 받으면
캐나다가 한국보다 백만 배 좋아!"라는 말이 여기저기서
튀어나왔다. 조금 전, 한국으로 돌아가야 할지 고민이라던
여자까지 합세해 '파이팅'이라도 외칠 기세였다. 그러다

누군가 먼저 고개를 돌려 놀이방에 있는 아이들을 쳐다봤다.
나머지 여자들도 군무라도 하듯 다 같이 아이들을 돌아봤다.
"애들은 고민이 없어 좋겠다.", "애들이 행복하니 그 맛에
캐나다에 사는 거잖아.", "저 나이로 돌아갈 수 있으면
좋겠다!"는 대화가 오갔다. 그러다 또 뜬금없이, 시어머니를
'부모 초청' 하겠다는 남편과 부부싸움을 한 사연이 대화
소재가 되었다. 영어 한마디 못하는 시어머니가 토론토에
오신다면 대중교통도 불편한 데다 같이 어울릴 사람도 없어서,
시어머니의 발과 입은 물론이고 친구 노릇까지 해야 한다며
여자는 상상만으로도 끔찍하다며 손사래를 쳤다.

수다가 으레 그렇듯, 이야기는 앞뒤 맥락 없이 이리
갔다가 저리 가기를 반복했다. 그러다 어느 순간에는 다
같이 고개를 끄덕이기도 하고, 누가 먼저 선창이라도 하듯
한숨을 쉬면 모두 비슷한 소리를 내기도 했다. 유리 벽 너머
놀이방에는 그들의 아이들이 신나게 놀고 있었다. 놀이를
감독하는 어른이 뛰는 아이를 잡아 세우면 아이는 잠시
조용해졌다가 어느 순간 전력 질주하듯 다시 뛰어다녔다. 어릴
때부터 강박에 가까운 안전 교육을 받는 캐나다 아이들은
어지간해서는 실내에서 뛰지 않는다. 위험하다고 배웠기
때문이다. 하지만 새로 온 이민자의 아이들은 아슬아슬하게
다른 사람을 비껴가면서 요령 좋게 잘도 뛴다. 이리저리 뛰는
아이들을 쳐다보고 있자면 아찔하게 신경이 곤두섰다가 어느
순간 안도한다. 책상 모서리에 머리를 부딪쳐서 피가 나거나,
넘어져서 이가 부러지는 큰 사고가 없길 바랄 뿐이다.

겨울이 오면 제법 많은 노숙자가 도서관에 들락거린다.

이십대로 보이는 젊은이부터 나이를 가늠할 수 없는 노인까지, 차림새나 인종도 각양각색이다. 허름한 옷매무새와 다르게 신발만큼은 항상 깨끗한 젊은 흑인 남자는 매번 좋은 상표가 달린 새 신발을 신고 있다. 정부에서 지원받는 돈으로 신발을 사서 애지중지 아끼는 게 삶의 즐거움일까. 자리에 앉으면 신발을 벗어 옆으로 밀어 놓는다. 그리고는 양말에 난 구멍에서 삐져나온 발가락을 숨기느라 애를 쓴다. 제법 묵직해 보이는 배낭에서 다른 신발을 꺼내 갈아 신기도 한다. 처음에는 노숙자가 아니라 펑크스타일의 젊은이라고 생각했다. 어느 날 길거리에서 구걸하는 흑인 청년을 보고 '저 덩치에 어디 가서 뭘 못해서 구걸하고 사나' 싶어 봤더니 바로 그 청년이었다. 도서관 경비는 그를 예의 주시한다. 여름에는 사라졌다가 겨울에만 나타나는 건장한 흑인 젊은이가 탐탁지 않은 모양이다. 언제나 헝클어진 하얀 머리카락의 백인 할머니는 끌고 다니는 여행용 가방이 세 개나 된다. 무언가 꺼내기 위해서 조심스럽게 여닫는 가방 안에는 별난 것이 다 들어 있다. 얼핏 빗도 보였지만, 어차피 푸석푸석하고 가느다란 머리카락은 빗어도 빗은 것 같지 않을 테니 아예 빗을 생각조차 하지 않는 듯했다. 찰랑거리는 금발 머리카락을 곱게 쓸어 넘기던 젊고 화사했던 시절이 저 할머니에게도 있었을까. 로키산맥 만큼 배가 불룩하고 영어를 잘 못하는 러시아 아저씨는 언제나 고약한 마리화나 냄새를 풍기지만 차림새는 단정하다. 겉모습으로 봐서는 노숙자가 아닌 듯하다. 다만 하루 종일 도서관 구석에서 잠만 자다가 문 닫을 때쯤 어슬렁어슬렁 사라지니 노숙자가 아닐까 추측할 뿐이다. 비싼 마리화나는 무슨 돈으로 사서 피울까. 어쩌면 돈과 시간이 많은 한량일지도 모르겠다. 세 사람은 겨울 내내 좋은 자리를 차지한 채 도서관에서 하루를 보내는 터줏대감들이다.

2층 창가에는 등받이가 높고 쿠션 좋은 빨간 의자가 두 개씩 등을 맞댄 채 줄지어 있다. 의자가 배치된 모양은 마치 기차 객실을 연상시킨다. 빨간 의자에 앉아 바라보는 멜라스트맨 광장의 모습은 계절마다 다르다. 봄에는 꽃이 피고 여름에는 녹음이 우거지다가 가을이면 낙엽을 떨군다. 그리고 길고 긴 겨울이 오면 그곳에는 야외 스케이트장이 생긴다. 참을성 많은 캐나다 사람들은 겨우내 지치지도 않고 스케이트를 탄다. 뱅글뱅글 돌기만 하는 스케이트를 무슨 재미로 저렇게 땀나도록 타는 것인지, 겨울이 영영 같은 곳을 맴맴 돌다가 제자리로 올 것 같은 모습이다. 숨 막히는 지루함에 바라보다 지쳐 한숨이 새어 나왔다. 그래도 나는 빨간 의자가 좋다. 그곳에 앉으면 내가 가장 좋아하는 심심한 시간을 방해받지 않고 즐길 수 있기 때문이다. 하루 중 언제 심심할 틈이 있었나. 누구든 그 자리를 차지하면 도서관을 떠날 생각 따윈 하지 않는다. 그 자리에서 읽거나 쓰고 심지어 먹고 자기도 한다.

빨간 의자는 노숙자에게도 더할 나위 없이 좋은 자리다. 노숙자 터줏대감들은 일찌감치 출근해서 빨간 의자를 차지한다. 춥고 긴 하루를 보내기에 그보다 좋은 곳은 또 없을 테니까. 도서관에 빈자리가 없을 때면 노숙자가 차지한 빨간 의자를 호시탐탐 노리는 사람도 있다. 노숙자가 자리를 비우면 두고 간 짐보따리를 멀리 밀어 놓고 짐짓 모른 척하면 그만이다. 자리를 뺏긴 노숙자는 항의하지 않는다. 자칫 소란을 피우면 경비원 눈 밖에 나기 때문에 말없이 짐을 챙겨 자리를 뜨기 마련이다. 그런데 의외의 사건이 일어났다. 도서관에서 벌어진 노숙자와의 자리 쟁탈전에 무참히 패배한 어느 노인의 이야기다.

그날도 가볍게 점심을 마치고 지하철 입구와 연결된 지하 통로를 느린 걸음으로 지나 도서관에 도착했다. 팀 홀튼 커피를 한 잔 사 들고 여유 있게 도착해 보니 빨간 의자는 만석이었다. 할 수 없이 안쪽 스툴 의자에 앉아 커피를 마시며 자리가 나길 기다렸다. 예약된 상담도 없고 급한 일은 다 마친 상태라서 오래 도서관에 머물 생각이었다. 잡지를 넘겨보다 휴대폰으로 인터넷 서핑을 하고 있을 때 빨간 의자 주변이 소란스러워졌다. 고개를 들어 보니 노인 한 분과 낯선 노숙자가 언성을 높이고 있었다. 자리다툼인 듯했다. 노숙자가 고함을 지르고 있는 상대는 도서관에서 자주 눈에 띄던 한국인 노인이었다. 커다란 덩치에 어울리지 않게 잔뜩 주눅 들어 어정쩡하게 서 있는 노인이 한국인이라는 사실을 안 것은 불과 얼마 전이었다. 덩치가 큰 편에 속해서 눈에 쉽게 띄었지만, 감은 지 오래된 듯 엉겨 붙은 머리카락, 낡고 허름한 점퍼와 무릎 나온 어두운색 면바지 차림, 대형 중국 마트 이름이 커다랗게 박힌 부직포 쇼핑백을 들고 다니는 겉모습 때문에 한국 사람이라고 예상하지 못했다. 노인 눈에는 나도 한국인처럼 보이지 않았을 테니 서로 신경 쓰지 않고 스쳐 지나갔으리라. 그러던 어느 날 노인의 옆자리에 앉게 돼서야 그가 펼쳐 놓은 책이 한국어 성경임을 알게 됐다.

그런데 노인은 20여 분째 같은 페이지만 읽고 있었다. 사실은 읽는다고 볼 수 없을 정도로 같은 부분에 눈을 고정한 채 고개를 구부정하게 숙이고는 미동도 하지 않았다. 글씨가 워낙 커서 곁눈질로 봐도 뚜렷하게 성경 구절이 보였다. '하나님이 세상을 이처럼 사랑하사 독생자를 주셨으니 이는 저를 믿는 자마다 멸망치 않고 영생을 얻게 하려 하심이니라'라는 구절에 형광펜 자국이 선명했다. 노인은 무슨 일로 노숙자의 심기를 건드렸을까. 시비가 붙었다고 보기에는 노인이 일방적으로 당하고 있었다. 조용한 도서관에서 짜증 섞인 노숙자의 목소리는 모든 사람의 주목을 받았다.

"네가 내 자리를 뺏어? 예의도 없네. 너 말 못 해? 영어 못해? 말해. 내 가방! 내 가방 어디 있어. 미안하다고? 미안하다는 말밖에 할 줄 몰라? 가방을 훔쳐 갔으니 미안한 거야, 내 자리를 빼앗았으니 미안한 거야. 내 가방 내놔."

노숙자는 취한 듯 비틀거리면서도 또박또박 쏘아붙이며 고함을 질렀다. 노인은 시종일관 비굴한 표정으로 "Sorry"만 되풀이했다. 주변에 있던 터줏대감 노숙자 삼인방도 소란에 가세했다. 노숙자들은 서로 친분이 있는 듯 이름까지 알고 있었다. 평소에는 서로 눈 한 번 마주치지 않고 멀찍이 각자 영역을 지키던 그들이었건만, 동료가 도움이 필요해지자 우르르 몰려와 편을 들어주었다. 다행히 소란은 오래가지 않았다. 곧 경비원이 도착했고 주변 사람 몇몇이 나서서 상황을 설명했다. 노숙자가 짐을 두고 자리를 비운 사이 누군가 노숙자의 짐을 슬쩍 통로 쪽으로 밀어 두고 그 자리에 앉았다. 커다란 짐이 통행을 방해하는 자리에 있으니 또 다른 누군가가 그것을 한갓진 통로 바깥으로 밀어냈다. 그러자 짐 주인을 찾던 경비원이 짐을 끌고 일층으로 내려갔다. 맨 처음 가방을 치운 사람이 자리를 뜬 후 아무것도 모르는 노인이 그 자리에 앉게 된 것이었다. 옆자리에 있던 아시아인 여자가 사건의 자초지종을 적극적으로 설명했다. 그 여자가 아니었다면 노인은 더 큰 낭패를 볼 뻔했다. 다행히 처음부터 모든 상황을 지켜본 목격자 덕에 노인은 누명을 벗었다. 경비원은 소란을 잠재우느라 노숙자를 달래서 데리고 갔다. 노숙자들은 슬프고 지친 패잔병처럼 위로와 격려를 주고받으면서 경비원을 따라 우르르 일층으로 내려갔다가 짐을 챙겨 들고는 2층으로 올라왔다. 그리고는 아무 일도 없었다는 듯 자기 영역으로 돌아가 졸거나 신발을 고쳐 신었다.

하지만 노인을 위로하는 이는 아무도 없었다. 옆자리 목격자도 자기 할 일은 다 했으니 더 이상 신경 쓰지 않겠다는 듯 노트북 화면에 눈을 고정했다. 노인은 여전히 당황스러운 표정으로 잠시 우두커니 섰다가 자리에 앉더니 멍하니 창밖을 바라봤다. 야외 스케이트장에는 서너 명의 아이가 뱅글뱅글 돌면서 스케이트를 타고 있었다. 빨간 의자의 등받이가 높은 탓인지 커다란 덩치가 왜소해 보였다. 노인은 왜 적극적으로 자기 상황을 설명하지 않았을까. 언어 문제였겠지. 자리를 빼앗기고 짐까지 잃어버린 노숙자는 "Sorry"라는 단어만 되풀이하는 노인을 얕보고 더 억지를 부린 듯했다. 한동안 멍하니 앉아 있던 노인이 일어나 느린 걸음으로 밖으로 나갔다. 아무도 신경 쓰지 않았지만 나는 같은 한인이라는

이유로 노인의 동선을 따라 잠시 시선을 옮겼다. 키가 커서
그런지 걸음걸이가 위태롭게 휘청거렸다.

'아, 빨간 의자 자리가 비었구나.' 노인이 떠난 자리를
차지할 생각으로 얼른 짐을 챙겨 자리를 옮겼다. 다른
사람보다 빨리 움직이고 싶었지만 그날따라 벌여놓은 책
몇 권을 정리하고 뜨거운 커피와 휴대전화 충전기까지
챙겨야 해서 마음만 조급했다. 나보다 눈치 빠른 사람이
없었던지 빨간 의자는 내 차지가 되었다. 커피를 다 마시고
일어나야겠다고 생각하던 찰나, 발에 걸리는 게 있었다. 눈에
익은 노인의 부직포 가방이었다. '어째야 하나, 지금이라도
뒤따라 가볼까' 생각했지만 이미 노인이 도서관 출구를
빠져나가고도 남을 시간이었다. 어느 방향으로 어디쯤
갔을지 모르니 따라잡기 위해 서둘러 봐야 괜한 헛걸음이
될 터였다. '모른 척하고 가방을 의사 아래로 더 깊숙이 밀어
넣고 신경 쓰지 말까?' 고민하다 궁금한 마음에 가방 안을
슬쩍 들여다보았다. 가방에는 전에 노인이 펼쳐놓고 뚫어지게
쳐다보던 커다란 성경책과 스테인리스 물병, 그리고 플라스틱
도시락이 들어 있었다. 도시락까지 싸 들고 집을 나선다는 건
꽤 오랜 시간을 도서관에서 보낸다는 의미다. 그중 값나가는
물건은 성경책이었다. 한국에서 2~3만 원짜리 작은 성경책도
캐나다에서는 두 배가 넘는 가격이다. 글씨가 큰 성경책은
구하기도 힘든 데다 적어도 8~90불은 줘야 한다. '찜찜하지만,
아쉬우면 찾으러 오시겠지'라고 생각하고 노인의 가방을
분실물 보관함에 맡겼다. 하지만 그날 이후로 도서관에서
노인의 모습을 볼 수 없었다. 미끄럽고 추운 거리를 걸어

도서관까지 갈 엄두가 나지 않아 나도 자주 들르지 않았다.
겨울이 깊어질수록 공부할 것 많은 젊은이와 하릴없이
어슬렁거리는 노숙자 몇 명만 도서관 자리를 차지했다.
분실물로 보관된 노인의 부직포 가방은 겨울이 가고 봄이
올 때까지 그 자리에 있었다. 혹시 찾아갔을까 하고 확인할
때마다 직원은 "네가 직접 찾아 주지 그러니?" 하면서 노인의
부직포 가방을 흘겨봤다. 나도 그러고 싶었지만 노인의
연락처도 집 주소도 몰랐다. 미끄러운 길 사정 탓에 노인도
도서관에 오지 않는 것이라 생각했다.

　　그러던 어느날 노인을 우연히 다시 만났다. 길거리에 높게
쌓였던 눈이 녹아내리던 겨울의 끝자락 무렵이었다. 장소는
해룡 반점, 토론토 노스 요크에 있는 중국 음식점이었다.
토론토에서 중국 음식점이라고 하면, 보통 중국인들이
운영하는 중국 식당을 말한다. 이마저도 어차피 서양화된
퓨전 음식을 주로 팔기 때문에 중국 음식점이 아니라는 게
중국인들의 주장이었지만 그래도 중국식, 홍콩식, 대만식
'차이니스 레스토랑'이 곳곳에 있다. 해룡반점은 그런 곳이
아닌, 한국식 중국집이었다. 짜장면도 팔고 짬뽕도 파는
한국식 중국집은 토론토에도 여러 개가 있다. 한인끼리는
중국집이라고 부르지만 따지고 보면 그곳은 한국 음식점이다.
주말에 가족들과 함께 가서 먹는 짜장면, 짬뽕, 탕수육
같은 음식은 이민자의 애환을 위로하고 방문객의 향수병을
달래준다. 아이러니하게도 김치찌개나 순두부, 순댓국 같은
고향의 맛처럼 '중국 음식'이 한국인들의 소울 푸드가 된
것이다.

교회에 다녀오거나 휴일을 느긋하게 즐기는 한인들이
하나둘 해룡반점을 찾아오던 어느 일요일, 노인 여럿이 모여
앉은 테이블에 그 노인이 있었다. 각자 주문한 짬뽕이나
짜장면이 식탁에 차려지고 누군가 소리 내어 기도했다.
노인들은 조용히 식사를 마치고 하나같이 편치 않은 몸을
일으켜 자리를 떴다. '아. 그렇지 성경책을 열심히 보셨지'
생각하며 노인을 따라 나갔다.

"저, 어르신…."

"예." 주춤주춤 경계하는 듯하면서도 밝은 표정이었다.

"제가 성경책이 들어 있는 가방을 도서관에서 찾아 분실물
보관소에 맡겨두었는데, 몇 개월이 지났는데도 찾아가지
않으신다더군요."

노인의 얼굴이 굳었다.

"그걸 어떻게…."

"네, 그렇게 됐습니다. 그 안을 보니 다른 것은 몰라도
큰 성경책이 들었더군요. 비싼 것이라서 찾으러 오실
줄 알았는데, 도서관 직원 말로는 요즘 도서관에 통 안
오신다고요. 어르신 가방은 아직 도서관 분실물 보관함에
있습니다. 혹시 성경책 찾으러 가실 때 도움이 필요하시면
동행하겠습니다"라고 하면서 내 명함을 드렸다. 노인은
머뭇거리며 알았다고 대답하고는 잠시 어색하게 웃더니
짐짓 바쁜 척 일행이 기다리는 승합차에 올랐다. 나도 묵례로
인사하며 '조만간 찾아오시겠지' 생각했다. 아니나 다를까,
며칠 후 봄 기운이 돌며 하늘이 맑은 날 노인이 찾아왔다.
예상대로 비싼 성경책을 찾고 싶어 했다. "싸구려 플라스틱

도시락은 별로 값나가는 게 아니지만 스테인리스 물병은 새로 살라믄 돈깨나 줘야 혀유. 성경책은 비슷한 것 사려면 가격도 비싼디. 비싼 건 둘째 치구 구하기도 어렵쥬. 중요한 부분에 표시도 하면서 손에 익은 것이유." 노인은 짙은 충청도 사투리를 썼다. 도서관에 갈 일이 생기면 가방이 어딨는지 물어볼 생각이었는데 차일피일 미루다 보니 시간이 오래 지났다며, 무엇보다 그 노숙자들 때문에 도서관 가기가 겁났다고 말끝을 흐렸다. 덩치만 커다란, 겁 많은 노인이었다. 봄이 오고 날이 좋아지면 노숙자들은 도서관에서 자취를 감춘다. 도서관에 도착해 둘러보니 다행히 노인이 두려워하는 노숙자는 한 명도 눈에 띄지 않았다.

"드디어 너희 둘이 같이 왔구나! 이 여자가 네가 와서 가방을 찾아가길 얼마나 기다렸는지 너는 모르지? 그동안 왜 안 왔어?" 도서관 직원이 호들갑을 떨었다. 노인은 알아듣는 척 고개까지 끄덕이며 "오케이, 오케이"라고 하면서 도서관 직원과 눈을 맞추지 않으려는 듯 딴청을 피웠다. 가방을 찾아 도서관 1층 푸드코트로 향했다.

"커피 한 잔 드시겠어요? 제가 사드리겠습니다."

"커피 말고 베이글을 하나 사주세유. 아침에도 식빵 한 쪽에 삶은 계란 하나를 먹었는디 점심을 먹으러 집까지 가다 보면 길에서 배가 고파질 거 같아유. 늙으니께 배가 고프면 금방 기운이 떨어져유. 안 그래도 가는 길에 베이글이나 하나 사 먹을 생각이었쥬."

"그럼, 베이글보다 따뜻한 음식으로 대접하겠습니다. 저도 점심을 먹어야 하거든요."

"아이고, 그래요? 베트남 국수 어떠세유?" 노인은
주저하거나 사양하지 않았다. 베트남 국수는 한인들에게는
짜장면이나 순댓국, 갈비탕 같은 음식을 대신하는 먹거리였다.
따뜻한 국물에 고기가 듬뿍 들었고, 짭조름한 피시소스 맛은
국간장으로 맛을 낸 소고기 뭇국과도 비슷하다. 향초 맛이
강하지만, 그 맛에 길들여지면 한국에서 먹는 프랜차이즈
베트남 국수는 심심할 정도다. 노인은 라지 사이즈 쌀국수에
칠리소스를 듬뿍 넣고 휘휘 저어 국물까지 한 그릇을 다
비웠다. 나도 덕분에 따뜻한 베트남 국수를 맛있게 먹었다.
노인은 과장될 정도로 환하게 웃으며 "늙으면 애가 된다더니
염치도 없어져유. 가방도 찾아주고 밥도 사주니께, 참
고맙네유" 하면서 고개까지 숙였다.

"이왕 이렇게 된 거 차가 있으면 집까지 데려다주면
좋것는디…. 배고프다가 밥이 들이기니께 졸릴 것 같아서유."
속으로 노인이 염치도 좋다고 생각하면서도 "아 네, 사무실을
오래 비울 수 없어서 모셔다드리긴 어려울 것 같고, 제
사무실에서 커피 한 잔 드시면서 쉬었다 가세요"라고 했더니
노인은 주저하지 않고 따라나섰다. 그렇게 해서 커피 한
잔씩 앞에 두고 노인과 나는 마주 앉았다. 자연스레 대화가
시작되었다. 나이가 들수록 말이 길어지는 현상을 여러 차례
경험했기 때문에 단단히 각오를 다졌다.

"그날 도서관에 있었수?"

"언제요?"

"나, 가방 잊어버리던 날. 노숙자들이 날 쥐 잡듯 잡던 날."

"아, 예."

"참, 챙피한 일이지만… 허다허다 이제 노숙자 헌티까지 당하나 싶고, 내가 캐나다에 오지 않았다면 이렇게 살지는 않았을 턴디 싶어서 우울한 날이었쥬. 맨날 후회만 함 뭐하나. 이미 이렇게 된 걸. 죽으면 끝나것지, 뭐…."

진한 아메리카노가 노인의 입에는 너무 썼을까. 노인은 봉지 설탕 두 개를 한꺼번에 뜯어 넣고는 종이컵을 휘휘 흔들다가 후루룩 소리까지 내면서 마셨다. 너무 달지 않을까 싶었지만 노인은 설탕 하나를 더 뜯어서 넣더니 이번에는 커피 스틱으로 컵 아래까지 꼼꼼하게 휘저었다. 이내 다시 맛을 보더니 만족스러운 듯 살짝 고개를 끄덕이며, 스틱을 쓰레기통에 버렸다.

"나는 봉지 커피가 좋은디… 여기는 가는 디마다 다 이거여. 쓰기만 하지 원… 이젠 이골이 나서 먹을 만 해졌어두 그래도 써유. 밥 먹구 졸리니께 어차피 정신 차리라구 마시는 거지만 쓴 건 싫어유."

"언제 캐나다에 오셨어요?"

"벌써, 10년 됐네유."

"한국은 자주 가세요?"

"무슨… 자주 못 가요. 여기 와서 살면서 두어 번 갔으려나? 한국에 가 봐야 다 늙어 꼬부라지거나 죽고 없어서 반기는 사람도 없어유. 비행기 타고 한국 갔다 오면 녹초가 되어서 죽을 것 같으니께, 한 군디서 눌러사는 게 나아유."

말을 마친 노인은 흐린 눈동자에 설핏 힘을 주고 몸을 바짝 내 쪽으로 숙였다.

"안 그래두 나도 궁금한 것이 있는디, 그것도 물어 보려고 왔으니 먼저 좀 물읍시다."

"뭔데요? 말씀하세요."

"이민업체에서 간병인을 소개한다는 말을 들었는디, 사실이유?"

"소개를 전문으로 하는 것은 아니지만, 서로 필요하거나 맞는 부분이 있으면 간혹 소개도 합니다. 간병인이 영주권을 받을 수 있는 제도가 있거든요. 누가 편찮으세요?"

"마누라가 거동이 불편한지 꽤 되었는디 간병인이 있으면 목욕도 시켜주고 청소도 해주고 밥도 해준다 혀서…. 정부에서 보내주는 사람이 가끔 오는디 말이 안 통혀서 마누라가 싫어해유." 그리고는 회한에 잠긴 표정으로 캐나다에 와서 살게 된 사연부터 토론토에서 사는 이야기까지 털어놓았다. 노인은 "먼저 이민 온 아들한테 속아서 왔슈. 천국인 줄 알고 왔지…"라고 하더니 바보 흉내를 내는 개그맨처럼 "허!" 하고 웃었다.

십수 년 전, 아들이 '부모 초청'으로 영주권을 신청했고 몇 년이 지나 영주권이 나왔다. 캐나다에 온 지는 10년 정도 됐다. 처음에는 아들이 캐나다에 와서 같이 살자고 하면서 영주권도 받아주겠다고 해서 반갑고 기분도 좋았다. 그런데 그게 이토록 족쇄가 될 줄은 몰랐다. 아무래도 함정에 빠진 것 같다.

"20년 전에 아들이 캐나다에 이민 간다구 할 때는 오래 안 살고 금방 올 줄 알았슈. 자식한테 물려줄 재산이 있는 것도 아니구. 겨우 대학 졸업만 시켜 줬어유. 지들이 잘살아 보겠다고 간다는디, 못 가게 막을 구실은 없잖아유?"

한창 IMF 때문에 온 나라가 떠들썩하던 시절이었다.
나라가 곧 망하는 줄 알았고 사람들도 나자빠지기 일쑤였다.
아들도 다니던 직장이 언제 어떻게 될지 모른다고 했다.
나라가 망하면 어차피 없는 놈, 못 배운 놈만 더 힘들고
가난해진다. 그래서 떠날 수 있으면 떠났다가 부자 나라에서
잘사는 놈이 되어 돌아오라고 했다. 1970~1980년대 미국으로
갔던 사람들이 한국에서 구하기 힘든 영양제나 커피를 선물로
들고 와 위세를 떨던 모양새도 몇 번 봤기에 미국에 가면 다
부자가 되는 줄 알았다. 캐나다도 미국 옆에 있는 데다 잘사는
나라라고 하니까 아들도 캐나다에서 부자가 되어 돌아올 줄
알았던 거다. 아니, 돌아오지는 않더라도 자주 들락거리며
자신도 주변 사람들에게 선진국에 사는 잘사는 아들 자랑을
하게 될 줄 알았다.

　　노인은 "지금이야 널렸지마는 옛날에는 미국 사는 사람이
갖고 온 영양제가 무슨 만병통치약인 줄 알었어"라면서 또
바보처럼 온 얼굴로 "허!" 하고 웃었다. 그런데 캐나다에 간
아들은 오지 않았다. 부자가 된 것도 아니었다. 처음 캐나다에
간 후 꼬박 몇 년 동안은 코빼기도 못 봤다. 가끔 전화 통화로
안부를 묻는 정도였다. 먹고사는 게 바빠서, 비행깃값이
어마어마해서 등 이런저런 이유로 한국에 한 번도 오지
못했지만, 곧 자리를 잡고 떵떵거리면서 올 거라 믿었다.
그때는 노인도 60대 중반이라서 젊다면 젊은 나이였다.
열심히 사느라고 자식 걱정할 겨를도 없었다. 외로운 줄도
몰랐다. 마누라도 별말이 없어서 그런가 보다 했으니까.

　　"한국에서는 무슨 일을 하셨어요?"

"택시 했슈…. 40년을 했네, 택시만. 쪼꼬만 관광도시서 40년을 택시만 했는디… 그 동네 골목골목 어디 가믄 뭐가 있는지 다 알쥬. 지금도 꿈에서 그 동네를 가요. 그때는 몰랐는디 운전하고 돌아댕기는 게 월매나 자유롭고 좋았던 건지 이제야 아네유. 꿈속에서 그 동네는 요새 동네들처럼 깨끗하고 길도 넓은디 나는 젊더라고유. 젊으니께 막, 막 돌아댕기지. 막 밟고."

노인은 잠시 고개를 숙여 낡은 신발 코를 바라보았다. 40년간 힘주어 가속 페달을 밟았던 근육이 본능적으로 움찔거렸을까. 허벅지에 손을 올려 슬그머니 움켜쥐었다.

"우덜 동네서는 나보고 출세했대요. 캐나다 와서 산다고. 나 원 참…."

아들이 컴퓨터 기술자로 이민을 했으니 그 기술로 먹고사는 줄 알았다. 캐나다에서 좋은 데 취직해서 편하게 살고 있다고 믿었다. 그러다가 몇 년 만에 아들이 가족을 끌고 한국에 왔는데, 입은 옷이며 꾸민 모양새가 영 탐탁지 않았다. 거지꼴을 하는 것도 모자라 아이들은 한국어를 다 잊은 양 영어로만 떠들어댔다. 캐나다 사람들은 남 눈치 안 보니 치장도 안 한다고, 그것이 캐나다의 매력이라며 '캐나다 찬송가'를 부르더라. 그때 아들이 영주권을 받게 해줄 테니 캐나다에 와서 살라고, 일찍 은퇴하라고 제안했다. 은퇴라는 말에 "은퇴는 무슨 은퇴. 동네 택시 운전사가 은퇴라니. 허믄 허는 거고 관두믄 관두는 거지"라고 했더니, 아들은 캐나다에서는 그걸 다 은퇴라고 칭한다고 했다.

'은퇴', 그 말이 그렇게 멋있게 들렸다. 은퇴하고 겨울에는

한국에 있고 여름에는 캐나다에 살면서 골프나 치러 다니라고
하더라. 한국에서는 부자들이나 칠 수 있는 게 골프 아닌가.
"그런데 나보고 골프나 치면서 살라고 하잖어유? 꿈같은
이야기 아니것슈? 그 소리에 혹해서 그러자고 했네유."
늙어서 일 그만두면 할 일도 없는데 굳이 한국에 있을 필요는
없을 것 같았다. 아들 말대로 한국에 집 두고 추운 겨울에는
한국에서, 여름에는 캐나다에 살면서 골프나 치면 안 될
게 뭐 있나 싶었다. 병원비도 공짜라서 노인들이 살기에는
캐나다가 좋다면서, 게다가 연금도 꽤 나오니 좋지 않으냐고
했다. "지금 생각해 보면 다 개 풀 뜯어 먹는 소리지만, 그때는
천국이 따로 없었지유." 어차피 영주권 수속해서 받는 데까지
빨라도 6~7년이라고 하길래 큰돈 안 들이고 영주권을 받을
수 있다면 시도해 보라고 했다. 첫째가 캐나다에 이민 가는
것을 보더니 둘째도 엉덩이를 들썩거리다가 어느 날 미국으로
가겠다고 하더라. 어쩌겠나, 가라고 했지. "아들만 둘인디
첫째도 떠난 마당에 둘째를 붙잡아둘 핑계가 없잖겠슈?
자식들이 다 떠나도 먹고살 걱정은 없으니께, 괜찮으니 큰
나라 가서 살라고 했슈."

　　운전은 나이와 상관없이 할 수 있는 일이다. 건강만
허락한다면 언제까지라도 끄떡없다고 생각했다. 그런데 막
70살이 되던 해, 아들은 영주권이 나왔다며 캐나다로 오라고
했다. 캐나다에서 10년을 살아야 연금이 나온다면서 택시
그만두고 와서 골프나 치라는 말에 겁도 없이 택시를 팔고
후다닥 와버렸다. 개인택시값이 많이 떨어졌을 때라 아쉽기는
했어도 언젠가는 팔아야 했으니 미련도 없었다.

"실장님, 그거 아시나? 나이가 칠십이믄 옛날 같으면 상노인넨디 지금은 칠십도 젊은 축에 들어서 일을 안 하고 사는 게 더 힘들다는 거? 내가 그걸 몰랐네유….”

캐나다에 와서 아들 말대로 골프나 치면서 여유롭게 살 수 있을 줄 알았다. 와서 보니 아들은 큰 호숫가 근처 동네에서 작은 스시집을 하고 있더라. 서울에서 대학까지 나왔고 컴퓨터 기술자로 취직도 했었는데, 캐나다에 와서 식당을 할 줄은 몰랐다. 캐나다에서는 다 그렇게 산다더라. 그래서 그런가 보다 했다. 다행히 돈벌이는 괜찮았다. 그렇게 사는 게 좋은가 보다 했다.

"요즘 사람들이야 뭐 여가를 즐긴다느니 인간답게 살고 싶다느니 하지만 우리 때는 돈 잘 벌믄 그게 행복한 거구 잘 사는 거였쥬.”

바닷가 관광지 근처라서 여름에는 눈코 뜰 새 없이 비빴다. 손자, 손녀가 어려서 손이 많이 필요했는데 아들 내외는 아이들 돌볼 시간도 없이 바빴다. 그런데 동네가 작아서 일할 사람 구하기가 힘들었다. 지금 생각해보면 이해하기 어렵지만, 그때는 아들과 같은 집에 사는 걸 당연하게 여겼다. 다 아들 내외의 계산이었던 것 같다.

"밥집이 바쁘니께 애 봐줄 사람, 집에서 살림할 사람이 필요한디, 아들 내외가 일하러 가믄 마누라는 천지사방 할 일이 넘치는겨. 그런디 나는 할 일이 없는 거요… 늙은 남자는 어디 써먹을 데가 없어유. 여기 와서 영어를 못하니 더 쓸데없는 거여. 운전이라도 해서 애들 학교라도 데려다 줘야 하는디, 평생을 운전만 했는디 영어를 못하니께 겁나서 못

하것더라고유."

집안에서 노인만 혼자 동동 떠다녔다. 이럴 줄 알았다면
오지 않았을 텐데 싶었다. 오자마자 후회가 막심했지만,
그래도 내색하진 못했다. 자식이 밥 벌어 먹느라 바쁜데
어린아이처럼 심심하다고 투정 부릴 수도 없었다. 마누라도
가끔은 이게 뭐냐고 했지만 그래도 군소리 없이 잘 살았다.
노인도 일주일에 두 번씩 인근에 사는 한국 노인 서너 명하고
부킹해서 골프를 치러 다녔다. 그런데 나이가 들어서인지,
아니면 원래 골프가 그런 것인지, 그것도 아니면 잘 칠 줄
몰라서 그런 것인지, 영 재미가 없었다. 그야말로 '이게 뭐여?'
싶었다.

골프나 치면서 여유롭게 살라고 하길래 택시까지 팔고
왔더니 골프는 생각보다 재미없었고, 삶은 너무 여유롭기만
했다. 어떤 날은 학교에 간 손자 손녀를 따라가서 학교
운동장에 우두커니 서 있다 온 적도 있었고, 사람들이 많지
않은 해변에 가서 벌거벗은 여자들 구경도 했다. 그마저도
재미가 없었다. 이민자들이 간다는 영어 학교에 갔더니 노인
또래는 몇 되지도 않았는데, 다들 노인보다 영어를 잘했다.
게다가 중국 노인들만 바글바글하고 자꾸 중국어로 말을
건 탓에 노인은 "노 차이니스"라는 말을 제일 먼저 배웠다.
영어를 못하는 노인은 학교에서도 별 인기가 없었다. 영어
학원에서도 노인만 동동 떠다녔다. 마누라는 재미없다면서
영어 학교에 가지 않았다. 대신 손녀하고 친하게 지내더니
영어 학교에 가서 열심히 배운 노인보다 영어를 잘 써먹었다.
노인이 모든 게 어리바리할 때 마누라는 쓰디쓴 커피와

달기만 한 도넛을 손녀와 함께 '영어로' 주문해서 먹더라. 가는 곳마다 놀림을 당하는 느낌이라 바깥출입도 꺼려져서 "쓰디쓴 커피는 안 먹는다" 했더니 노인만 떼어놓고 자기들끼리 돌아다니곤 했다. 이래저래 노인만 무료했다. 아들 내외는 미안했는지 돈으로 노인을 달랬다.

"돈 받으면 뭐하나유. 쓸 데가 없는디. 뒀다가 자기들 목구멍으로 다시 들어가지 뭐…."

캐나다에서의 첫 여름이 지나고 겨울이 올 때쯤 한국에 갔다. 한국에 가면 좋을 줄 알았다. 그런데 한국도 무료하기는 마찬가지였다. 할 일이 없으니 무료할 수밖에. 할 일만 있으면 살기에는 한국이 훨씬 좋았다. 일단 말이 통하고 맛있는 것도 많으며 운전하고 돌아다닐 수 있지 않은가. 그래서 한국에 눌러살까도 고민했다. 다시 개인택시를 운영해도 될 것 같았다. 하지만 마누라가 반대했다. 늙은이가 운전하면 얼마나 하겠느냐며 핀잔을 줬다. 아들도 말렸다. 10년을 캐나다에 살아야 연금을 받을 수 있다며 딴생각하지 말고 돌아오라고 했다. 그래서 노인도 캐나다에서 할 일을 찾아야겠다고 생각했다.

"미쳤던 거쥬… 뭐 어렵겠냐 싶어서 해보려 했는디 미친 거쥬. 원래 사람이 뭐에 씌면 암 것두 안 보여요. 천년만년 그 나이로 사는 줄 착각들 하고 살어. 내가 그랬으니께…."

노인은 평생 택시를 운전하며 벌어둔 돈으로 사 놓았던 집을 팔았다. 집 하나는 남겨 둬야 한다고 우기는 마누라를 향해 "우리는 아직 젊구 건강하니께 금방 안 죽을 겨. 움직일 수 있을 때 뭐라도 해야 혀"라고 말하며 설득했다. 골프를

치면서 친해진 노인 한 명은 몇십 년 동안 '컨비니언스',
즉 편의점을 운영하다가 은퇴했단다. 그런 그도 노는 게
지겹다면서 다시 일하고 싶다고 말했다.

"내가 그 노인네한테 물어봤슈. 늙은이도 편의점을 할
수 있냐구. 그랬더니 돈 통만 잘 지키면 되는 일이라서
영어를 못해도 할 수 있다는 겨. 한인들이 제일 많이 하는
만만한 일이라 하더만유. 그르믄서 편의점하라구 자꾸
부추기드라구요. 자기가 도와준다구." 초짜 이민자를
적극적으로 도와주겠다고 몇 사람이 들쑤시는 통에 슬그머니
흥미가 돌았다. 해볼 만할 것 같았다. 한국에서도 넉살 좋은
택시 운전사로 40년이나 손님을 모셨는데, 까짓 돈 통 지키는
일쯤이야 못할 이유가 없었다. 한국에서 단골로 다니던
구멍가게를 떠올려 보면 물건을 쌓아 놓고, 손님이 골라 온
물건을 계산해서 봉투에 넣어주는 일이 전부였다. 그래서
간단하게 생각했다. 영어를 못하니 손님이 말을 시키면 "노
잉글리시" 하면 되고, 세상이 좋아져서 바코드만 찍으면
계산도 돈 통이 알아서 해주니까. 무언가 새롭게 시작하기에
칠십이 늦은 나이는 아니라고 생각했다. "10년은 거뜬히 잘
해낼 수 있는 나이라고 생각한 겨. 영어가 문제였지만 다른
사람들이 다 그러더라구. 영어는 일하면서 배워야 실력이
늘지 백날 학교만 다녀봐야 아무 소용없다구유." 일하다 보면
영어 실력도 좋아질 줄 알았다.

"몰랐슈, 몰르믄 겁도 안 나는 겨. 왜 하룻강아지 범 무서운
줄 모른다잖어? 그때는 만나는 사람마다 죄다 그것처럼 쉬운
일이 없다구 하니 진짜 쉬운 줄 알았쥬. 어디 가서 배워라도

봤어야 하는디 누가 노인네한티 일을 주나유. 그래서 일단
작은 것부터 시작해보자 했슈."

시골집 팔아 봐야 손에 쥐는 돈은 얼마 안 됐다. 그걸
가지고 선배 이민자가 권한 편의점을 둘러봤다. 식구들이
모두 기를 쓰고 반대했지만, 늙은이도 한다면 한다는 걸
보여주고 싶었다. 자식에게 폐 안 끼칠 테니 걱정하지 말라고
큰소리치고 혼자 알아봤다. 한국인 부동산 중개인이 '경험'이
있냐고 하면서 걱정하길래 혼자 소일거리로 할 거니 괜찮다고
했다. 중개인은 기가 막힌다는 표정을 지었지만 무시했다.
평생 운전만 해서 그런지 앞으로 가는 것만 할 줄 알았지
뒤로는 갈 줄 몰랐다. "밟고 앞으로만 간 거쥬, 뭐."

재고 물건까지 포함해서 10만 불에 편의점을 인수했다.
아들 식당 근처라서 좋았다. 재고 중에는 담배만 2만 불
어치가 있었다. 담배가 많이 팔리는 가게였다. 도와주겠다는
이민자 선배도 있는데 무슨 걱정일까 싶었다. 주변 사람들이
잃어도 되는 돈이면 경험 삼아 해보라는 말을 했었는데
그때는 그게 무슨 뜻인지 몰랐다.

"내가 한국에 숨겨둔 돈이 꽤 있는 줄 알았던 것 같아유.
꼴랑 그게 내 전 재산이었는디. 현금이랑 보험 같은 건 아들이
그냥 두라고 해서 보험은 안 깼구, 마누라가 하두 지랄을 해서
현금도 그냥 뒀어유. 잘했지, 백 번 잘했쥬."

지나고 나서 곰곰이 생각해 보니 돈 잘 버는 아들이
부러웠던 것 같다. 왜 아들처럼 젊을 때 미리 움직이지 않고
다 늙어서 온 것일까. 미련하게 택시 운전만 하고 산 40년
세월이 후회됐다. 택시 운전도 한때 경기가 좋았던 적이

있기는 하다. 시골에서 아이들을 대학에 보내고 집도 샀으니 남 부러울 필요가 없었다. 그런데 캐나다에서 새롭게 인생을 시작하고 돈도 잘 버는 아들을 보면서 질투 비슷한 걸 느낀 게 아니었나 싶다. 아들만큼은 아니더라도 잘 해낼 수 있다고 생각했다. 그런 게 노망(老妄)이다.

편의점 운영은 시작부터 난관에 부딪혔다. 담배 이름 외우기가 생각보다 쉽지 않았다. 남들은 어떻게 그 많은 담배 이름을 다 외우는지 기가 찰 노릇이었다. 노인도 젊을 때는 담배를 피웠지만 그때만 해도 담배 종류가 몇 가지 되지 않았다. 그런데 지금은 담배 종류가 너무 많아서 구색 맞추기조차 쉽지 않을 정도였다. 그래도 담배 매상이 높아서 무시할 수 없었다. 전체 매상 중에 담배가 50%를 넘길 때도 있었다. 남는 것은 적지만 담배 구색을 잘 갖춰야 단골을 잃지 않는다. 담배 사러 온 김에 껌도 사고 음료수도 사니까.

손님이 와서 담배 이름을 대면 담배 진열장 어느 열, 어느 위치에 그 담배가 있는지 기억했다가 덮개를 열고 정확하게 찾아내야 한다. 어디 있더라… 하면서 이곳저곳 헤매다 보면 손님들이 짜증을 내곤 했다. 단골 중에는 노인이 어리바리하다는 사실을 알고 손가락으로 담배 위치를 짚어 주는 사람도 있었지만, 성질 나쁜 손님은 쌍욕을 하고 나가기도 했다. 담배 이름과 위치를 기억해내는 데 꼬박 두 달이 걸렸다. 그래도 매번 어리숙했다. 노인은 몇 개월 동안만 '선배'들 도움을 받았다. 시간이 지나면 혼자 운영할 수 있을 거라고 생각했다. 마누라도 틈틈이 도와줬는데 생각보다 일을 잘했다. 담배 이름도 노인보다 훨씬 잘 외웠고 손님이 하는 말도 잘 알아들었다. 의외였다. 마누라는 아들 내외가 바쁠 때는 거기에서 뛰고, 그쪽이 한가해지면 편의점으로 와서 뛰었다. 하루 두 탕씩 뛰는 셈이었다.

결국 편의점에서도 노인만 눈치를 보며 동동 떠다녔다. 제대로 하는 것이 하나도 없었다. 그래도 편의점은 아들 내외나 마누라가 걱정했던 것보다 그런대로 잘 굴러갔다. 다만 노인이 쭈뼛거리며 장사를 잘 못하니 자꾸 사람을 쓰곤 했다. 버는 족족 인건비로 다 나갔다. 게다가 젊은 직원들은 손버릇이 나빠서 보이지 않게 물건을 슬쩍 가져가기도 했던 것 같다. 아마 돈에도 손을 댔을 것이다. 하지만 그걸 어찌 알았겠나, 다 추측일 뿐이다. 가게가 작아서 감시 카메라 설치도 하지 않았다. 그러다 보니 겉으로 잘 굴러가는 장사가 뒤로는 적자였다. 인건비를 줄이려고 노인이 가게를 보는 시간이 늘어났다.

문제는 동네 손님들이 영어를 못하는 노인을 무시하면서 시작됐다. 동네 젊은 아이들이 담배를 사러 오면 나이를 확인해야 하는데, 노인이 신분증 보여달라고 하면 그들은 소리 지르며 난리를 떨었다. 하는 수없이 몇 번 넘어갔다. 그러던 어느 날 경찰이 들이닥쳤다. 아들 내외를 급하게 불러 통역을 했더니 노인이 미성년자에게 담배를 팔았다고 했다. 벌금으로 몇백 불을 냈다. "같은 일이 자꾸 생기믄 벌금도 엄청나게 물고, 언제부텀 언제까지 가게 문두 닫어야 하는디. 그러믄 한동안 장사도 못 한다잖유. 겁이 덜컥 나대유. 이러다 말도 못 하는데 깜빵 가는 게 아닌가 싶었슈. 실장님 같으믄 무서워서 어디 편의점 하겠슈?" 그래서 가게를 시작한 지 2년

만에 그만두기로 했다.

　하지만 가게를 사겠다는 사람이 아무도 없었다. 이미
마음은 떠났고 일하기도 싫어서 문 닫는 날이 많아졌고
매상도 계속 줄었다. 아들은 "것 보세요. 하지 말라고 할
때 하지 말지. 누가 이 시골구석에 와서 그 짓을 해요. 하던
사람도 다 나가고 싶어 하는데" 하며 면박을 줬다. 알고 보니
전에 편의점을 운영하던 사람도 가게를 내놓고 토론토로
이사를 하고 싶었는데, 인수하겠다는 사람이 없어서 몇 년을
묵히고 있었다. 그걸 노인이 날름 받아먹었으니 졸지에 '바보
천치 머저리 호구'가 됐다. 아들하고 눈만 마주치면 싸웠다.
다 때려치우고 한국으로 가겠다고 했다. 아들도 속이 타서
그랬겠지만 노인 속도 멀쩡할 수는 없었다.

　"쌍놈의 새끼. 지가 아무리 그래도 내가 시골구석에서
택시 운전해가매 서울로 대학도 보내줬지, 장가도 보냈지,
이민 간다고 할 때도 아무 소리 안 하고 보내줬구먼… 여기가
천국인 양 꼬실 때도 저만 믿고 따라왔구먼. 이게 다 뭐래유?
참 나 원… 지가 이민 가는 바람에 동생도 바람 들어서 미국
가서 여태 영주권도 못 받고 개고생하는 것 같은디. 다 지
때문인디 말여."

　결국 1년을 더 버텼지만 담배를 포함해 잘 팔리는
물건을 갖다 놓지도 않고 문도 자꾸 닫으니 매상은 바닥까지
내려갔다. 하지만 문을 열고 물건을 가져오는 게 더 손해였다.
그 와중에도 마누라는 이리 뛰고 저리 뛰고 바빴다. 아들이
주는 돈으로 손녀하고 쇼핑도 다니더라. 노인만 여전히 동동
떠다녔다. 그러던 어느 날, 엎친 데 덮친다더니 마누라가 가게

문을 닫고 집에 오다가 빙판길에 넘어졌다. 늙은이는 어디 한 군데 탈이 나면 연달아 문제가 생긴다. 어제까지 멀쩡하던 사람도 오늘 어떻게 될지 모르는 게 늙은이다. 옛날 어른들이 '늙은이한테는 빙판길이 저승길'이라더니 그게 무슨 뜻인지 그때 알았다.

"실장님도 아시쥬? 여기 병원 그지 같은 거. 완전 개판이유. 가면 기다리다 하루 다 가고 죽기 전에 의사를 보기는 하는 건가 싶잖아유. 공짜면 뭐해유. 의사 보기가 하늘에 별 따기 만큼 어려운디. 이게 무슨 선진국이래유? 암튼간에 몇 날 며칠 고생해가매 엑스레이 찍고… 이건 뭐 영어를 못하니 며느리가 따라붙고 엉망진창인 거쥬." 노인은 머리를 절레절레 흔들었다.

그 핑계로 가게 문을 완전히 닫았다. 문제는 렌트비였다. 이 나라에서는 가게가 문을 닫았어도 건물 주인과 계약된 기간 만큼 렌트비를 내야 한다더라. 가게를 인수해서 버린 돈과 운영하면서 적자가 난 돈까지 따져 보면 이래저래 15만 불 이상을 잃었는데, 문을 닫고도 얼마간은 가게 렌트비까지 내야 한다니. 감당이 안 됐다. 결국 파산 신청을 했고 노인은 신용불량자가 되었다. "그건 뭐 별일 아녀유. 신용 그까짓 거 어차피 필요도 없어유. 그런디 모든 게 다 꼬여 버려서 멀쩡한 게 하나두 없다는 게 문제유. 캐나다에 안 오고, 가게도 안 했으면 이 난리를 떨 일도 없었겠쥬? 후회막급이어유." 노인은 다시 낡은 신발의 코끝을 쳐다보고 허벅지를 주물렀다. 어디가 편찮으신 게 아닐까 걱정스러웠다. "어디 불편하세요?" "아니유. 말하다 보니께 속이 뒤집혀서 그래유. 생각헐수록 속이 터져유." 그러더니 다시 말을 이어갔다.

"마누라는 어디 부러진 디두 없는디, 그날부로 자꾸
아프대유. 어느 날부터는 잘 움직이지두 못하기 시작하대유?
아들네는 겨울이라 바쁘지는 않았는디 그래두 식당 나가서
문은 열어야 하잖어유. 집안일 하던 마누라가 아프니께
집안도 엉망이쥬. 하지 말라는 가게는 왜 해서 돈만 버리구,
늙어서 쓸데없이 일만 만들더니 해결도 못하구서 빈둥거리는
내가 나쁜 놈이 된규…."

가족들 눈칫밥에 속이 상한 노인은 어느 날 아들에게
"이게 다 너 때문이여. 왜 한국서 잘 사는 사람 끌구 와서 이
모양을 만들어?" 하고 성질을 부렸다. 같이 못 살겠으니 살
집을 구해주고, 여기로 온 건 네 탓이니 생활비도 내놓으라
했다. 그렇게 두 노인만 토론토로 이사 온 지 벌써 몇
년이 지났다. 두어 시간 거리에 사는 아들 내외는 그 후로
자주 왔다 갔다 하지는 못해도 꾸준히 생활비를 보내준다.
넉넉하지는 않지만 그래도 괜찮다. 아들이 보내주는 생활비는
따지고 보면 큰돈이다. 아파트 렌트비와 식비까지 매달
1500불. 한국 돈으로 치면 130만 원이다. 자기들 살기도 바쁠
텐데 여기까지 끌고 온 죗값으로 매달 그 큰돈을 보내준다.
한국에서라면 호의호식까지는 아니라도 아쉬운 데 없이 쓸 수
있는 돈이다. 그런데 토론토는 월세가 비싸서 쓰다 보면 항상
쪼들리곤 했다. 그래도 내년부터는 노인에게 연금이 나온다.
캐나다에 와서 산 지 10년이 됐기 때문이다. 다 늙어서 죽을
때가 되니까 연금이 나온다고 하니 좋아해야 할지 모르겠다.
그것 받아먹자고 여태 고생한 느낌이다. 여전히 아들이

괘씸하지만 미안하기도 하다. 한국에 묶어 뒀던 현금은 손대기 싫어 그대로 있다. 노년 연금을 들어둔 게 있어서 한 달에 얼마씩은 나오는데, 그걸 적금으로 들어 뒀다. 죽으면 나오는 보험금도 있으니 아들에게 진 빚은 그걸로 갚을 생각이다. 문제는 둘째다. 미국에 간 이후 얼굴을 한 번도 못 봤다.

"둘째 아드님은 미국에서 뭘 하시는데요?"

"도넛 장사를 한다는디 뭔지를 모르것어유. 여기 팀 홀튼 같은 건지. 자세하게 말을 안 하던디유. 돈도 잘 번다면서 한 번도 캐나다에 와보지를 않네유. 불법체류 하는 게 아닌가 싶고⋯. 큰아들 말로는 비자 문제 때문에 미국 밖으로 못 나오는 것 같다던디. 그게 뭔지 내가 알게 뭐래요. 근디⋯ 왜유? 우리 둘째가 뭐 하는지 알면 뭔 길이 있나유?"

"아니, 궁금해서요."

노인은 미심쩍다는 듯 실눈을 뜨고 잠시 나를 바라보다가 계속 이야기를 이어갔다.

"마누라는 상태가 점점 안 좋아져유. 병원에서는 늙어서 그렇다는디 마누라가 어디가 어떻게 잘못된 것인지 속 시원하게 검사라도 받아보믄 좋겠다고 하대유. 그래서 한국에 갔다 오고 싶은디 상태가 안 좋은 마누라가 비행기를 타고 한국까지 가는 것도 무리구, 가서 머물 집도 없구, 의료보험도 안 될 거라 죽기만 기다리면서 사네유. 실장님은 젊어서 그게 뭔지 모를 거유. 그래도 가끔 교회 사람들이 필요한 것 없냐면서 들여다 봐줘서 고맙지유. 집안 살림도 조금씩 도와주고⋯."

"어느 교회 나가세요?"

"큰 교회 나가유. 아무래도 돈 많은 교회가 우리 같은 사람들한테 뭐 하나라도 더 잘해줄 것 같아서."

노인은 토론토에 와서 평생 가본 적 없는 교회를 나가기 시작했다. 심심해서 나가기 시작했지만 그보다 교회에서 노인들 집에 자원봉사자를 보내준다는 말에 더 솔깃했다. 가끔 한 번씩 교회 젊은이들이 와서 청소도 해주고 반찬도 만들어주고 간다. 주일날은 교회 승합차를 타고 마누라랑 같이 교회에 갔다. 다 좋은 데 못 할 짓이 있다면 성경 공부다. 노인들만 모아놓고 성경 공부를 하는데 일주일 동안 읽어 오라는 만큼 읽어 가야 한다. 그런데 읽어도 무슨 말인지 잘 모르겠고 잘 읽어지지도 않는다. 모여서 성경 공부를 할 때도 졸리기만 하니 이보다 고역일 수는 없다. 그것만 빼면 교회가 밥도 주고 가끔 외식도 시켜주고 사람도 만나니 만족스러웠다.

주중에는 좀 다르다. 마누라는 누워서 텔레비전만 본다. 노인은 웬만하면 밖으로 나온다. 종일 두 노인네가 집에서 텔레비전만 쳐다보고 있는 것도 못 할 짓이거니와 혼자 동동 떠다닐 때 저도 잘 싸돌아다녔으니 복수하는 셈이다. 그렇지만 집을 나와도 마땅히 갈 곳이 없으니 마누라보다 형편이 나은 것도 아니다. 그래서 도서관에 갔던 것이다. 버스를 타고 센터포인트몰에 갈 때도 있었다. 그곳에 가면 노인들은 푸드코트에 모여서 커피를 마시거나 군것질을 하면서 시간을 보낸다. 그런데 꼭 잘난 체하는 노인네가 한 명씩 있기 마련이다. 영어 좀 한다고 뻐기거나 캐나다에서 산 지 오래됐다고 아는 척을 해댄다. 잘나가는 자식 자랑도

빠지지 않는다. 모두 불쌍하게 늙어 가는 건 마찬가지인데.

역시 다른 사람을 신경 쓰지 않아도 되는 도서관이 최고였다. 그런데 지난겨울에 그런 일을 당하고부터는 도서관도 가기가 꺼려졌다. 하는 수 없이 겨우내 집에서 마누라와 텔레비전을 많이 봤다. "근디 지난 겨울부텀 마누라 거동이 더 어려워졌슈. 혼자 목욕도 못 해유. 나두 예전 같지 않으니께 마누라를 도와주기도 어렵쥬. 무신 병인지 알 수 없어서 속만 타는디… 어쩌피 늙어 죽기를 기다리고 살아야 헐 팔자지만, 사는 동안은 목욕도 허구 먹고 싶은 거두 얻어먹기는 해야 하잖유? 그래서 간병인이 있으면 좋겠슈. 간병인 좀 소개해줄 수 있겠슈? 요즘은 한국인 늙은이가 많아지고 교회 자원봉사자는 줄어서 순서가 금방 안 오네유. 어딜 가나 쓸모없는 노인만 많아지는 것 같아유. 그 많은 노인네가 다 손이 필요한디, 남는 손이 없다네유."

토론토에 정착한 한인 이민자 중 캐나다에 온 지 30~40년이 넘은 사람들은 이제 늙어서 경제활동을 할 수 없다. 그나마 정부 지원이나 연금을 받기 때문에 경제적 문제는 없지만, 건강이 나빠지거나 거동이 불편한 노인들에게는 일상을 도와줄 손길이 필요하다. 노인들은 말이 통하고 입맛에 맞는 밥을 챙겨 줄 수 있는 한국인 요양보호사를 원하지만 인력은 늘 부족하다. 만약 경제적 여유가 없는 데다 이민 온 지 얼마 안 돼 정부 지원도 받지도 못한다면 상황은 훨씬 심각해진다.

"둘째 아드님은 한국에서 무슨 일을 했나요?"

"음. 둘째는 이일 저일 닥치는 대로 한 것 같아유.

전문대학교 나와서 물류 회사에 잠깐 다니다가 학원 차도 몰다가… 정확히 뭘 했는지는 몰라유. 큰 놈하고 다르게 공부 머리도 없고 닥치는 대로 살던 놈이라서."

"그럼 둘째 며느님은요?"

"집에서 애 봤쥬. 결혼 전에는 간호원이었는디 결혼하고 한동안 집에서 살림만 했을 거유. 아, 아니다. 미국 가기 전에도 잠깐 무슨 병원에 나간다는 이야기를 듣긴 했던 것 같네유."

"간호대학을 나왔나요?"

"아니유. 고등학교만 나온 걸로 아는디… 왜유? 왜 우리 둘째네가 궁금한디?"

둘째 며느리가 간호조무사였다면 케어기버(Caregiver) 비자를 시도해볼 수 있다. 노인 인구가 증가하면서 노인을 돌볼 사람도 시설도 부족하다 보니 살만한 집들은 입주 간병인을 들여 병든 노인을 돌보게 한다. 입주 간병인, '리브 인 케어기버(Live in Caregiver)'라는 영주권 제도가 있다. 옛날로 치면 식모나 가정부라는 명칭으로 천시하던 직업이니 먹고살 만한 한국인들은 꺼리는 직종이다. 그래도 입주 간병인으로 영주권을 취득한 사례가 더러 있었다. 한국에서 세 손가락 안에 드는 대학의 경영학과를 나와 제법 큰 사업을 하다가 실패 후 캐나다로 건너온 40대 남자가 있었다. 그는 80대 백인 할아버지를 돌본 남자 가사도우미였다. 영주권을 받은 후 가정집을 개조해 조그마한 요양원을 차렸다. 그 일이 얼마나 고생스러운지는 알 수 없지만 가끔 나에게 구인 요청을 하는 것으로 봐서는 무난히 요양원을 운영 중인 듯했다.

최근 몇 년 동안 간병인이 필요한 노인을 소개해줄
수 있는지 묻는 이민 희망자가 많아졌다. 간병인 이민
프로그램이 문호를 확대한 데다, 영주권을 수월하게 받을
수 있다고 소문이 나면서 관심 두는 사람이 부쩍 늘어났다.
그런데 실상은 달랐다. 진짜 간병인으로 일하겠다는 사람보다
고용 후원을 해줄 노인에게 돈을 주고는 일하는 척 서류를
꾸며 달라는 사람이 더 많았다. 이해관계가 맞으면 서로
나쁠 것 없는 거래지만 일이 복잡해져서 선뜻 주선하기가
꺼려진다. 노인이 이민대행업체에서 간병인을 소개한다는
소식을 누구에게 들었는지 알 수 없지만, 자세한 내막까지는
알지 못하는 듯해서 간단하게 설명했다.

"한국 사람 중에 간병인이나 가사도우미를 '진짜' 하겠다는
사람은 많지 않고요. 영주권을 받을 수 있게 일을 꾸미자는
사람이 대부분이에요. 만약 진짜 간병인을 고용하려면 시간당
15불씩, 월 2000불 이상 급여를 줘야 합니다. 간병인이 두
집에 출근할 수도 있으니까 월 1000불 정도만 급여를 주고 꼭
필요한 일만 도움받을 수도 있을 겁니다. 하지만 그런 한국
사람을 구하기는 쉽지 않다는 게 문제죠. 아이 돌봐주는 일을
하겠다는 사람은 많아도 노인 간병을 하겠다는 사람은 별로
없거든요."

노인의 얼굴에 실망스러움이 가득 찼다.

"그런데 둘째 며느님이 캐나다에 오겠다고 하면 간병인
취업비자를 시도해볼 수 있을 것 같습니다. 영어 시험을
봐서 필요한 점수만 받으면 영주권도 신청할 수 있습니다.

둘째 며느님이 어떻게 생각할지 모르겠지만 거동이 불편한
시어머님을 도와드릴 수도 있겠네요. 다만 부모와 자식 간에
취업비자를 후원하려면 심사가 까다로워질 수 있어요. 다른
분에게 부탁해서 서류상 고용주를 만드는 것도 방법입니다.
둘째 며느리가 한국에서 어떤 경력을 쌓았는지 확인해보시고,
캐나다에 오고 싶은지도 물어보세요."

　　노인은 "알것슈. 물어볼게유!" 하더니 갑자기 바쁜
일이라도 있는 듯 벌떡 일어나 선 채로 남은 커피를 마저
비웠다. 왠지 비장한 표정까지 짓더니 고객 접대용 캔디 몇
개를 주머니에 채워 넣고는 마른 나뭇가지처럼 휘청대며
돌아갔다. 그리고 다음 날 아침 출근하자마자 노인의 전화를
받았다.

　　"둘째네는 미국서 먹고살 만한 거 같어유. 그런디 영주권
받기가 어렵다네…. 영주권만 받을 수 있다면 여기로 오고
싶대유. 실장님이 우리 아들하고 직접 통화해서 어떻게
하믄 좋을지 방법 좀 알려주셔유." 둘째 아들에게 급하게
연락한 것을 보니 노인은 젊은 아들 내외의 손길이 절실하게
필요했나 보다.

　　둘째 아들에게 전화를 걸었다. 아버지로부터 연락처를
받았다며 반가운 기색이 역력했다. 젊은 사람답게 목소리에
활기가 넘쳤다. 일하면서 전화 통화를 하는지 어수선하고
분주함이 전해졌다. 말도 빨랐다.

　　"제가 성격이 낙천적이라서 하루하루 즐겁게 열심히
살고는 있지만 앞날 생각하면 갑갑해요. 미국 이민정책이
하루가 다르게 나빠지는데, 이러다가 영주권도 못 받고

쫓겨날 것 같아서요. 영주권만 받을 수 있으면 캐나다에
가서 형하고 부모님 옆에서 살아도 괜찮겠다고 와이프와도
이야기를 끝냈어요." 그는 말을 끝내기가 무섭게 어떻게 하면
캐나다에 갈 수 있는지 묻더니 내 대답을 기다리지 않고
미국살이에 대해 구구절절 털어놓기 시작했다. 막다른 곳에
서 있는 사람들은 묻지 않아도 푸념처럼 자신의 이야기를
쏟아 놓기 마련이다.

　　어느 날, 형 가족이 캐나다로 이민 떠난 것을 부러워하던
와이프는 미국으로 이민을 가자고 졸라대기 시작했다.
형처럼 영주권을 받아서 떠나고 싶었지만 자격이 좋지
않아 어학연수를 가장해 학생비자로 미국에 입국했다. 그게
벌써 십수 년 전이다. 학비도 집값도 싼 텍사스에 자리 잡아
한인들이 주로 운영하는 수제 도넛 가게를 인수해 '신분
변경'을 했다. 10만 불 정도 투자해서 인수받은 도넛 가게는
월 7000~8000불 정도 수입이 나온다. 악착같이 벌었더니 돈도
꽤 모였다. 남자는 자정이 지난 한밤중에 출근해서 도넛을
굽거나 튀겨야 한다. 와이프는 새벽에 나와 도넛을 판다.
아이들은 엄마가 챙겨놓은 밥을 먹고 자기들끼리 알아서
학교에 간다. 도넛 가게에서는 오후 2~3시쯤 일을 마무리하고
퇴근한다. 다른 일에 비해서 낮을 활용하기가 좋다. 아이들과
놀아줄 시간도 있고 방과 후 활동을 같이 할 수 있다는 장점도
있다. 하지만 밤에도 낮에도 충분히 잘 수 없다. 인생이 늘
피곤하다. 기대했던 이민생활은 아니었다. 벌써 10년 넘게
같은 생활을 하고 있다. 아이들이 잘 자라줬으니 후회는 없다.
다만 미국 내에서 신분 변경을 했기 때문에 출국을 못 하고

갇혀 사는 게 힘들다.

　미국에서 신분 변경을 한 사람 중에 적은 돈으로
사업비자를 받느라 부모님이 돌아가셨다는 소식을 듣고도
한국에 가지 못한 사람도 있었다. 미국을 떠나면 재입국이
불가능할 게 뻔하고, 애써 일군 삶의 터전을 다 잃을 수 있기
때문이다. 십 년 넘게 비자 문제 때문에 불안하게 살다 보니
항상 무언가에 쫓기는 기분이다. 처음 미국에 왔을 때는 몇
년 고생하면 영주권을 받을 수 있을 거라고 믿었다. 유학원
직원의 말대로면 이미 영주권을 받고도 남았을 만큼 시간이
지났다. 불법체류자나 E-2 사업비자를 가진 사람들이 주변에
널렸다. 여전히 학생비자로 입국해 미국 내에서 신분 변경을
시도하는 사람이 적지 않다. 너 나 할 것 없이 영주권을
받으려고 갖은 방법을 동원하지만 녹록지 않다. 비숙련
이민을 시도해서 영주권을 받는 사람도 더러 있지만, 마땅한
고용주를 찾기도 쉽지는 않다. 돈만 뜯기고 영주권을 못 받은
사람까지 본 적이 있다. 그런데 아버지가 캐나다 영주권을
받을 방법이 있다고 빨리 오라고 하니 마음이 동했다. 그래서
캐나다에 가기로 했다. 무엇보다 여름이면 숨이 턱턱 막히는
더위가 이제는 끔찍하다.

　둘째 아들은 분주하게 일하면서 말을 하는 건지, 묻지도
않은 걸 급하게 혼자 이야기하다가 캐나다에 가면 영주권을
받을 방법이 있냐고 재차 물었다. 이번에는 내 대답을
기다려주겠지 하면서 입을 떼려는데, 이번에도 그는 말을
가로챘다. "아버지가 간병인 프로그램으로 영주권을 받을 수
있다던데, 제 와이프가 한국에서 간호조무사였습니다. 10년

전 경력이지만 경력증명서 떼는 건 문제없을 겁니다." 이미
아버지에게 간략한 설명을 듣고 인터넷 검색도 해본 듯했다.
내가 설명하지 않아도 이민제도 정도는 아는 눈치였다.

"네, 다 아시는군요. 아버님께 '서류상 고용주'를 찾아
달라고 부탁하시고, 배우자에게는 영어 공부를 하라고 하세요.
IELTS 5점은 받아야 2년 후에 영주권을 신청할 수 있습니다."
내 말에 그는 "알겠습니다. 감사합니다" 하고는 전화를 끊어
버렸다. 충청도 사람이 성질도 급하지. 텍사스 시간을 확인해
보니 오전 8시 반, 아침 식사로 도넛을 먹는 텍사스에서
가장 바쁜 시간이었다. 부지런하게 삶을 지탱하는 사람들은
인사치레를 챙길 시간도 없는가 보다.

아들과 통화한 내용을 노인에게 전달했다. 노인에게도
토론토에서 서류상 취업비자를 후원해줄 지인을 물색해
보라는 말을 되풀이했다. 노인도 아들처럼 "알겠습니다"
하더니 후다닥 전화를 끊었다가 무슨 생각이 들었는지 금세
다시 전화를 걸었다.

"실장님. 감사하네유. 가족이 다 뿔뿔이 흩어져 사는 것도
문제지만, 큰애는 큰애대로 눈코 뜰 새 없이 바쁜디 부모
꼴이 이래 가지구 도와주지도 못 허구, 둘째도 미국에서
힘들게 사는 모양이라 마음이 안 좋았잖아유. 둘째가 여기
와서 큰애 식당일을 같이 하면 좋을 것 같어유. 미안허기는
해도 며느리가 우리 마누라를 돌봐줄 수도 있을 테구, 다
같이 도와가매 살면 지금보다는 낫지 않것슈? 마누라도 엄청
좋다네유. 암튼 잘 좀 도와주세유." 하더니 전화를 금방 끊을
것처럼 감사하고 잘 부탁드린다는 말을 두어 번 되풀이했다.

그러다가 문득 생각났다는 듯 "둘째는 아침에 전화해도
바쁘다구만 하구, 저녁에 전화해도 바쁘다구 하거나 잘
시간도 아닌디 잔다고 해서, 통화도 제대로 못했슈. 가까운데
살면 어떻게 사는지 들여다볼 수 있을 것 같아서 벌써 기분이
좋네유. 얼굴 못 본 지가 벌써 10년도 더 됐슈. 큰애한티
동생네가 캐나다에 올 수 있을 것 같다구 알려줬슈. 개들도
좋다고 하네유. 빨리 왔으면 좋겠대유"라며 감사하다는
말을 두어 번 더 하고 전화를 끊었다. 나도 덩달아 고개까지
끄덕거리며 "예, 잘될 겁니다. 걱정하지 마세요"란 말을
연거푸 되풀이했다.

　　노인은 아들 내외가 취업비자를 받을 때까지 내 사무실에
자주 들락거리거나 뻔질나게 전화를 걸어올 것이다. 물론
그 후에도 영주권 문제가 해결될 때까지 한동안 더 그럴
것이다. 얼마나 오래 걸려야 일이 마무리될지 알 수 없다.
둘째 아들 가족이 미국살이를 정리하고 캐나다로 이사 오는
데까지 얼마나 걸릴지도 모른다. 모든 일이 마음 먹은 대로
순탄하게 진행된다고 해도 적어도 몇 개월은 걸려야 노인은
아들의 얼굴을 볼 수 있을 것이다. 이후 3~4년은 지나야
영주권까지 마무리가 되겠지. 그 사이에 노인들의 건강,
시부모와 며느리간 갈등, 형제간 불화가 일을 방해하지만
않는다면 나머지는 시간문제다. 텍사스가 숨이 막히게 더운
만큼 캐나다는 얼어 죽을 정도로 춥다는 걸 둘째 아들도
알고 있으려나. 미국보다 돈 벌기도 쉽지 않은 데다 세금율이
높아서 주 정부 세금이 없는 텍사스가 그리워질 수도 있다.
아버지와 두 아들이 나란히 내 사무실에 방문하면 온 가족이

가야 할 길을 조목조목 설명해줘야 한다. 만에 하나 간병인 프로그램으로 영주권을 받기가 어렵게 된다면, 다른 길을 모색해야 한다. 다 같이 힘을 합쳐야 겨우 가능할지도 모른다. 그들의 배우자까지 함께해야 하는 길이 모쪼록 순탄하길 바랄 뿐이다. 어디에서도 환대받지 못하고 '아웃사이더'로 사는 노인과 배우자의 노년이 좀 더 편안해지길.

남자답게 이 사랑을
지키겠습니다

박진우 씨로부터 오랜만에 이메일을 받았다.

실장님 안녕하세요. 오랜만에 연락드립니다.
쑥스럽지만 실장님도 반가워하실 것 같아 소식을
전합니다. 제가 드디어 온타리오주 치과의사 면허를
받았습니다. 치위생사로 일하던 치과에서 이제 의사로
고용하겠답니다. 당분간 월급쟁이로 일하다가 여건이
되면 개원할 생각입니다. 모든 일이 순조롭게 풀리고
있습니다. 그간 고생한 것도 후회스럽지 않습니다.
행복합니다. 모두 실장님 덕분입니다. 보답하고
싶은데 방법이 없네요. 이가 불편할 때 찾아와 달라고
말씀드리고 싶지만 너무 멀어서 어렵겠죠? 혹시라도
여기까지 오신다면 공짜로 진료해드리겠습니다. 비자

문제 때문에 상의드릴 것이 있기는 합니다만, 오늘은
기쁜 소식만 전하겠습니다. 다시 한번 감사드립니다.
행복하세요.

박진우. 2016년 초겨울이 끝나갈 무렵, 우여곡절 끝에
나가기로 한 오래되고 낡은 캐나다 교회에서 그를 처음
만났다. 내가 교회 문턱을 드나든 게 벌써 20여 년째다.
일요일마다 집에서 빈둥거리기보다는 교회에 가서 사람이라도
만나는 편이 좋겠다는 마음으로 시작된 출석이었다. 지금도
습관처럼 출석하지만 대단한 열정은 없다. 속된 말로
'나일론 신자'이고, 고상하게는 '선데이 크리스천'이다.
일요일 오전에는 주섬주섬 준비를 마치고 교회에 간다. 한인
이민자가 모이는 교회는 캐나다 지방마다 없는 곳이 없다.
특히 토론토에는 대형 교회도 여러 개 있다.

　어디나 그렇듯, 사람이 모이면 서로 의지하고 도우면서
위로가 되지만 시기와 질투 때문에 상처를 주고받으며
시시비비가 끊이지 않는다. 토론토 한인 교회도 그런 곳이다.
처음에는 나도 많은 사람이 모이는 큰 한인 교회에 나갔다.
살면서 내가 지은 많은 죄부터 아담과 이브가 지은 원죄까지
회개하고 용서받을 일이 많았다. 죽어서 지옥에 떨어질까
두려워 예수님 말씀에 집중하려고 노력도 쏟았다. 그렇지만
게으른 탓인지 교인들과 친분이 두터워지지는 않았다. 덕분에
핑곗거리만 생기면 교회를 옮기기 일쑤였고, 토론토 시내
한인 교회를 순회하듯 출석했다. 그러다가 문득 깨달은 바가
있어 더 이상 한인 교회에 나가지 않기로 마음을 먹었다.

어느 한인 교회든 나는 고객과 마주쳤다. 몇몇 사람은 나에게 반가움을 표했지만 속마음까지 알 수는 없었다. 대부분은 어색하게 피했는데, 그중에는 귀신이라도 본 듯 까무러치게 놀라는 사람도 있었다. 내가 그들의 부끄러운 구석을 세세히 알고 있기 때문이리라. 가벼운 음주운전 정도는 부끄러워하지도 않는 사람들 틈에서 심각한 범죄기록이나 숨기고 싶은 사연을 가진 이들이었다. 사기 전과자, 폭력 전과자, 간혹 성범죄자도 있었다. 어느 작은 교회의 한 장로님은 한국에서 빚쟁이들이 쫓아와 괴롭히자 나를 찾아와 도움을 청하기도 했었다. 정황상 운영하던 사업체를 고의로 부도낸 후 돈을 들고 도주한 듯했다. 내가 도와줄 수 있는 일이 아니라는 생각에 한인 변호사 한 명을 소개했는데 그 후로 별다른 소식을 듣지는 못했다. 단지 그 장로님이 교인 몇몇 사람에게 내 흉을 보고 다녔다는 소문만 무성했다. 왜 그러셨을까. 대체로 뒤가 구린 사람일수록 내 험담을 하고 다녔다. 고객으로 만났던 사람들 중 일부는 사석에서 나를 만나면 어색하게 웃으며 피했다. 그들이 불편해하니 나도 불편했다. 반대로 분명히 남 부끄러운 사연을 가지고 있음에도 나를 스스럼없이 대하는 사람을 만나면 오히려 내가 꺼림칙했다. 이래저래 마음이 편치 않았다. 감출 것이 많은 사람 중에는 한인 이민대행사를 피해서 중국인이나 유대인이 운영하는 업체를 찾는 이도 있었다. 그마저도 언어 문제가 걸림돌이 되면 사적으로 만날 가능성이 적은 사람을 수소문하기도 했다. 어떤 사람은 방문 예약을 하겠다고 전화를 걸고는 나에게 어느 동네에 사는지, 어떤 교회에 나가는지 먼저 묻기도 했다. 사생활 영역을 확인하고 겹치는 부분이 있다면 상담 예약을 하지 않으려는 것이다. 손바닥만한 토론토 한인 사회이기에 얼마든지 이해가 가는 부분이다.

어느 일요일, 집에서 가까운 작은 교회의 오후 예배에 불쑥 참석했다. 그곳에도 영주권 취득 방법을 여러 차례 문의했던 사람이 있었다. 멀리서 눈이 마주쳐 고갯짓으로 인사를 주고받는데 그의 얼굴에 난감함이 스쳤다. 특별히 숨길 사연이 없던 사람이라 내가 잘못 봤겠거니 생각하고 앉아 있다가 예배 막바지에 조용히 교회를 나왔다. 그다음 날, 그로부터 전화가 왔다. 다짜고짜 내게 그 교회에 계속 나올 것인지를 물었다. 의도를 알 수 없어 어정쩡하게 "집에서 가까우니 그럴까 합니다"라고 했더니 더듬더듬 본인의 상황을 이야기했다. "교인들은 제가 영주권이 있는 줄 알아요. 실장님은 캐나다에서 영주권 없이 산다는 게 어떤 의미인지 잘 모르시죠? 같은 한인끼리도 영주권이 있는 사람과 없는 사람을 나눠서 차별하는 사람들이 있잖아요. 그래서 처음 그 교회에 갔을 때 얼떨결에 영주권자라고 해버렸어요. 그런데 어쩌다 보니 몇 년째 출석하고 있네요. 제가 영주권자가 아니라는 사실을 다른 교인들이 알면, 제 꼴이 우습게 되지 않을까요? 그러니 실장님, 그 이야기는 하지 말아 주세요." 이건 또 무슨 희한한 소리일까. 토론토에는 수를 헤아리기 어려울 정도로 많은 사람이 영주권을 목표로 열심히 일하고 있다. 게다가 영주권이 없으면서 있는 척하고 살기도 쉽지 않을 텐데, 무슨 꿍꿍이일까 싶었다. 하지만 내가 그들의 속을 다 알아야 할 이유도 권리도 없었다. 군소리 없이 "네,

알겠습니다. 걱정하지 마세요" 하고 전화를 끊었다. 문득, 그들도 나처럼 지은 죄를 회개하려고 열심히 교회에 나가는 것일 텐데 내가 방해꾼이 되는 게 아닌가 걱정스러워졌다. 왜 진작 깨닫지 못했을까. 그래서 한인들이 잘 가지 않을 법한 오래된 교회로 적을 옮겼다. 캐나다 사람들이 주로 모이는 이 교회는 건물도 낡은 탓에 금방 주저앉을 것만 같았다. 다른 교회보다 젊은 사람이 많아서 신기했지만 그 외에 특이점은 없었다. 간혹 동양인이 눈에 띄면 한국인인지 아닌지 가늠하려고 힐끔힐끔 눈치를 봤다. 그마저도 모자라, 늘 꼴찌로 들어갔다가 일등으로 나오면서 그들과 마주칠 일조차 만들지 않았다.

그러던 어느 날, 교인 중 한 남자가 이민 상담을 왔다. 이름은 박진우. 나이는 30세. 칼리지 치위생 전공 본과 졸업반. 큰 키는 아니지만 호리호리한 몸매에 깔끔한 차림새였다. 누가 봐도 호감 가는 인상이었고 숱 많은 머리를 샤기컷으로 빗어 넘긴 멋쟁이였다. 교회에서도 눈에 띄는, 전형적인 한국 사람이었다. 짧게 인사를 나누고 내가 먼저 교회 이야기를 꺼냈다. "저, 혹시…" 미리 알리는 게 마음이 편하니까. 역시나 남자는 난감한 표정이었다. "네, 같은 교회에 다니시는군요." 어색한 순간이었다. 남자는 잠시 어떻게 해야 할지 고민하는 듯 말없이 천장을 올려다봤다. "제가 괜히 말씀드렸나요? 불편하다면 다른 데 가셔도 됩니다." 과장된 웃음을 지으며 농담조로 말했더니 남자는 "그러게 말입니다. 난감하네요"라며 진지하게 반응했다.

박진우 씨는 한참 동안 교회 이야기만 했다. 영어를

배워야겠다는 생각으로 교회 모임에 적극적으로 참여한다면서 나에게는 어떤 모임에 나가냐고 물었다. 나는 느지막이 교회에 갔다가 제일 먼저 빠져나오는 게으른 나일론 신자라서 소속된 모임이 없다고 실토했다. 내 신앙의 실체를 눈치챈 듯 그는 슬며시 웃더니 본인이 한국에서 어떤 교회를 언제부터 나갔고 담임 목사는 누구였는지, 어떤 선교 활동을 했는지 등 자신의 신앙 경력을 자랑하듯 늘어놓았다. "저는 아주 어릴 때부터 엄마 손 잡고 교회에 나갔어요. 지금도 하나님께 의지하려고 열심히 신앙생활을 해요. 지금 나가는 교회는 제가 다녔던 교회 중 최고예요. 이런 교회가 있다는 게 큰 축복이에요." 박진우 씨의 신앙심이 부러웠다. 무슨 복을 받으면 저렇게 신실할 수 있을까. 의심이 많은 나는 따라가기 어려운 경지다.

나를 찾아와 이민 상담을 하는 사람 대부분은 다른 대행사 서너 곳을 투어하듯 다니면서 정보를 얻은 후 마음에 드는 업체와 계약을 한다. 상담 시간을 할애했다고 그가 반드시 내 고객이 되라는 법은 없다. 이민 상담 따위 집어치우고 피차 편하게 잡담이나 하다가 돌아가도 서운할 것 없었다. 그런데 그가 갑자기 자신의 이야기를 시작했다.

"음, 제가 유학 후 이민을 하려고 토론토에 온 지 2년이 다 돼 가거든요. 이번 5월에 졸업합니다. 코업(Co-operative)비자로 일하던 치과에 취업할 수 있을 것 같아요. 그 후에 영주권 신청도 하려고 하고요. 취업해서 돈을 벌기 시작하면 한국에서 누굴 데리고 오고 싶어서요."

"누구요?"

"애인요."

"본인이 체류비자를 가지고 있다고 하더라도 애인에게 당장 비자 후원을 할 수는 없어요. 한국에서 혼인신고를 하는 방법이 가장 쉽습니다. 결혼을 약속한 사이라면 불가능한 이야기는 아니에요. 결혼식을 올리지 않고 혼인신고만 먼저 하는 경우도 있으니까요."

"다른 방법은 없을까요? 한국에서 혼인신고 하기가 여의치 않아서요."

"아니면 두 분이 사실혼 관계라는 것을 입증해야 합니다. 그러려면 그분이 캐나다에 와서 1년을 같이 살아야 합니다. 그 후에 비자 후원을 할 수 있습니다. 시간이 오래 걸리죠."

"일 년씩이나 일도 못 하면서 캐나다에 와서 살 형편은 안되고요."

"캐나다에서 결혼하는 방법도 있죠. 한국보다 절차가 복잡하고 시간도 더 걸리지만 비자 후원을 하기에는 좋은 방법입니다."

"캐나다는 결혼식을 어떻게 하나요?"

"시청에 가서 결혼식을 할 거라고 이야기하면 결혼허가서(Marriage Licence)를 발급해줄 겁니다. 주변에 주례를 서줄 사람이 있다면 좋겠지만 그렇지 않으면 면허가 있는 결혼식 집행인을 섭외할 수 있습니다. 주례와 일정을 정하고 배우자 될 분이 입국해서 결혼식을 올리면 됩니다. 주례가 두 분이 결혼했음을 정부에 신고하면 혼인증명서(Marriage Certificate)를 발급받을 수 있습니다. 지금부터 서둘러서 진행한다면 두 달 후에는 혼인증명서가 발급될 거예요. 그러면 배우자 오픈 워크 퍼밋을 신청할 수 있습니다. 비자가 나오면 일도 할 수 있죠. 복잡하지만 가장 빠르고 현실적인 방법입니다."

"별다른 문제는 없을까요? 한국에서 직장을 그만두고 와 버렸는데 비자가 안 나오면 곤란하니까요. 영주권이나 시민권이 없어도 결혼하는 게 가능한가요?"

"결혼은 신분과 상관없이 누구나 할 수 있습니다. 특별한 결격 사유만 없으면 동반비자를 받는 데도 문제가 없습니다."

"결격 사유는 뭐가 있나요?"

"가장 흔한 게 범죄기록이고, 그 외에는 특별히 걱정할 만한 것은 없습니다."

"그렇다면, 제가 영주권을 받는 것은 가능할까요? 토론토에 오기 전, 유학원에서는 별문제 없이 받을 수 있을 거라고 했지만 요즘 상황을 봐서는 쉬워 보이지 않던데요."

"일단 영어 성적과 경력이 어떤지 따져봐야 합니다. 한국에서 무슨 일을 하셨나요? 학력은요? 해를 넘길수록 나이 때문에 불리해지겠지만 아직은 괜찮습니다. 경력과 학력도 중요한데 한국에서 일한 경력은 있으시죠?"

그는 잠시 주저하더니 "치과의사입니다. 아니, 였습니다" 하면서 멋쩍게 웃었다.

"좋은 경력을 두고 오셨군요. 한국으로 돌아간다면 언제든지 다시 시작할 수 있는 일이니 아직 치과의사라고 말해도 될 것 같은데요. 쉽지는 않겠지만, 치과의사는 자격증을 바꾸면 캐나다에서도 일할 수 있습니다."

"네, 알고 있습니다. 그렇지 않아도 영주권을 받고 난

후에는 캐나다 자격증에 도전할 생각입니다. 요즘 공부
중인데 쉽지는 않네요."

"그래서 치위생 전공을 선택하셨군요. 한국 경력이 있으니
아무래도 접근하기 쉬울 것 같아서."

"네, 맞아요."

"캐나다 영주권은 세 가지가 중요해요. 영어 점수를
최대한 높게 받고, 지금 다니는 칼리지 졸업하고, 취업해서
세금 보고를 하는 것. 상황이 어떻게 앞으로 바뀔지 모르니
저와 자주 연락하면서 변경 사항이 있을 때마다 대처하면
됩니다. 나이도 젊고, 치과의사를 할 정도면 공부 머리도 있을
테고 칼리지에서 공부하고 있으니 영어 점수도 어지간하면
나오겠군요. 그런데 너무 애쓰지 말아요. 안 되면 한국으로
돌아가면 되지 뭐. 살아보면 알겠지만 캐나다가 기대만큼
대단한 나라가 아니에요. 치과의사를 포기할 만큼…."

열심히 공부한 대가로 받은 치과의사 면허까지 포기할
만큼 캐나다 영주권이 대단한 건 아니니까, 한국으로
돌아가는 방안도 염두에 두라는 뜻으로 말했다. 2015년 1월,
캐나다 영주권 제도가 급격하게 바뀌는 바람에 한국 사람들은
영주권을 받기가 이전보다 어려워졌다. 자칫하면 고생만
하다가 얻는 것도 없이 한국으로 돌아가야 할지도 모른다.
많은 치과의사의 배우자나 아이들이 조기유학 목적으로
캐나다에 체류 중이다. 가족과 떨어져 지내는 불편과 외로움을
감수하면서까지 오랫동안 기러기로 지내는 이유는 아이들의
행복을 뒷바라지해줄 돈 잘 버는 직업을 가졌기 때문이다.
시간과 노력을 들여 얻은 자리를 포기하기란 쉽지 않다.

영주권을 받아 온 가족이 캐나다에 와서 살다가 혼자
한국으로 돌아간 치과의사가 있었다. 오래 캐나다를 떠나
있었기 때문에 본인의 영주권은 말소된 상태였다. 10년 넘게
기러기 아빠로 살면서 가족의 생활비를 책임졌다. 그러던
어느 날 문득 삶에 회의가 들더란다. 50살 먹도록 열심히 살지
않은 날이 없는데, 왜 그렇게 열심히 살았는지 알 수 없었다.
왜 치과의사가 되었는지, 결혼은 왜 했는지, 아이들은 왜
낳았는지, 무엇 때문에 살았는지. 10년 넘게 아이들 얼굴은
6개월에 한 번씩 방학 때만 봤고, 아내와도 견우와 직녀처럼
만났다. 돌이켜보면 가족이 무엇인지도 모르겠다. 다시
영주권을 받고 캐나다에 와서 살겠다며 나를 찾아와 푸념처럼
고민을 털어놓았다. 그런데 캐나다에 와서 어떻게 먹고살지가
막막했다. 결국, 남자는 가족과 합류하기를 포기하고 한국으로
돌아갔다. 영주권 수속도 철회했다. "아무래도 아이들이
대학을 졸업할 때까지는 돈을 벌어야 할 것 같아요" 하면서
쓸쓸하게 웃었다. 인생이 허무해지기 시작하는 중년에
접어들었지만, 가족을 부양할 돈벌이를 내려놓을 용기는
없었나 보다. 대부분의 치과의사가 그랬다. 젊은 박진우 씨가
치과의사라는 타이틀을 버리고 캐나다에 와서 살겠다고
하는 게 아직 세상 물정을 몰라서 그렇다고 생각했다. 살다
보면 캐나다가 지겨워지고 한국으로 돌아가고 싶을 때가 올
테니까.

"그런데, 실장님…."

박진우 씨는 무슨 대단한 고백이라도 할 것처럼 다정한
목소리로 나를 부르더니 책상 모서리에 시선을 두고 뜸을

들였다.

"저는 한국으로 안 가요. 안 가기로 했어요." 결연한
의지가 그의 말끝에 슬쩍 비쳤다.

"그러시든지….'

"더 궁금한 것이 있으면 연락드리겠습니다" 박진우 씨는
한국에 있는 애인과 이야기를 나눠보겠다고 말하고 돌아갔다.
그 후 한동안 소식이 없었다. 역시나 다른 곳으로 간 것인가.
다른 사람들처럼 숨기고 싶은 사연이 있을지도 모르겠다.
교회에서 우연히 마주치는 게 아니라면 나 역시 굳이 찾아볼
생각은 하지 않았다. 몇 달이 지나 칼리지 졸업 시즌인 5월,
박진우 씨로부터 전화가 왔다. 의외였지만 반갑기도 했다.
"실장님, 지금 찾아 봬도 될까요? 실장님 말씀대로 여기서
결혼식을 하려고 합니다. 애인이 오기로 했는데… 실장님께
부탁드릴 것이 있습니다. 가서 말씀드리겠습니다" 하더니
한 시간도 안 돼서 사무실 문을 열고 들어왔다. 마주 앉은
박진우 씨는 쌀쌀한 5월인데도 얼굴이 상기되어 있었다.
흐트러짐 없는 샤기컷 헤어스타일에 깔끔한 옷매무새, 여전히
멋쟁이였다.

"실장님, 제가 그러니까… 실장님을 귀찮게 해드릴 마음은
없는데 부탁할 사람이 없네요."

무슨 부탁일까 싶어 긴장되었다. 그래서 눈만 끔뻑이며
그의 이야기를 기다렸다.

"졸업하면 서둘러 결혼식을 올릴 겁니다. 캐나다에서는
돈과 시간만 있으면 누구나 결혼할 수 있더군요. 그런데
이것저것 알아보다 보니 결혼식 증인으로 두 사람

필요하다네요."

"그렇죠. 신부 측과 신랑 측, 양쪽 증인이 사인을 해야
합니다."

"저는 칼리지 친구가 증인으로 서주기로 했어요. 그런데
한 명이 더 필요해서요."

"아, 신부 측 증인이 필요하시군요? 그걸 해달라고
부탁하시는 거예요? 저한테?"

얼굴 한 번 본 적 없는 사람의 결혼식에 증인으로 서는
일이 재밌으면서도 부담스러웠지만, 그보다 왜 하필이면
나에게 부탁하는지가 궁금했다.

"다른 사람에게 부탁할 수도 있지만… 제 애인이
한국분이면 더 좋을 것 같대요. 상징성이랄까. 한국 사람에게
둘의 결혼을 인정받고 싶은가 봐요. 저도 그러면 좋겠다는
생각이 들었고요. 그런데 제가 아는 사람 중에는 이런 일을
부탁할 만한 분이 없어요."

"아, 한국 사람."

"보답은 하겠습니다. 시간당 비용을 계산해서 두 시간
정도에 맞는 수고 비용을 드리겠습니다. 여기는 들러리에게
돈을 주기도 한다고 들었습니다. 그 정도 수고비는 드려야죠."

"신부가 원한다면… 저는 영광입니다. 먼 곳만 아니면 잠깐
시간 내서 다녀오는 것은 문제가 안 됩니다. 시청에서 하실
건가요?"

"아뇨. 교회에서 할 겁니다. 목사님께 말씀드렸습니다.
어차피 목사님과 증인 몇 명만 참가할 테니 교회 작은 방에서
하면 됩니다. 목사님이 흔쾌히 그러자고 하시더군요."

"잘됐네요. 그럽시다. 일정 알려주시면 그날 시간 비워 둘게요."

"그런데… 실장님."

박진우 씨는 지난번처럼 나직한 목소리로 불러놓고 책상 모서리에 시선을 고정한 채 뜸을 오래 들였다.

"신랑만 둘입니다."

"네?"

무슨 말인지 잠깐 생각했지만 금세 이해했다. 박진우 씨는 혼자서 어색하게 웃었다.

"제 애인도 남자거든요."

솔직하게 말하자면 몇 번 경험해본 상황이었다. 상대가 어색해하는 것도 익숙했다. 뭔가를 숨기는 것 같더니, 그래서 그랬구나. 나도 모르게 빙그레 웃었다.

"익숙한 일입니다. 캐나다가 왜 캐나다겠어요. 동성결혼이 합법화된 게 벌써 10년도 넘었으니까요. 동성결혼 배우자 초청도 몇 케이스 진행해봤어요. 제가 그 입장이 안 돼 봤으니 다 이해한다고 할 수는 없지만, 그렇다고 남들 사랑에 반대냐 찬성이냐 할 만큼 오지랖이 넓지도 않습니다. 일은 일이니까 편하게 생각하셔도 됩니다. 저는 세상에 절대로 일어나면 안 될 일은 없다고 생각하는 사람이에요. 남한테 피해 주는 일만 아니면 개인 사정은 별 신경 쓰지 않아요. 더구나 세상이 많이 변해가고 있잖아요."

캐나다에 와서 '동성애자, 동성결혼, 성 소수자'라는 말을 수시로 들었고 동성 배우자 초청 고객도 간혹 있었다. 고객 맞춤용 립서비스는 항상 준비되어 있었다. 하지만 그보다

깊이 아는 것도 없었다. 그저 내 생활에 피해만 없다면 그들 취향대로 살게 놔둬도 된다고 생각했다. 만약 '내 딸들이 여자를 좋아해서 여자와 결혼하겠다고 하면 용납이 될까' 하고 상상해본 적은 있었다. 피부색이 다른 남자친구를 사귄다고 해도 신경이 곤두설 텐데 동성 애인이라니…. 백번 양보해서 자식 인생이 부모 마음대로 되는 게 아니라고 마음을 다잡는다고 해도, 사회적 편견과 맞서야 하는 고단한 삶이 걱정돼 받아들이기 어려울 것 같았다. 캐나다에서 살면 한 번쯤은 미리 걱정해보는 문제다.

잊을 만하면 한 번씩 만나는 고객, 내게 동성애자는 '일'의 영역에 가까웠다. 무심결에 습관처럼 립서비스는 했지만 문득 걱정이 되었다. 동성 커플 결혼식에 증인을 서면 성가신 일이 생기지는 않을까 싶었다. 나 같이 서비스 직종에 종사하는 사람은 정치적 견해를 표현하기도 쉽지 않고 민감한 사회 문제도 대충 눈 감고 사는 게 속 편하다. 누군가 입에 거품을 물고 나와 다른 의견을 말할 때 배시시 웃으면서 듣고만 있는 게 장사에 도움이 된다. 한인 대부분은 보수적인 교파에 속한 기독교인이다. 내가 동성애자 결혼식에 증인으로 참석했다는 소문이라도 나면 좋을 것이 없다는 생각이 머리를 스쳤다.

"이해해주셔서 감사합니다. 이런 이야기를 들으면 결혼식 증인을 안 하겠다고 하실까 봐 걱정했는데 다행입니다. 제가 캐나다에 이민 온 이유도 그 사람 때문이에요. 커밍아웃도 했어요. 그냥 아무도 모르게 캐나다에 와서 같이 살까 생각했지만 부모님에게 이민 가는 이유를 납득시키려다 보니 어쩔 수 없었죠. 여기 오기 전 양쪽 부모님께 인사도 드렸는데

남자답게 이 사랑을 지키겠습니다

난리가 났었죠…. 저는 이쪽으로 도망치듯 와버렸지만 그
사람은 한국에서 많이 시달리고 있는 것 같아요. 경제적인
여유가 있어야 계획대로 일을 추진할 수 있으니까 그 사람이
돈을 벌어서 제 뒷바라지를 했죠. 벌써 2년 넘게 헤어져
있었는데 빨리 데려오고 싶어요. 당장은 경제적인 문제나
경력 단절이 큰 난관이고 모든 것을 처음부터 다시 시작해야
한다는 사실이 두렵기도 해요. 그렇지만 그 사람하고 편견
없는 곳에서 살 수 있다면 도전해보고 싶어요. 캐나다에서
치과의사 자격증을 따면 정착하고 살 수 있겠죠?"

　기죽은 듯 쭈뼛거리던 박진우 씨는 내가 증인을
서주겠다는 말에 기분이 좋아졌는지 꽤 수다스러워졌다.
가끔 쑥스럽게 웃기도 했다. 나는 생각할수록 머릿속이
복잡해졌지만 이미 엎질러진 물이었다. '수고비를 준다고 하지
않나. 그냥 일이라고 생각하면 돼' 하고 나 자신을 위로했다.

　"그런데 목사님이 주례를 서주겠다고 하시던가요? 그
교회가 동성결혼을 찬성하는 쪽이었나요?"

　일요일에만 잠시 앉아 있다 나오는 나일론 교인이다 보니
교회 특성이 어떤지, 교인들은 어떤 사람인지 알 수 없어서
바보 같은 질문을 던졌다.

　"우리 교회에 대해서 잘 모르시는군요. 캐나다는
동성결혼을 찬성하는 교회가 많아요. 그중에서도 우리
교회가 선구적인 역할을 했죠. 캐나다 최초 동성결혼을 한
곳도 우리 교회예요. 그때는 사회적인 반감이 심할 때라,
목사님이 방탄조끼를 입고 주례를 섰다더군요. 벌써 몇십 년
전 일이에요. 저는 실장님이 우리 교회에 나오시길래 알고

나오시는 줄 알았어요."

"아, 그렇군요. 몰랐어요."

"목사님이 주례까지 서주겠다고 하시니 감사한 일이죠."

박진우 씨는 얼굴이 일그러지더니 고개를 숙였다. 감정이 격해져서 눈물이 나는 걸 참는 듯했다.

"어릴 때 제가 다른 친구들과 다르다는 사실을 알았어요. 미쳤다고 생각했죠. 저만 그런 줄 알았어요. 그런데 더 자라면서 저 같은 사람을 '게이'라고 한다는 걸 알았죠. 남자인데 남자를 좋아하는 사람이요. 실장님은 게이에 대해서 잘 모르시죠? 저희 결혼에 증인도 서주실 건데… 제 이야기를 좀 해드릴게요."

박진우 씨는 경기도에서 치과의사인 어머니, 대학교수인 아버지 사이에서 자랐다. 두 살 터울 형이 있다. 온화하고 자상한 부모님 덕에 큰 말썽 없이 공부 잘하는 모범생으로 자랐다. 본인이 남자를 좋아한다는 사실은 중학교 무렵 어렴풋이 알았다. 모든 것이 새롭고 낯설 때였기에 시간이 지나면 괜찮아질 거라고 생각했다. 홍석천이 커밍아웃을 했던 2000년대 초반, 그 무렵이었다. 게이가 뭔지도 모를 때였지만 친구들과 더럽다면서 욕을 했다. 사춘기 소년들에게 게이는 혐오스러운 존재였다. 그래서 자신을 경멸했다. 도저히 인정할 수 없었다. 고등학생 시절에는 여자아이들에게 인기가 많았다. 어떤 여자아이가 먼저 사귀자고 해서 연애를 해본 적도 있다. 대학 시절에도 주변에는 항상 여자들이 있었다. 조건 맞는 누군가와 사귀다가 결혼해도 될 것 같았다. 운명적인 사랑이 아니라도 괜찮았다. 많은 사람이 그렇게 결혼하고 늙어 간다고 하니까. 한 여자와 일 년 넘게 무덤덤하게 사귀기도 했다. 좋은 여자였다. 그 여자와 사귀면서도 끌리는 남자를 보면 마음이 심란했다. 그래서 말도 안 되는 이유를 대며 헤어졌고, 한동안 그 여자를 향한 미안함이 마음에 남아 있었다. 그런데도 자신이 게이라는 사실은 인정할 수 없었다. "절대로 게이는 안 될 거라고 다짐하고 다짐했어요. 그렇게 마음먹으면 될 줄 알았죠."

그러다 어릴 때부터 엄마를 따라 나갔던 교회 의료봉사팀에서 그를 만났다. 그는 한의사다. 키 크고 잘생겨서 여자들에게 인기가 좋은 사람이다. 사람이 사람에게 호감을 느끼는 것은 여자나 남자나 비슷하다. 다만 누군가에게는 친구 같은 호감이고 누군가에게는 연애 감정이 생길 뿐. 동성애자라고 해서 모든 남자와 남자, 여자와 여자가 연애 감정이 생기는 것은 아니다. 그 사람을 처음 만났을 때도 사람 대 사람으로 호감이 생겼다. '사람 참 괜찮네' 하는 정도였다. 자주 만났고 많은 이야기를 주고받았다. 그런데 대학교를 졸업하던 무렵 의사고시에 떨어지고 세상이 달라졌다. 특별한 일이 없다면 해마다 졸업생 100%가 붙는 의사고시에 혼자만 떨어진 것이었다. 살면서 그런 좌절을 맛본 것은 그때가 처음이었다. 중고등학교에 다닐 때도 대학에 입학할 때도 모든 것이 막힘없이 순탄하게 흘러갔다. 대학교 때 성적도 좋았다. 왜 의사고시에 떨어졌는지 이해가 안 됐다. 그 정도 일에 그렇게까지 좌절하는 모습이 누군가에게는 우습게 보였을 수도 있다. 하지만 큰 난관 없이 살아와서 그런지 예상치 못한 좌절 앞에서 죽을 것처럼 힘들었다.

돌부리에 걸려 넘어지고 보니 세상이 다르게 보였다. 인생을 살면서 당연하다고 생각한 것들을 돌아봤다. 의사가 적성에 맞는지, 다른 꿈은 없었는지 생각하기 시작했고 그러다 보니 인생 전반을 되짚어보게 됐다. 다행히 치과의사라는 직업에 거부감은 없었다. 대학 때 혼자 해외여행을 해보고 싶었지만 부모님 반대로 무산됐던 일, 기타를 배워보고 싶었지만 재능 탓하며 포기했던 일이 떠올랐다. 공부 말고는 할 줄 아는 것이 없었다. 다른 친구들처럼 일탈을 해본 적도 없는 데다 반항은 꿈도 꿔본 적 없던 모범생의 삶을 되돌아보면서 '인생 참 재미없게 살았네' 하는 회한이 들기는 했다.

'게이'로서의 정체성도 되짚어 봤다. "제가 중학교 때 나이 많은 여자 국어 선생님을 좋아했어요. 친구들이 늙은 여자를 좋아한다고 놀렸지만 어쨌든 여자를 좋아했던 것으로 봐서 게이는 아니라고 생각했죠. 지금 생각해보면 일종의 우기기였던 것 같아요. 또래 여자를 좋아한 적이 없었지만, 그래도 제가 게이라고 단정 짓기는 싫었어요. 그럴 리가 없다고 생각했죠." 힘든 시기에 교회 형제들과 만나 고민을 나누면서 많은 시간을 보냈다. 자연스럽게 그 형과도 자주 어울렸다. 사람으로서 호감 가는 좋은 형이었는데, 문득 그에게 연애 감정을 느끼고 있다는 사실을 깨달았다. 마음은 점점 더 명확해졌고 어릴 때 혼란스러웠던 감정이 무엇이었는지도 기억이 났다. 그러나 거부했다. 그래서 형도 피했다. 교회도 안 갔다. 의사고시 시험 준비에만 매달렸다. 그렇게 시간이 지나 의사고시에 합격했고 어머니 병원에서 일을 시작했다. 무난하게 살았다. 고작 1년 동안 고뇌한

모든 것이 제자리를 찾았고 없던 일이 돼 버렸다. 뭔지 모를
그리움과 허전함, 이유 없이 슬픈 감정이 들기는 했지만
평화로웠다. 부모님처럼 바람 한 점 없는 평온한 들판
한가운데서 평생 그렇게 살면 됐다.

　　평화가 깨진 것은 치과의사로 일하기 시작한 지 얼마 안
됐을 때였다. 대학병원에서 인턴을 마친 형이 늦은 입대를
하게 됐다는 연락을 받았다. 외진 산골 마을에 공중보건의로
가게 됐는데 훈련소 입소를 앞두고 교회 형제들이 송별회를
해주기로 했다는 것이다. 가끔 형이 그립기도 했지만 애써
외면하는 중이었다. 마지막이라고 생각하고 송별회에 나갔다.
교회 형제들은 의사고시 준비 때문에 교회에 안 나온 줄
알았는지 누군가 "합격했으니 이제 교회도 나올 거지?"라고
하더라. 당연했다. 아무도 속마음을 눈치채지 못했을 테니,
그렇게 아무도 모르게 살면 되는 일이었다.

　　그런데 형이 일을 벌였다. 커밍아웃을 한 것이다. 형이
게이라는 사실은 아무도 몰랐다. 눈치조차 챌 수 없었다.
여자들에게 인기가 많았지만 누구와 사귀었다는 소문을 들은
적이 없어서 단지 눈이 높은가 보다 했지, 게이일 것이라고는
상상도 하지 못했다. 그런데 커밍아웃을, 그것도 교회 형제들
앞에서 해버린 것이다. 술을 마신 것도 아니고 그럴 만한
분위기도 아니었다. 그냥 느닷없이 "나 남자 좋아해"라고
말했다. 그런 농담은 하는 게 아니라며 누군가 핀잔을 줄 때 다
같이 동의했다. 아무도 믿지 않았다. 그러다 형의 표정을 보고
진담이라는 걸 눈치채자 모두 조용히 경악했다. 그 틈새에서
비슷하게 반응했다. 다른 사람들이 어쩔 줄을 모르는 표정을

지을 때 같이 당황스러워했다. 그런데 형은 작정이라도 한 듯, "나는 그동안 너하고 썸을 탔다고 생각했어. 못 보는 동안 너무 그리웠어"라고 말하고는 물끄러미 바라봤다. 눈이 마주쳤다. 그 순간 이후로 뭐가 어떻게 됐는지 누가 무슨 말을 했는지 기억나는 게 별로 없었다. 쭈뼛쭈뼛 몸을 일으켜 그 자리에서 나왔다. 집으로 돌아가서도 잠을 잘 수가 없었다. 차라리 어디 죽을 만큼 아파서 병원에 입원이라도 하면 좋겠다고 생각했다. 의식이 돌아오지 않고 몇 날 며칠 죽은 듯 잠들어 버리기를 바랐지만 아무 일도 일어나지 않았다. 다음날 아무렇지도 않게 출근했지만 가슴은 찢어지게 아팠다. 어떻게 해야 할지 갈피를 잡을 수 없었다. 교회 형제들의 전화를 받지 않았더니 문자가 왔다. 형이 교회에 나오지 않겠다고 하고 떠났으니 신경 쓰지 말고 교회에 나오라며. 불쌍하기는 하지만 치료받고 회개할 수 있도록 다 같이 기도해주자는 내용이었다.

"제가 얼마나 기도를 많이 했는데… 하나님은 저를 게이로 놔두시더군요. 기도해서 고쳐질 병이 아니라는 것은 진작 알았어요. 의사 친구들에게도 물어봤더니 치료 방법이 있는지 모르겠다고 했어요. 억누르고 살아야 하는 거죠. 누군가는 그러더군요. 젊어서 한때 지나가는 열병 같은 것이니 마음 맞는 여자 만나서 살다 보면 자연스럽게 괜찮아질 거라고. 여자랑 결혼하라고… 저도 그럴 생각이었어요. 그런데 생각과 마음은 다르더군요."

귀신에 홀린 것처럼 몇 개월을 참고 살았지만 이러다 죽을지도 모르겠다는 생각이 들었다. 그러다 형이 근무하고 있는 산골 마을에 찾아갔다. 그날 생각했다. 결혼한다면

형이랑 해야겠다고. 모든 것이 명확해져서 다시 태어난
것 같았다. 그렇게 두 사람은 연애를 시작했다. 형처럼
공중보건의로 시골에 가서 살았다. 가까운 거리는 아니었지만
일주일에 한두 번 만나면서 연애를 했다. 행복하게 3년이
지났다. 여느 이성애자 커플처럼 사소한 일로 다툰 적도
있었지만 사랑은 점점 더 단단해졌다. 그러다가 형이 먼저
다른 나라에 가서 살면 어떻겠냐고 제안했다. 북유럽 국가,
미국의 몇 개 주, 그리고 캐나다 같은 나라는 동성결혼이
합법이라면서. 일종의 프러포즈였다. 형은 지고지순한
사람이다. 여자와 연애를 한 적도 없다더라. 흉내를 내는
것도 싫었지만 부모님에게 희망을 주면 나중에 좌절도 클 것
같았다고 했다. 형의 부모님은 형이 어릴 때부터 그가 어떤
'상태'인지 알고 있었다. 그렇다고 인정하거나 용납하지는
않았다. "저러다 말겠지" 했다더라. 형은 부모님 등쌀에 못
이겨 끊임없이 선을 봤다. 형이 선을 보러 간 날은 은근히
신경이 쓰였다. 어차피 주위 편견 때문에 부부로 인정받고
살 거라는 기대는 해본 적도 없었다. 연애를 오래 하다
보면 결혼하고 싶어지는 게 당연한데, 그럴 수 없는 현실이
서글펐다.

　　"실장님, 게이나 레즈비언이 성적으로 문란한 사람이라고
많이들 생각하잖아요? 다 그런 것은 아니에요. 성적으로
문란하게 살려면 결혼 안 하고도 얼마든지 잘 살 수 있어요.
이성과 결혼한다고 해도 배우자 눈 속이면서 자유롭게
살 수 있죠. 커밍아웃하고 결혼하는 게 훨씬 더 보수적인
사람들이에요. 저희가 왜 굳이 남들 시선 의식하면서 결혼을

하겠어요. 남들에게 인정받는 부부로 살면서 서로에게 의무를
다하고 싶은 거죠. 당연히 부부로서의 권리도 행사할 수
있어야 하고요. 결혼해서 떳떳하게 살려고 캐나다에 왔어요.
실장님이 증인을 서주시면 저희는 결혼할 수 있어요. 형이
한국 사람을 증인으로 원하는 것도 한국에서는 인정받을
수 없는 관계지만 저희 결혼을 인정해주는 한국 사람이 한
사람만 있었으면 좋겠다는 마음이 있기 때문일 거예요."

　　박진우 씨는 긴 이야기 도중 한숨을 두어 번 쉬었고,
형에 대해서 말할 때는 쑥스러운 내색도 내비쳤다. 상대가
'형'이 아닌 '그 여자'라거나 차라리 연상의 '누나' 정도였다면
애틋한 사랑 이야기가 되지 않았을까. 하지만 동성애
이야기를 들으면서 왠지 그렇게 생각하면 안 될 것 같았다.
주류 한인 사회에서 죄악시하는 일이다 보니 나도 그 영향을
받은 것이리라. 배우자 초청 수속을 할 때는 그들의 연애
스토리를 번역해야 한다. 동성 커플의 서류를 여러 번 번역해
봤기에 낯선 일은 아니었다. 핫 플레이스로 알려진 다운타운
욕빌에 가면 멋진 게이들이 잘 차려입고 거리를 활보한다.
올드 몬트리올 같은 유명 관광지에서도 보란 듯이 손잡고
돌아다니는 게이 커플들을 볼 수 있다. 게다가 이웃집에는
닭살이 돋을 정도로 사이가 좋은 백인 할머니 커플이 살고
있다. 하지만 그들은 그들일 뿐이었다. 자신의 동성연애
스토리를 당당하게 풀어놓는 이와 마주 앉은 것은 이번이
처음이었다.

　　"그래서 한의사와 치과의사 자리를 다 버리고 캐나다에
와서 산다고요?"

남자답게 이 사랑을 지키겠습니다

289

"아깝지 않은 것은 아니에요. 그런데 알아보니 한의사는 여기서 학원에 다니면서 면허를 받으면 침술사로 개업할 수 있다더군요. 치과의사도 시험에 합격하면 면허 따서 일할 수 있고요. 힘들겠지만 도전해보려고요. 저희처럼 기회를 찾아 캐나다에 오는 사람들은 그나마 형편이 좋은 거죠. 한국에는 이러지도 저러지도 못하는 게이 커플이 많아요. 이성과 결혼하는 사람도 많고 결혼 안 하는 사람은 더 많고요. 레즈비언들은… 언제 어떤 상황에서나 여자들이 더 힘들게 살잖아요. 동성 커플도 여자들 상황이 더 열악해요. 저도 동성애자 모임에 나가면서 알게 됐어요. 저희 커플은 상황이 좋은 축에 속하죠."

"아… 부모님은 속상하시겠어요."

슬그머니 그들의 부모에게 감정 이입이 되었다.

"네, 많이 속상해하세요. 그래도 엄마는 이해하려고 노력하는 편이시고요. 아빠도 이제는 포기 상태예요. 친형은 원래 평생 자기 멋대로 살던 사람이라서 가족 일에는 관심이 없어요. 신경도 안 쓸 거예요. 일가친척들은 부모님이 말하지 않으셨을 테니 이런 상황까지는 모르실 테죠. 그에 비해서 형네 가족은 제법 시끄러운 것 같아요. 형 부모님은 두 분 다 지방에서 교사로 일하시는데, 차라리 죽으라는 소리를 수도 없이 들었대요. 창피하다면서… 형네 아버지는 형에게 한의사가 돼서 동성애 병을 고치라고 하셨대요. 그래서 한의대에 갔다고 하더군요. 공부를 열심히 해서 아버지가 하라는 대로 하면 이해해줄 것 같았다고요. 재밌지 않나요?"

'그렇군, 그랬어. 그 부모 속이 얼마나 썩어 문드러졌을까'

나 혼자 속으로 중얼거렸다. 그날 박진우 씨는 한 시간 넘게
자신의 연애사를 구구절절 풀어놨다. 저러다 나중에 지난날을
후회하게 된다면 자신들의 행동이 고스란히 상처로 남을
텐데… 이해하기 힘든 일이었다. 얼떨결에 립서비스로 뱉은
말을 주워 담을 수 없어서 할 수 없이 결혼식 증인을 서기로
했다. 동성결혼은 어떻게 하는지 궁금하기도 했으니 구경
삼아 가는 것이라 위안을 삼았다.

　토론토에 여름이 시작되는 6월, 예정대로 두 남자는
결혼식을 올렸다. 결혼식을 앞둔 어느 날 박진우 씨의
'형'이 한국에서 왔다. 인사차 잠시 내 사무실에도 다녀갔다.
번듯하고 남자답게 생긴 데다 깍듯한 모습까지 어디 하나
빠질 데 없이 근사한 남자였다. 박진우 씨보다 키도 컸고
부리부리한 눈매와 길쭉한 콧날, 선하게 웃는 모습, 군살
하나 없는 늘씬한 몸매까지 갖춰서 여자에게 인기가 많았을
법 싶었다. 저런 남자가 동성애자라니, 그것도 그렇게까지
지고지순하게 한 남자만 좋아하는. 잠깐 인사만 하고
돌아갔는데도 아깝다는 생각이 자꾸 들었다. '도대체 뭐가
아깝다는 거야, 내가 왜 이러지' 하면서 혼자 피식 웃었다.
내가 속물인 걸까.

　결혼식 당일인 토요일 오전은 토론토의 전형적인 초여름
날씨였다. 특별히 갖춰 입을 것도 없이 시간 맞춰 결혼식장에
도착했다. 결혼식장이라고 해봐야 오래 되고 낡은 교회에
있는 작은 방이었다. 아무 장식도 없는 길쭉한 나무 의자
대여섯 개가 나란히 줄지어 있고, 너무 수수해서 꽂혀 있는
꽃마저 심심해 보이는 화병 두어 개가 놓여 있었다. 교회

건물만큼 오래된 스테인드글라스만 요란하게 화려했다. 방이 환한 이유가 스테인드글라스를 타고 들어온 햇빛 덕인지 벽 장식처럼 군데군데 매달려 있는 희미한 전등 덕인지 알 수 없지만 그나마 너무 우중충하지 않아 다행이었다. 두 신랑은 맞춰 입은 듯 짙은 감색 양복에 연보랏빛 넥타이, 흰색 와이셔츠 차림이었다. 두 사람 모두 금방 물에서 쏙 끄집어낸 듯 말갛고 아름다웠다.

"두 사람 다 멋지네요." 무심결에 말이 흘러나왔다. 인사 대신 건넨 겉치레는 아니었다. 두 남자는 "감사합니다" 하고 합창하는 듯 대꾸하더니 마주 보며 지긋이 웃었다. 박진우 씨가 증인으로 참석한 학교 친구와 그의 동거인을 소개했다. 남미계로 보이는 그들도 게이 커플이었다. 조촐한 결혼식은 주례가 식순을 정하고 진행까지 맡아서 하기 때문에 모든 것을 주례에게 맡기고 따라가면 된다. 나는 앉아서 자리만 지키다가 주례가 사인하라는 곳에 사인만 하면 된다. 곧 나이 지긋한 남자 목사가 등장했다. 그런데 그 뒤로 줄줄 사람들이 밀려 들어와 자리를 채웠다. 박진우 씨는 하객들과 친분이 있는 듯 눈을 맞추고 친근하게 인사를 건넸다. 하지만 그의 '신랑'은 다른 사람들의 참석을 몰랐는지 당황한 눈치였다. 긴 나무 의자 다섯 개에 듬성듬성 채워 앉은 사람들은 손을 잡거나 쓰다듬으면서 동성 커플임을 드러냈다. 서로 잘 아는 사이인 듯 서슴없이 농담도 오갔다. 나만 낯선 존재였다. 나이 많은 할아버지 커플, 동양인 남자와 백인 남자 커플이 유난히 요란스러웠지만 젊은 여자 커플에게 자꾸 눈길이 갔다. '우리 딸 나이쯤 돼 보이는데, 부모 속 좀 썩였겠군' 하는 생각이

들었다. 동성 커플 결혼식에 증인으로 앉아서도 여전히
찜찜하고 마음이 쓰였다.

　목사가 박진우 씨 커플에게 참석자들을 소개했다. 30년
넘게 같이 살고 있는 할아버지 커플부터 막 연애를 시작한
젊은 커플까지 전부 같은 교회 교인이었다. 이 교회에 동성
커플이 그리 많은지 몰랐던 터라 놀라웠다. 오히려 모르고
있는 내가 이상한 사람처럼 보일 지경이었다. 목사는 박진우
씨 커플도 소개했다. "한국에서 치과의사와 한의사였는데
결혼하기 위해서 모든 경력을 포기하고 캐나다에 온 용기
있는 커플"이라는 말이 끝나자 힘차고 요란한 환호가 길게
이어졌다. 그중 환호하지 않고 머쓱하게 앉아 있는 사람은
나뿐이었다. 내가 소수자가 된 것이었다. 어색하고 불편했지만
덩달아 기분은 좋았다. 낡고 누추한 교회 골방이 따뜻하고
아늑한 공간처럼 느껴졌다. 나중에 그 순간을 되짚어 보니
서로 격려하고 위로하는 사람들의 기운 때문이 아니었을까
싶다.

　예식이 시작되었다. 잘생긴 두 신랑이 문 쪽으로 나갔다가
손을 잡고 유쾌한 척 흥겹게 걸어 들어왔다. 결혼 행진곡 같은
음악을 누군가 장난스럽게 흥얼거렸다. 두 사람은 양손을
맞잡고 마주 본 채로 목사의 주례사를 들으며 쑥스럽고
어색하게 웃었다. 신랑만 둘이라는 것 외에는 여느 결혼식과
다를 바가 없었다. 목사는 짧은 주례사 후 혼인 서약을 읽었고
한 사람씩 따라 하라고 했다. 두 신랑은 어눌한 발음으로
실수도 하면서 혼인 서약을 끝냈다. 서툰 영어 때문에
긴장하고 민망해하는 두 신랑을 모두 진지하게 바라봤다.

나만 민망했다. "서로에게 하고 싶은 말이 있으면 해도
좋다"고 목사가 말하자 기다리기라도 한 듯, 박진우 씨가
양복 주머니에서 종이 한 장을 꺼내 들더니 바들바들 떨리는
목소리로 천천히 읽기 시작했다. 한국말이었다.

"당신은 나를 사랑이 없는 세상으로부터 구해준
사람입니다. 평생 나 자신과 남들을 속이면서 진실한 사랑을
한 번도 해보지 못한 채 살다가 죽을 뻔했습니다. 죽을 때
얼마나 불행했을까 생각하면 지금도 아찔합니다. 죽기 전에
후회하지 않고 사랑하게 해준 당신을 죽을 때까지 사랑할
것입니다. 천국이 불행하게 살다가 죽은 사람들이 가는
곳이라면, 죽어서 지옥에 가더라도 행복하게 사랑하면서
살겠습니다. 남자답게 사랑을 지키면서 살겠습니다.
사랑합니다. I love you yesterday, I love you today, I'll love
you tomorrow, and forever."

박진우 씨는 남편 손을 잡아끌어 포옹했다. 그
방에서 박진우 씨의 말을 모두 이해하는 사람은 나와 두
신랑뿐이었다. 그러나 다른 하객들 역시 알아듣기라도
하는 듯 시종일관 경건하게 듣고 있었다. 마지막 문장이
끝나자 여기저기서 환호가 터져 나왔다. 미리 짜기라도 한
듯 하객들은 손에 들고 있던 작은 꽃을 두 신랑에게 던졌다.
결혼식의 클라이맥스였다. 박진우 씨의 신랑이 울기 시작했다.
처음에는 눈물만 뚝뚝 흘리더니 훌쩍훌쩍 소리를 내다가
급기야 엉엉 울기 시작했다. 박진우 씨도 애써 울음을 참고
있었지만 얼굴은 온통 눈물범벅이 되었다. 목사는 두 신랑이
우는 모습을 흐뭇하게 지켜보다가 어깨를 다독여 위로하고는

결혼식을 계속 진행했다. 준비된 실반지를 서로의 손가락에
끼워 준 후 목사의 성혼 발표가 이어졌고, 드디어 결혼식이
끝났다. 박진우 씨의 신랑은 내내 훌쩍훌쩍 울었다. 큰 키에
남자답게 생긴 신랑은 낯선 사람들 앞에서 아무렇지도
않게, 눈치도 보지 않고 울었다. 분위기에 동화된 하객 중 몇
명도 눈이 벌게져서 콧물을 찍어냈고 나이 많은 할아버지
커플은 남들이야 울거나 말거나 시종 즐거웠다. 장난스러운
표정으로 어깨까지 들썩이며 흥겨워했다. 이번에도 나만
낯설었다. 나처럼 이리저리 눈치 보면서 남들 눈을 속여야
하는 사람은 울고 싶을 때 울지 못하고 웃어야 할 때도 마음껏
웃지 못하다가 푸석푸석 메마른 나뭇잎 같이 늙어갈 수밖에.
자기감정에 솔직한 그들이 부러웠다. 경건하지도 않고
격식 따위 신경 쓰지도 않는 어설픈 결혼식은 금방 끝났다.
여전히 훌쩍거리는 두 신랑이 성혼 서식에 사인을 하고 나도
증인 사인을 했다. 하객들이 축하하며 포옹을 나누었다. 다
같이 요란하게 사진을 찍었다. 낯설고 어색한 그들 틈에서
나도 배경 인물이 되었다. 부모 형제가 모여 축복해주는
결혼식이었다면 피로연도 했겠지만, 금전적·정신적 여력이
없는 두 신랑은 하객들에게 음식을 준비하지 못해 미안하다고
전했다. 토요일 오전, 금쪽같은 시간을 쓰면서 할 일을 다
한 하객들은 들어올 때처럼 줄지어서 평범한 일상으로 다시
몰려나갔다. 그들은 손을 잡고 어딘가에 가서 시시한 브런치를
먹거나 산책을 하거나 쇼핑을 하면서 남들 눈치 보지 않고
행복할 테지. 두 신랑은 방금 결혼식을 끝낸 사람들답지 않게,
마치 연극 공연을 마친 배우들처럼 곧바로 일상으로 돌아왔다.

너무 많이 울어서 그런지 따끈한 국물이 있는 밥을 먹고 싶어
하기에, 내가 좋아하는 한인 타운의 허름한 순댓국집으로
안내했다.

"실장님, 성경에 먹지 말라는 것이 많잖아요. 그중에
돼지고기와 동물의 피가 있어요. 돼지 피로 만드는 순대는
두 가지가 다 들었잖아요? 한국 기독교인들은 먹지 말라는
것은 먹어도 되고 짓지 말라는 모든 죄는 다 짓고 살면서
동성결혼은 큰 죄악이라며 입에 거품을 물어요. 어떤 때는
성경을 문자 그대로 해석하고 어떤 때는 시대나 상황에
따라서 자기 멋대로 해석하죠. 사람과 하나님의 관계를
어떻게 문자로만 해석할 수 있을까요. 성경을 문자 그대로,
기계적으로만 받아들이는 사람들은 구원도 문자로만 받을
겁니다. 예수를 믿고 따라서 구원받을 수 있다는 확신은
동성 커플일지라도 다르지 않아요. 저희가 하는 것이 증오가
아니고 사랑이잖아요. 저희를 이해해주셔서 감사합니다.
이 은혜는 평생 잊지 않겠습니다. 실장님이 한국 사람을
대표해서 저희 결혼을 인정해주신 겁니다. 저도 진우가 말한
것처럼 남자답게 이 사랑을 지키겠습니다."

박진우 씨의 남편이 벌건 눈으로 쑥스럽게 나를 바라보며
말했다. 낯간지러운 이야기였지만 진심이 느껴졌다. 의도하지
않게 나는 한국 사람 대표가 되어 그들의 결혼을 인정했다.
그럴 자격이 있는지는 잘 모르겠다.

"여자도 사랑을 지킵니다. 사랑을 지키는 게 남자만
할 수 있는 일은 아니잖아요? 여자도 여자답게 사랑을
지킵니다" 하고 웃으면서 말했더니 "그럼 인간답게, 사랑을

지키겠습니다" 하더니 서로를 지긋이 바라봤다.

'예쁜 사랑이구나…' 불현듯 그들의 사랑을 인정하게 되었다. 차별받지 않고 행복하게 살았으면 좋겠고, 이왕이면 치과의사 면허도 따고 한의사도 돼서 이민생활도 성공하길 바란다고 꼰대처럼 조언했다. 돼지 피가 듬뿍 들어간 순댓국이 맛있었다.

2년 전, 박진우 씨 부부는 토론토에서 차로 4시간쯤 떨어진 북쪽 마을로 이사를 갔다. 그곳에서 치과의사 면허 공부를 하면서 여느 신혼부부처럼 알콩달콩 살았다. 그러던 중 드디어 시험에 통과했고, 나에게 연락한 것이었다. 가끔 두 사람이 사는 모습을 담은 사진을 보내주고 소식도 전하더니 어느 날부터 연락이 끊겨 궁금하던 차였다. 한국인이 캐나다 치과의사 면허를 받는 일이 결코 쉽지 않은데, 얼마나 열심히 매달렸으면 그 어려운 일을 해낼 수 있었을까. 대단한 사람이다. 박진우 씨 남편도 침술사로 동네에서 인기가 좋다고 했다.

박진우 씨는 아직 영주권을 받지 못했다. 영주권 제도가 어려워진 탓도 있지만 이 방법 저 방법 기웃거리지 않고 '급행 이민'이라는 연방 이민제도만 고집하다 보니 시간이 오래 걸렸다. 급행 이민은 지원자의 모든 스펙을 점수로 계산해서 상대평가로 자격을 부여하는 제도다. 30대 중반에 접어들었으니 나이도 적지 않은 데다, 박진우 씨 신랑의 캐나다 경력이 짧고 영어 점수가 높지 않은 것이 걸림돌이었다. 결혼을 먼저 하지 않고 박진우 씨 혼자 영주권 신청을 했다면 더 수월했겠지만 사랑이 먼저였던 두 남자에게는 선택의 여지가 없었다. 이제 비자 연장이 문제다. 이번에는 박진우 씨 남편이 칼리지에 가기로 했다. 그러면 앞으로 5년 정도의 시간이 다시 주어진다. 영주권 제도가 자주 바뀌는 캐나다에서 마음 편하게 살려면 하루라도 빨리 영주권을 받아야 한다. 박진우 씨가 치과의사 면허를 받았으니 영주권 자격 점수가 올라갈 것이다. 벌써 캐나다에서 일한 경력도 2년이 넘었으니까 그 점수도 좋을 것이고. 나이가 점점 많아진다는 점이 마음에 걸리기는 하지만 괜찮다.

　　지난 3년간 그들이 사는 모습을 전해 들으면서 게이나 레즈비언을 조금씩 이해하게 되었다. 어쩌다 보니 그들 삶의 증인이 되었다. 이해해서 이해하는 것이 아니라, 이해하려고 노력하는 것이다. 이해할 필요 없이 인정하면 그뿐이다. 세상의 모든 사랑을 다 이해해야 하는 것은 아니니까. 그러나 한 걸음 더 들어가서 이해하고 싶다. 양반과 상놈이 결혼할 수 없었던 고리짝 시절 이야기는 제쳐 두고, 고작 몇십 년 전만 해도 미국에서는 흑인과 백인이 결혼하는 것도 범죄였다. 지금은 오히려 차별금지법이 생겨서 인종차별을 하는 사람이 벌을 받는다. 생각이 바뀌어서 법이 바뀐 것인지 법을 바꿨더니 생각이 바뀐 것인지는 알 수 없지만, 사는 모습이나 생김새, 혹은 생각이 다르다고 누군가를 차별한다면 나를 지켜줄 것이라 믿는 정의는 어느 날 나를 배반할지도 모른다. 박진우 씨 부부 덕에 세상 보는 눈이 달라졌다. 세상이 바뀌어 가는데 내 생각도 바뀌는 것이 당연하다. 박진우 씨 부부의 지고지순한 사랑이 나 같은 무식쟁이에게 오해받고 차별받지 않기를 바랄 뿐이다. 그래야 얼굴 노란 아시아 여자도 백인이

기득권인 나라에서 기죽지 않고 살아갈 수 있을 테니까.
소수자도 기죽지 않고 행복하게 살 수 있는 세상이 좋은
세상이라 믿는다.

그래야 얼굴 노란 아시아 여자도 백인이 기득권인
나라에서 기죽지 않고 살아갈 수 있을 테니까. 소수자도
기죽지 않고 행복하게 살 수 있는 세상이 좋은 세상이라
믿는다.

10

불행한 여자는
한국을 떠나라

민경 씨에게 시민권 신청을 하겠다고 연락이 왔다. 영주권자로
2년, 영주권을 받기 전 유학생 신분으로 1년, 합해서 3년을
살았기 때문에 이제 시민권 신청을 할 수 있다. 세월이 빠르다.
엄마처럼 간호사가 되고 싶다던 고등학교 졸업반 딸이 유명
대학교에 합격했다며 자랑을 늘어놓았다. 한국에 계신 엄마도
곧 모셔올 생각이라면서 부모 초청 영주권 신청 자격에
대해서도 물었다. 자세하게 답변하다가 나도 문득 궁금한
것을 물었다. "근데, 민경 씨 결혼했어요? 지난주에 마트에
장 보러 갔다가 민경 씨가 남자랑 같이 다니는 걸 봤는데
인사하기에는 거리가 멀어서 나 혼자 지켜봤네. 그 남자는
누구예요? 키도 크고 잘생겼던데…."

　　지난주, 대형 한인 마트에서 훤칠한 백인 남자와 함께
장을 보는 민경 씨를 봤다. 오가다 고객을 만나면 어색하게

인사를 나누어야 하니 특별히 할 말이 없다면 서로 멀찍이
피해 가는 게 예의다. 그래도 궁금한 마음에 들키지 않게
슬그머니 곁눈질로 두 사람을 훔쳐봤다. 남자는 백인인 것
같기도 하고 묘하게 동양인의 얼굴도 보이는, 어느 인종의
피가 섞였는지 알 수 없는 혼혈이었다. 예전에 말하던 그
남자친구일까? 결혼은 했나? 시민권 신청을 할 때 가족관계를
써야 했기에 필요한 질문이었지만 개인적인 호기심이 더 컸다.

"아뇨, 결혼은 안 했고요. 그냥 같이 살아요. 서로 구속하지
않고 편하게 살려고요. 법적으로 묶여야 평생 동반자가
되는 건 아닌 것 같아서요. 살다가 헤어질 수도 있는데
결혼하면 서류만 복잡해지잖아요. 실장님도 아시다시피 제
서류는 충분히 복잡한데, 거기다가 더 보탤 필요는 없어요.
남자친구도 저처럼 병원 간호사예요. 나이도 저보다 어려요.
돈도 많이 못 벌고 어리숙하지만 착해요. 이 남자는 또 언제
나를 버리고 갈까 싶었는데, 벌써 5년이나 옆에 붙어 있네요.
언제든지 떠나고 싶을 때 떠나라고 했어요. 서로 얽매이지
말자고… 그래야 제 마음도 편할 것 같아서요. 고생해서
제힘으로 찾은 행복인데 남자에 매이고 싶지 않아요. 저는
결혼 안 해요." 덤덤하게 말하는 민경 씨가 2년 전과는 사뭇
다르게 느껴졌다. 고된 삶이 안정되면서 마음도 편안해졌나
보다.

민경 씨는 원래 말레이시아, 인도네시아, 싱가포르, 태국
같은 동남아 국가에 가서 살고 싶었다. 나이 많은 부모님이
살고 계신 한국에서 가까우면 좋겠다고 생각한 데다 추위를
싫어한 탓에 캐나다는 애초에 이민 가고 싶은 나라 목록에

없었다. 그런데 왜 캐나다까지 오게 되었을까. 답은 간단했다. '여자'라서. 여자가 살기 좋은 나라는 동남아, 중동, 남미 어디에도 없었다. 그나마 북유럽, 캐나다 정도가 여자가 살기에 나쁘지 않아 보였다. 민경 씨는 한국은 여자가 살기 좋은 나라라고 생각했다. 다만, 나이가 많거나 권력을 가진 남자에게 대들거나 잘난 체하면 안 되고, 공주처럼 키워줄 능력 있는 부모, 돈 잘 벌고 이해심 많은 남편, 자상하면서도 성가시게 하지 않고 경제력까지 있는 시부모는 필수 조건이다. 직장 상사가 성추행하든 월급이 동료 남자보다 터무니없이 적든, 걱정할 필요 없이 보란 듯이 '취집' 하면 평생 편안하고 행복하게 살 수 있을지도 모른다. 적당히 바보 같은 구석도 있어야겠지. 당하고도 당한 줄 몰라야 하니까. 하지만 행복하게 살다가 어느 날 갑자기 운명이 불행하게 흘러간다면 그때는 어떻게 해야 할까. 모른 척 삶을 운명에 맡겨야 하나? 한국에서 불행해진 여자는 악착같이 노력해서 그곳을 탈출해야 한다. "행복하려면 일단 불행을 피해야 해요. 불행한 곳을 떠나는 게 첫 번째 할 일이죠." 그래서 민경 씨는 한국을 떠났다. 이혼녀, 별 볼 일 없는 학력, 내세울 것 없는 집안, 얼마 없는 돈. 민경 씨의 '조건'이었다. 왜 이혼했는지는 구구절절 말할 필요도 없다면서 목소리를 높였다.

"뻔하잖아요. 여자 팔자가 사나워서 그렇죠. 이야기해봐야 변명밖에 안 돼요. 제가 닭띠인데, 남편이 토끼띠라서 서로 안 맞는다네요. 지랄도 풍년이지. 토끼는 무슨… 쥐새끼 같은 게…."

강적이다. 무례한 것은 말할 필요도 없고 민망할 정도로 직설적이고 독선적이었다. 주저할 줄도 몰랐다. 입 밖으로

독한 욕지거리가 안 튀어나오는 게 용하다 싶을 만큼
거침없었다. 하고자 하는 이야기가 무엇인지 의도하는 바도
알 수 없었다. 혼자 웅변하는 듯 강약 조절이나 숨 고를 틈도
없었다. 사람 상대하는데 이골이 난 나도 끼어들 틈을 찾지
못해 멍하니 바라만 봤다. 저러다가 어느 순간 클라이맥스에
책상을 두어 번 주먹으로 내리치고는 팔을 뻗어 허공에 대고
"이 연사, 이렇게 외칩니다!"라고 할 기세였다. 민경 씨는 한
시간 가까이 물 한 모금 안 마시고 쉴 새 없이 떠들었다. 굳이
외모를 언급하자면, 오목조목 귀여운 눈코입에 자그마한
체격이었고 헐렁한 간호사 유니폼을 정갈하게 여며 입었다.
토론토에는 직장 유니폼을 그대로 입고 출퇴근하는 사람들이
많았기 때문에 그다지 거슬릴 것 없는 복장이었다. 하지만
죄수복 같은 푸른색 간호사 유니폼은 어떻게 입어도
볼품없었다. 그러던 어느 날, 그가 이민 상담을 왔다.

"여기는 영주권 수속을 의뢰하면 돈 받기 전후로 태도가
바뀌지는 않겠죠? 계약하기 전에는 최선을 다해서 완벽하게
해 줄 것처럼 사탕발림하다가 돈 받고 나면 전화도 잘 안
받는, 고객이고 나발이고 나 몰라라 하는 싸구려 사기꾼들이
토론토에 득실득실하잖아요? 실장님은 안 그러실 거죠?" 하고
말문을 연 민경 씨는 그 후로도 한참 동안 열변을 토했다.
예약된 한 시간이 부족할 정도였다. 이민제도나 영주권을
받을 수 있는 방법 따위는 묻지도 않았다.

"요즘 인터넷 뒤져보면 내용 다 나오는데 뭐하러 물어봐요.
내 자격 내가 제일 잘 알고, 이민국 사이트 보면 나한테 맞는
제도가 뭔지 대충 알고 뭐가 필요한지도 알 수 있는데 그런

걸 뭐하러 물어봐요. 그것보단 수속 서류까지 신경 쓸 시간이 없으니 나 대신 서류를 완벽하게 챙겨줄 회사를 찾는 거예요. 하나라도 잘못되면 가만히 안 있죠. 제가 실장님만큼은 자세히 모르겠지만 어지간한 건 다 알거든요."

협박이다. 정신 바짝 차리지 않으면 미친개에게 물릴지도 모르겠다는 생각이 들었다. 이렇게 '아는 체' 하는 사람들이 알고 보면 허당이라는 사실은 여러 차례 경험해봤다. 하지만 어떤 이는 서식 작업을 마치고 이민국 접수를 하기 전, 서류를 일일이 뜯어 보고 이상한 트집을 잡기도 했다. 하나하나 설명을 요구하는 이도 있었다. 지불한 돈의 값어치를 그런 식으로 인정받으려는 피곤한 사람들이다. 미친개. 심한 표현이지만 이런 같은 고객을 만날 때마다 삶에 회의가 들기도 한다. 영주권 자격이 안 된다는 내 말에 밑도 끝도 없이 행패를 부리는 고객을 경비원 손에 넘긴 적도 있다. 그 사람 뒤통수에 대고 한 번만 더 오면 이번에는 경찰을 부르겠다는 으름장을 놓고도 한동안 불안했다. 나이가 들고 경력이 쌓이면서 대처 능력도 생겼고 상대도 나를 얕잡아 보지 않지만, 그런 인물들이 나타나면 여전히 당혹스럽다. 그들은 살면서 책을 몇 권이나 읽었을까 싶을 만큼 인문학적 소양도 전혀 없다. 남들이 기분 나쁘지 않게 돌려 말하면 무슨 뜻인지 이해하지 못하고, 에둘러 표현한다는 게 뭔지도 모른다. 입에서 튀어나오는 말 전부 너무 솔직해서 기가 막힐 지경이다. 웃으면서 이야기하면 멋대로 긍정의 의미로 판단하고, 직설적으로 이야기하거나 화를 내면 맞받아쳐 주먹다짐도 불사한다. 사는 게 오죽 팍팍하면 남의 기분 따위 신경 쓸 여력도 없을까. 뭔가 사연이 있겠지 하고 이해해보려고 해도 마주 서면 황당하고 화가 나는 것은 어쩔 수 없다. 내가 수양이 덜 된 탓이라고 자책할 때가 한두 번이 아니다. 작은 꼬투리라도 잡히면 토론토 한인 사회에 나쁜 소문을 내는 것은 물론이고, 인터넷 카페에 피해 사례를 과장해 도배하기도 한다.

다행히 민경 씨는 그럴만한 시간이 없는 사람이다. 간호사는 밤낮없이 바쁘다. 게다가 병원에서 호출이 오면 언제든지 달려 나가야 하는 시간제 계약직이다. 그래도 이런 사람을 만나면 고민이 된다. 친절하게 상담해서 계약서에 사인하고 돈을 받아 낼 것인지, 아는 것도 모르는 척 대충 얼버무려 실망하고 돌아가게 할 것인지 머리를 굴려야 한다. 후자라면, 상대가 영주권을 받을 방법을 고민하는 것은 뒷전이고 어떻게 하면 기분 상하지 않게 돌려보낼지 눈치를 먼저 봐야 한다. 목소리만 큰 허당처럼 보이지만 조심해서 나쁠 것은 없으니까. 그런데 민경 씨는 나에게 머리 굴릴 여지도 주지 않았다. "제가 다음번에 방문하면 계약하러 오는 겁니다!" 이렇게 말하고는 가 버렸다. 그 단호함 앞에서 오지 말라고 할 수도 없었다.

민경 씨는 시골에서 고등학교를 졸업한 후 집에서 멀지 않은 전문대학교 유아교육과에 입학했다. 취업이 잘 된다는 유일한 이유로 선택한 전공이었지만 학교에 다니는 내내 후회했다. 실습에 나가보니 적성에 맞지 않는 일임을 더욱 알게 됐다. 다른 친구들은 적성이고 뭐고 취업이 우선이라고 했지만 민경 씨는 그럴 수 없었다. 애들은 못됐고, 부모는 더 못됐고, 유치원 선생들은 더 못됐다고 생각했다. 가장 못된 건 본인이었다. 유치원 교사를 하다 보면 애 하나는 괴롭히고도 남을 것 같았다. 1년 다니고 포기했다. 졸업장이라도 받으라고 참견하는 사람들도 있었지만 다 쓸데없었다. 유아교육과 진학이 살면서 저지른 첫 번째 실수라면, 두 번째 실수는 별생각 없이 결혼을 선택한 것이었다. 고졸 학력으로는 변변한 곳에 취업하기가 어려웠다. 이일 저일 닥치는 대로 하다 보니 경력을 따질 겨를도 없이 나이만 먹었다. 부모님은 집에서 빈둥거리는 딸을 두고 보지 못했다. 시집이라도 가라며 수소문해서 남자를 소개했다. 대부분 민경 씨보다 훨씬 나이가 많았다. 그때 민경 씨 나이가 고작 20대 초반이었는데 뭐가 그리 급했을까. 처음에는 민경 씨에게 좋다고 다가오던 남자들이 서너 번 만나고 나면 모두 시들해졌다. 조신하고 나긋나긋하지 않아서 그렇다며 아버지가 난리를 쳤지만 그렇게 태어난 걸 어쩌라는 것인지 알 수 없었다. "아버지 닮아서 그래요" 하고 대들다가 날아오는 물건에 여러 번 두들겨 맞기도 했다.

　　그 후 조그만 사무실에 취직했다. 잔심부름하다가 만난 직장 상사와 결혼해서 딱 2년 살고 이혼했다. 정신이 번쩍 들었다. 결혼 후 회사도 그만두고 집안 살림만 했는데 무슨 배짱으로 이혼까지 했나 싶었다. 그래도 쥐새끼 같은 남자랑은 죽어도 못 살 것 같았다. 여자 팔자가 사나워 그런 것이라는 아버지 말대로 앞날까지 사나워 보였다. 눈치가 보여 고향 집에서 살 수는 없었다. 나고 자란 시골 조그만 동네에서 여자의 이혼 소식은 초등학교 동창의 동생의 남편까지 모르는 사람이 없었다. 아무리 뻔뻔해도 굳이 동네 사람들한테 자주 얼굴 보이며 소문을 키울 필요는 없었다. 도시로 가서 일자리를 찾아 닥치는 대로 일했다. 여자 혼자 살려면 진득하게 붙어 있을 만한 직장이 필요한데, 기술이 없으니 평생 식당에서 서빙하다가 독거노인이 되어 폐지를 줍지는 않을까 걱정스러웠다. 유치원 교사가 왜 적성에 맞지 않았을까. 남들이 귀엽다며 좋아하는 모든 것에 별 애정을 느끼지 못하는 성격이었다. 차라리 남들이 끔찍하게 싫어하는 것을 해볼까 싶었다. 피, 바늘, 상처를 떠올리다 간호사가 되면 좋겠다 싶어 틈틈이 간호조무사 학원에 다녔다. 나이 들어 새로운 것을 배우는 게 쉬운 일은 아니었지만 '이혼녀'로 살아남으려면 뭐든 죽기 살기로 열심히 해야 했다.

캐나다에 오기 전 몇 년 동안은 작은 동네병원에서 간호조무사로 일했다. 다행히 적성에 맞았다. 주삿바늘, 피, 쌀쌀맞은 간호사. 마음에 드는 키워드다. 유치원 교사처럼 모든 사람에게 친절하지 않아도 돼서 좋았다. 병원은 어차피 아프거나 아플 것 같은 사람들이 오는 곳이니 조금만 잘해줘도 감사할 줄 안다. 간호사에게 짜증 내는 사람이나 함부로 대하는 사람도 있지만 문 열고 나가면 그뿐이다. 뒤통수에 대고 욕이나 한 바가지 해주고 잊으면 된다. 그래서 동네병원의 간호조무사라는 직업이 좋았다. 그러는 사이 재혼하라는 성화에 못 이겨 부모가 데려오는 남자를 여럿 만났다. 모조리 어딘가 '하자'가 있는 인간들이었다. 이혼녀는 헐값에 팔아버려야 하는 딸이 상품 같은 것이었을까. 민경 씨는 한국을 떠나야겠다고 결심했고, 이민을 준비했다. 버는 돈을 모두 영어 공부에 투자했다. 외국인들이 모인다는 이태원 술집에도 기웃거렸고 영어 학원 선생하고 연애도 해봤다. 영어 공부에 도움이 된다 싶은 것은 다 해봤다. 남들이 욕해도 어쩔 수 없었다. 어차피 팔자 사나운 이혼녀가 이민 가기로 작정했는데 못 할 짓은 없었다. '주제도 모르는 실속 없는 년' 소리 들어가며 캐나다 여행도 다녀왔다. 자기 눈으로 봐야 결정하기 쉬울 테고 실패할 확률도 낮을 테니까. 그리고 엄마도 모르게 조용히 유학을 왔다. 2년제 간호과. 엄마가 해준 단칸방 전세금을 빼서 토론토 칼리지 학비로 냈다. 생활비까지 5000만 원을 썼다. 졸업하자마자 요양병원에서 6개월 동안 일했다. 지금은 종합병원에 취직해서 일하고 있고, 이제 2년이 다 돼 간다. 시간제 계약직이지만 주당 30시간을 열심히 채웠다. 다른 사람이 사정이 있어 출근을 못 하는 날에는 그 공백까지 채우면서 주당 40시간 이상 밤낮없이 일한 적도 많았다. 일하는 시간에 따라서 받는 돈은 조금씩 달라지지만 통장에 들어오는 돈이 매달 3000불은 된다. 돈 쓸 시간이 없으니 렌트비와 식비 빼고는 고스란히 남는다. 영주권을 받고 돈을 더 많이 벌게 되면 엄마에게 전세금을 갚아야 한다. 한국은 절대로 돌아가지 않을 생각이다. 비슷한 또래에 캐나다에 이민 온다는 사람들을 보면 하나같이 한국에서 잘 나가던 사람이다. 좋은 회사에 다니던 사람은 물론, 누구 하나 대학을 나오지 않은 사람이 없고 석사도 박사도 몇 있었다. 그런 사람들이 왜 캐나다까지 오는지 모르겠다. 많이 배우고 잘살던 사람들이 이민 와서 고생스럽다며 한탄할 때는 한심하기 짝이 없었다. 그러다가 어느 날 한국으로 돌아가서 다시 잘 먹고 잘살 테지. 그렇지만 숟가락 하나 없을 곳 없는 사람들은 어떻게든 영주권 받아서 눌러앉아야만 한다.

"저 같은 사람은 죽기 살기로 캐나다 영주권을 받아야 해요. 실장님은 저 같은 사람 만나면 정신 바짝 차리셔야 한다고요."

"누구나 다 절박합니다. 영주권 못 받고 돌아가야 하는 상황이 되면 난감하기는 마찬가지입니다."

"저는 더 절박하다고요. 안 되면 죽을지도 몰라요. 사람 목숨이 달렸다고 생각하고 정신 바짝 차리고 일하셔야 한다는 말입니다. 제가 지금까지 들인 돈, 시간, 노력이 물거품 되지 않도록 정신 바짝 차려야죠!"

싸우자고 덤비는 말투다. 도대체 어쩌라는 말인지.

케어기버 프로그램으로 영주권 신청할 거다. 영어 점수도 다 준비됐다. 자격이 어떤지 무슨 서류가 필요한지 다 안다. 어디 가서 뭘 발급받아야 하는지도 대충 안다. 중요한 서류는 대부분 준비됐다. 서류 접수만 하면 된다. 이민을 계획한 이후 8년이 걸렸다. 캐나다에 와서 4년 6개월 동안 피가 마르는 시간을 보냈다. 이제 비자가 6개월밖에 안 남았다. 한치라도 실수가 있어서 영주권을 못 받게 된다면 실장님도 죽고 나도 죽는 거다. 휘몰아치듯 자기 할 말만 하고 민경 씨는 가 버렸다. 그제야 숨을 돌렸다. 이민제도를 설명하느라 말을 많이 하는 다른 상담과 다르게 듣기만 했다. 그것도 쉬운 일은 아니었다. 저 여자가 나에게 다시 오지는 않겠지? 이민대행사가 한두 곳도 아닌데 하필이면 나에게 오겠어?

어쩔 줄 몰라하는 어색한 내 표정을 '나는 당신이 싫어'라는
말로 이해했기를 바랄 뿐이었다. 눈치 빠른 여자라면 다시
오지 않겠지.

　　민경 씨가 나가고 얼마 지나지 않아 S 칼리지 한국인
코디네이터 지영 씨로부터 전화가 왔다. 지영 씨는 나를
통해서 영주권을 받은 29세 여자였다. 20대 중반에 유학을
와서 졸업한 칼리지에 한국인 담당 코디네이터로 취업하더니
영주권까지 일사천리로 받아냈다. 영주권 제도가 바뀌기
직전 막차를 탄 운 좋은 여자다. 고객으로 만났지만 지금은
좋은 거래처 담당자이다. 그 사이 개인적으로도 친해졌다. S
칼리지 재학생과 동문 중에 영주권이 필요한 사람들을 나에게
소개해주기도 하고 이민제도 세미나도 같이 진행할 만큼 내
일을 적극적으로 도와준다. 명랑한 성격이라 대인관계도 좋다.
그는 "실장님, 오랜만이에요"라고 인사를 건네더니 다짜고짜
큰소리로 웃었다.

　　"실장님이 낙점됐네요."

　　"무슨 소리야? 내가 뭐에 낙점됐어?"

　　"그… 민경 언니요. 실장님하고 영주권 수속하겠대요."
지영 씨는 뭐가 그리 신나는지 하하 호호 웃어댔다. 놀림을
당하는 것 같았다.

　　"뭐가 그렇게 좋아. 나는 싫은데…."

　　"뭐가 싫어요. 고객이 선택했는데 싫다니요? 사실 저도
실장님이 왜 그러시는지 알아요. 그 언니가 처음 만났을
때는 무례해 보이는데 자꾸 만나다 보면 친근한 캐릭터예요.
당황한 기색만 보이지 않으면 괜찮아요. 상대 반응에 따라서

더 못되게 굴고 막 몰아붙이기도 하니까. 처음엔 저도 뭐 이런
여자가 있나 그랬어요."

"난 이미 틀렸네. 당황한 모습을 들킨 것 같아"라고
했더니 또 큰소리로 웃다가 "괜찮아요. 민경 언니 처음 만나고
당황하지 않는 게 더 이상하죠. 민경 언니가 토론토 시내
이민업체 다 돌아다녔을걸요? 다 돌아보고 실장님이랑 한다고
했으니 영광인 줄 아세요."

"나한테는 와서 아무것도 묻지 않고 자기 이야기만 하고
갔는데?"

"그 언니 원래 처음 만나면 자기 이야기 다 해요. 간 보고
눈치 볼 것도 없어요. 자랑스러울 것도 없는 걸 다 말해요.
그래서 처음 만난 사람은 당황하죠. 근데 그게 다예요.
그다음에 만날 때부터는 보통 사람으로 돌아와요. 무뚝뚝하고
함부로인 것처럼 보여도 지내다 보면 괜찮아요."

"도대체 나를 선택한 이유가 뭔데?"

"다 돌아다녔는데 자기 이야기를 끝까지 짜증 내지 않고
들어준 사람은 실장님뿐이래요. 대단하세요" 하더니 또
숨넘어가게 웃었다.

"지금 놀리는 거지?"

겨우 젊은 여자 하나 때문에 놀림거리가 되다니. 지영
씨는 재밌어 죽겠다는 걸 참고 있다는 듯 여전히 숨죽여
웃더니 그간의 상황을 설명했다. 민경 씨는 칼리지에서 만난
한국인뿐만 아니라 민족별, 국가별 지인이란 지인은 모두
연락해서 누구한테 영주권 수속을 했는지 누가 평판이 좋은지
물었단다. 한국 이민업체뿐만 아니라 이란, 인도, 중국, 러시아,

유대인 이민업체는 물론 30분당 100불씩 상담료를 받는 백인 변호사까지 십여 군데 이상 상담을 했다. 사실 민경 씨는 지인들 사이에서 예의 없고 성가신 여자로 소문이 나 있었다. 처음에는 특히 누구도 친하게 지내고 싶어 하지 않는데, 그에 아랑곳하지 않고 아무에게나 명령조로 부탁하곤 했다. 그런 민경 씨가 나를 만나고 돌아가는 길에 지영 씨에게 전화를 걸어서 "장 실장님에게 맡기겠다"고 한 것이었다. 이번에도 "지영아, 장 실장님께 이야기 좀 잘해줘라" 하고 명령 같은 부탁을 했다. 지영 씨의 상황 설명을 들으면서 후회가 밀려왔다.

"내가 실패했군. 주절주절 떠드는 입을 막고 문 열고 내보냈어야 했는데."

"영주권 자격은 어때요? 영어도 잘하고 간호사로 취업해서 일도 열심히 하는데 괜찮지 않아요?"

"자격은 좋아. 서류만 문제없이 준비되면 케어기버로 접수할 수 있지. 3개월이면 영주권 받을 거야."

"그럼 됐네. 후딱 영주권 받아주고 치워 버리면 되겠네요. 제 원망하지 마세요. 저는 민경 언니가 어떤 사람인지 대충 설명해 드렸으니 다음번에 만날 때는 당황하지 마세요. 자꾸 만나다 보면 아시겠지만 착한 여자예요. 실장님도 특이한 사람 한두 번 보는 것도 아닐 텐데… 토론토에 특이한 사람 많잖아요? 민경 언니 잘 부탁드려요. 곧 계약하러 간다고 했어요."

지영 씨와 통화를 마치고 기분이 영 찜찜했다. S 칼리지 동문 사이에서 재밌는 이야기 소재가 될 것이 뻔했다. 정신 바짝 차리지 않으면 웃음거리가 되는 것도 시간문제였다.
그런 내 걱정을 알 리 없는 민경 씨는 그다음 날 아침 일찍
예약도 없이 불쑥 찾아왔다.

　"실장님!"

　민경 씨가 문을 벌컥 열고 들어섰을 때 한순간 소스라치게
놀랐다. 저렇게 작고 귀엽게 생긴 여자가 나처럼 산전수전
다 겪은 아줌마를 공포에 떨게 할 수도 있구나. 번역이나
서류 담당 직원들도 대하기 꺼리는 부류다. 수속 진행 중에
직원과 관계가 틀어지면 내가 나서서 중재해야 할 게 뻔했다.
'그래 3개월이면 끝날 일인데…' 거절할 핑계가 없으니
계약을 진행했다. 민경 씨는 준비해야 할 서류 목록을 받아서
꼼꼼하게 확인했다. 준비해야 하는 서류에 대해서 이미 다 알고
있다더니 실상 아는 것은 별로 없었다. 허풍에 허당이었다.
그래도 서류 제출은 신속했다. 다음날 서류 뭉치를 들고
왔다. 한 사람의 출생부터 가족관계까지 알 수 있는 동사무소
서류와 신원조회 서류, 캐나다에서 학교에 다닌 증명, 일한
경력을 입증할 세금 보고 내역, 병원에서 받은 근무 시간표
등이 일목요연하게 정리돼 있었다.

　보통 영주권 서식을 작성하기 전, 고객에게 본인의
이력서를 직접 써 달라고 요청한다. 생년월일부터 18세 이후
모든 거주지, 출신 학교, 가족관계, 직장 경력까지 살아온
날들의 기억을 가다듬고, 발급받은 동사무소 서류를 참고해서
써 내려가다 보면 본인도 몰랐던 사실을 알게 되는 사람들이
더러 있다. 어린 시절에 개명한 기록을 보며 신기해하던 이도
있었고, 고향이 경상도인 줄 알았는데 출생 기록이 전라도로

돼 있다면서 놀라워했던 이도 있었다. 호적 서류 하나에
개인과 가족의 모든 정보가 들어 있던 2008년 이전에는 더욱
그랬다. 기억에 없지만 사망한 형제의 이름을 보고 슬퍼한
이도 있었고, 아버지의 이름이 기록상 다른 이름이라거나
어머니의 이름이 있어야 하는 자리에 모르는 여자의 이름이
있다는 사람도 있었다. 그런가 하면 본 적도 없는 형제자매의
이름을 서류에서 발견하는 이도 있었다. 고객이 작성해준
서류와 발급받은 동사무소 서류를 대조하면서 오류를 확인한
후 이민국 서식을 작성한다. 한글본 서류를 서식에 맞춰
번역하고 기타 특이 사항에 대한 설명을 덧붙여 접수한다.
동사무소 서류만 가지고 이민국 서식을 작성하면 예상치 못한
문제가 생길 수 있기 때문에 한 번쯤은 고객의 기억과 공인
서류를 대조하는 작업을 하는 것이다.

　민경 씨의 고졸 학력을 증빙하는 졸업장, 한국에서 일한
병원의 경력 증명, 급여 내역, 간호학원 수료증 외에도 별 필요
없는 한국의 기록까지 서류철 안에 들어 있었다. 한국에서
올 때부터 이민 서류 준비를 해왔다는 이야기다. 그런데
민경 씨가 제출한 기본증명서, 혼인증명서, 가족관계증명서
등 동사무소 서류는 모두 '일반'이었다. 캐나다 이민국에는
'상세(details)'로 제출해야 한다. 이혼에 관한 이력, 비혼
상태에서 출생한 자녀를 비롯한 과거의 가족관계까지 보기
위해서다. 민경 씨에게 서류를 다시 떼오라고 해야 했다.
그런데 아버지 이름이 없었다. 일반 가족관계증명서에도
현재 가족은 모두 기재 돼 있어야 한다. 그런데 민경 씨의
가족관계증명서에는 아버지의 이름이 없었다. 그사이

돌아가셨나? 그런데… 딸이 있네? 2001년생. 딸이 있다는 말은
안 했는데. 얼른 민경 씨의 고등학교 졸업 연도를 확인했다.
'그러니까, 고등학교 졸업하는 해에 낳은 애란 말이지.'
추측만으로 이해할 수는 없어서 민경 씨에게 이메일을 보냈다.

> 안녕하세요. 제출하신 동사무소 서류는 모두
> '일반'입니다. 영사관에 가서 '상세'로 발급받아
> 주세요. 그리고 가족관계증명서에 민경 씨 아버지
> 이름은 없고, 다 큰 딸이 있네요? 자세한 설명이
> 필요합니다. 영사관에 가서 서류를 신청하면 삼 일
> 이상 걸려야 발급받을 수 있습니다. 서둘러 주세요.
> 서류 안내할 때 전부 알려드린 내용입니다. 같은
> 안내를 여러 번 반복하다 보면 일이 늦어집니다. 서류
> 준비를 정확하게 해주세요. 감사합니다.

'준비할 서류를 다 안다고 큰소리치더니 기껏 강조해서
알려준 내용도 숙지를 못 하고 엉뚱한 서류를 가지고 왔군.
이런 사람은 자기가 잘못해 놓고 나에게 화살을 돌리기도
하지. 미리 기선 제압을 해야겠다. 이번에도 잘못 갖고 오면
큰소리를 쳐서 혼을 내줄까? 나에게 정신 바짝 차리라고
엄포를 놓더니, 쯧쯧…' 하면서 이메일을 썼다. 나중에
이메일을 못 받았다고 발뺌할까 봐 문자도 보내 두었다.
허투루 대했다가 큰코다치겠다 싶어 빈틈을 보이지 않으려
애썼다. 그런데 급하게 서둘러 서류를 가지고 올 것이라는
예상과는 다르게 한동안 소식이 없었다. 열흘쯤 지나 담당

직원이 독촉 이메일을 보내고 문자도 보낸 끝에 민경 씨가
사무실에 왔다. 손에는 동사무소 서류 '상세'가 들려 있었다.
정작 딸이 있다는 중요한 이야기도 안 했고 가족관계증명서에
아버지 이름도 없는 것으로 봐서는 경험상 숨겨진 뒷이야기가
더 있을 것 같았다. '일이 복잡해지겠군. 수속 대행료를 더
받겠다고 해야겠다' 생각하면서 벼르고 있었다.

　　"아니, 그게요. 제가 분명히 실장님이 하라는 대로 영사관
가서 서류 목록 보여주면서 그대로 달라고 했는데 영사관
직원이 잘못한 거예요."

　　'연설하네.' 오랜 친구가 걸핏하면 내뱉던 말이 내 입에서
튀어나올 뻔했다. "다른 고객들 모두 내가 하라는 대로
영사관에 가서 잘만 받아 오던데요. 왜 민경 씨에게만 영사관
직원이 그랬을까?" 능청스럽게 웃으면서 물었다. 멋쩍어하는
민경 씨를 한 번 째려보고 서류를 확인했다. 기본증명서,
혼인관계증명서, 이혼증명서, 가족관계증명서, 모두 '상세'다.
이번에는 제대로 가지고 왔군. 그런데 가족관계증명서에
여전히 아버지 이름은 없고 어머니와 딸만 있었다. 슬그머니
고개를 들어 민경 씨를 올려다봤다.

　　"딸이 있네? 나한테 이런 말 안 했잖아요. 2001년생? 이게
다 뭐야. 내용이 복잡하네. 친딸 맞아요?"

　　물으나 마나 한 말을 뱉어 놓고 얄밉게 웃는 민경 씨를
노려봤다. '귀여운 것이 싫어서 유치원 교사가 적성에 맞지
않았다더니 속사정은 그게 아니었나 보다. 세상에 귀여운
걸 싫어하다니 사이코패스가 아닌 다음에야 말이 되나. 자기
아이가 있으니 유치원에서 비슷한 또래 아이들을 보기가

힘들었을까? 이 여자는 대체 뭐지?'

"친딸 맞아요."

"그런데 왜 지난번에는 이야기 안 했어요?"

"실장님이 물어보면 말하려고 했죠." 얄밉게 웃으면서 대꾸하는 민경 씨를 보고 있자니 길 가다 봉변이라도 당한 듯 황당했다. 기꺼운 마음으로 일하기 어렵겠다는 예감이 들었다. 또 다른 무언가가 툭 불거져 나오면 하던 일을 뒤집고 처음부터 다시 해야 한다. 그때 가서 후회하느니 이쯤 해서 받은 돈 돌려주고 중단하자. 나는 말 없이 그동안 받은 서류를 주섬주섬 챙기고 수표를 써서 민경 씨에게 돌려줬다. 서류를 챙기고 수표를 쓰는 동안 민경 씨는 당황해서 어쩔 줄 모르면서도 별다른 말은 하지 않았다.

"숨길 것이 따로 있지. 애가 있는데 그걸 숨겨요? 영주권 거절되면 그 책임을 다 나한테 뒤집어씌울 거잖아요? 자격이 좋으면 뭐 해요. 있는 사실을 숨기면 들통나지 않을 것 같아요? 자칫하면 허위 사실을 고지한 죄로 추방당할 수도 있어요. 이 일은 못 하겠어요. 서류 전부 가지고 가세요. 다른 데 가서 수속을 의뢰하든 직접 하든 알아서 하세요. 안녕히 가세요."

고객의 서류를 받아서 하나하나 맞춰 보다 보면 자주 있는 일이었지만 민경 씨와는 더 이상 마주하기가 싫었다. 핑곗거리가 있을 때 단호하게 정리하지 않으면 언제 또 후회하게 될지 모르는 일이었다. 기분 나쁜 사람과는 거리를 둬야 하고 골치 아픈 일에는 발을 들이면 안 된다. 민경 씨는 서류를 주섬주섬 챙겨서 문을 열고 나갔다. 이래저래

편한 마음은 아니었지만 그렇게 해야 할 것 같았다. 아무리
밥벌이로 하는 일이라도 하기 싫은 일은 안 하는 게 정신
건강에 좋다고 생각하면서 털어 버렸다. 일 년에 한두 번은
있는 일이다. 주로 예의 없고 막무가내인 민경 씨 같은
사람들이 고객으로 찾아온 경우였다. 길게는 3년 이상 만나야
하는 고객이 자기 멋대로 굴면 두고두고 시달려야 한다.

한 시간쯤 후 지영 씨에게서 전화가 왔다. 예상했던
일이다. 민경 씨가 지영 씨에게 화풀이했거나 하다못해
하소연이라도 했을 테니, 곧 지영 씨에게 전화가 올 것이라
예상하고 기다리던 터였다.

"어머 실장님, 무슨 일이래요? 민경 언니한테 연락이
왔는데 실장님이 쫓아냈다면서요?"

"응, 그 일 안 하려고. 찜찜해서." 무뚝뚝하게 대꾸했다.

"왜 찜찜해요. 무슨 일인데요."

"지난번에 와서 잘난 체하고 혼자 일장 연설을 하고
가더니… 아니 뭐."

스무 살에 낳은 애가 있다는 사실을 지영 씨도 알까?
고객의 개인 정보를 발설할 수 없어서 더 이상 설명할 수
없었다. 대충 얼버무리고 상황을 마무리하고 싶었다.

"민경 언니, 만나다 보면 괜찮은 사람이라니까요."

지영 씨는 뭐가 그리 재미있는지 여전히 숨죽여 웃고
있었다. 웃음거리가 된 듯해서 못내 불쾌했다.

"지영 씨는 왜 자꾸 웃는데? 지난번에도 그렇고, 기분이
나쁘네. 암튼 이 일은 안 해요. 그런 줄 알고 민경 씨한테 다른
업체 찾아보라고 하세요."

"아니 실장님. 제가 실장님이랑 친하니까, 편해서 웃는 거죠. 제가 아무 때나 푼수 없이 잘 웃잖아요. 이젠 안 웃고 심각하게 이야기할게요. 민경 언니가 실장님한테 쫓겨났는데도 실장님하고 일하고 싶대요. 다른 데 가봤더니 한결같이 너무 사무적이라서 싫대요. 모르긴 해도 다른 데 가서 상담받다가 싸우고 쫓겨나서 어디 갈 데도 없을 거예요. 그리고 실장님이 이모 같아서 좋대요."

"내가 만만해 보였다는 말이군."

"아니, 그건 아니죠."

웃지 않겠다고 하면서도 웃음을 참는 게 전화기 너머로 보이는 것 같았다. 찜찜했다.

"민경 언니가 영주권 받아서 딸이랑 엄마 데려와야 한다고 얼마나 조바심을 내는데요. 실장님⋯ 민경 언니 좀 도와주세요."

"민경 씨한테 딸이 있다는 사실을 알고 있었어?"

"그럼요. 토론토에서 민경 언니 아는 사람 중에 그 사정 모르는 사람 없을 거예요. 본인이 하도 떠벌리고 다녀서 민경 언니 모르는 사람도 민경 언니가 딸 있다는 사실은 알 것 같은데요. 작년 여름에 여기 와서 민경 언니 남자친구도 만나고 갔어요. 원래 남자친구가 영주권 후원해준다고 결혼하자고 했는데 언니가 싫다고 했대요. 꿇리는 결혼은 하기 싫다면서 자력으로 영주권 받고 그다음에 결혼한다네요. 민경 언니가 쓸데없이 고집만 세고 맹한 구석도 있어요. 남들 같으면 결혼하자는 남자도 있겠다, 속 안 썩고 배우자 초청해서 영주권 받을 텐데 말이에요. 자존심 때문에 저

고생을 하고 있잖아요. 얼마나 독한데요."

"근데 왜 나한테는 딸이 있다고 이야기 안 했지?"

"어머 그래요? 일부러 그런 건 아닐 거예요. 실장님 찾아간 그날이 민경 언니 야간 교대근무였어요. 밤새 병원에서 일하고 퇴근길에 실장님한테 간 거예요. 피곤해서 정신이 없었나 보네요. 간호사는 한국이나 여기나 힘든 거 아시잖아요."

지영 씨는 나를 설득하느라 민경 씨 사정을 주절주절 설명했다. 학교 다니는 동안 얼마나 공부를 열심히 했던지 젊은 현지 학생보다 성적이 좋았다는 둥, 요양병원(Long-Term Care)에 취직해서 밤낮없이 일하다 쓰러졌다는 둥, 병원에 취직하려고 여기저기 추천서를 구걸하러 돌아녔다는 둥 눈물 없이 들을 수 없는 이야기였다. 그런 사람은 주변에서 도와줘야 한다며 지영 씨가 다시 간청했다. 급기야는 이야기 말미에 "민경 언니한테 실장님 다시 찾아가라고 할게요"라고 하더니 주저하는 내 대답을 듣지도 않고 전화를 끊었다. 여전히 꺼려지는 고객이었지만 어쩔 수 없었다.

다음날 민경 씨가 다시 찾아왔다. 돌려줬던 서류를 챙겨 받고 돈도 다시 받았다. 서로 무안하고 어색했다.

"아니, 그게요… 제가 실장님을 왜 속이겠어요. 그날 혼자 떠들다 보니 한 시간이 금방 지났더라고요. 무료 상담은 한 시간이잖아요. 상담비 내라고 할까 봐 나중에 다시 말씀드리려고 한 거예요. 그러니까 저 혼자 떠들게 두지 마시고 중간중간 말을 끊지 그러셨어요. 제가 혼자 말하다 보면 무슨 소리를 하는지도 모르고 시간 가는 줄도 몰라요."

"그러니까 말을 안 끊은 내 잘못이라는 말이군요. 자,

그럽시다. 나도 바쁘니까 30분 안에 본인의 상황을 모두 설명하세요.”

“네… 제가 고등학생 때 연애를 하다가 졸업하자마자 아이를 낳았어요. 그렇게 됐어요. 그리고 아이 출생신고를 제 앞으로 하지 않고 외삼촌네 호적에 올렸어요. 그러다 전 남편을 만나서 결혼할 때 아이가 있다고 말했더니 아이도 자기 호적에 올려주고 데리고 살겠다고 약속하더라고요. 그런데 결혼하고 나서 입을 싹 닦잖아요. 쥐새끼 같은 놈이 자기도 이혼하고 애가 둘이나 있으면서 나 보고 헤픈 년이라고 하길래 이혼했어요. 다시는 결혼 안 한다고 생각하고 딸을 제 호적에 올렸죠. 유전자 검사까지 하고 아주 복잡했어요. 암튼, 그렇게 됐어요. 처음부터 내 호적에 올렸으면 될 것을 그놈의 호적법 때문에 삼촌한테 올렸다가 다시 옮기느라 얼마나 고생했는지 아세요?”

민경 씨는 30분 안에 모든 이야기를 해야 한다고 생각해서 그랬는지 서두르다가 흥분해서 목소리가 올라갔다. 잠시 노려봤더니 금세 눈을 피하고 목소리가 차분해졌다. 일단 기선 제압은 된 듯했다.

“흥분하지 말고 하나씩 설명해봐요. 아이 성이 엄마랑 같은 것으로 봐서는 애 아빠가 없는 거네요? 친권, 양육권 이런 건 다 민경 씨한테 있는 거죠? 나중에 아이 아빠한테 친권 있다고 하는 거 아니죠? 민경 씨가 친권자가 아니면 일이 복잡해져요. 아이가 영주권 받는 거 아빠한테 허락받아야 하고 서류에 사인도 받아야 해요. 아이 기준으로 가족관계증명서 발급받아보면 아빠가 있는지 없는지 알 수 있어요. 만약 아빠가 친권자면 나는 이 일 진짜 안 해요."

"아이 아빠는 없어요. 아직은 안 나타났어요."

"알았어요. 믿을게요. 그런데 이번에 아이도 같이 영주권 신청하려는 거예요? 아니면 나중에 자녀 초청을 하려고 하나요?"

"이번에 같이 해주세요. 아이한테 영주권 받으면 데려오겠다고 영어 공부 열심히 하고 있으라고 했어요."

"허 참, 일이 얼마나 복잡해지는 줄 알아요? 아이와 관련된 법적 서류를 전부 법원에서 받아 와야 하고 그거 다 번역해야 하고. 수속 비용도 애초 계약했던 것보다 더 받아야 할 것 같은데."

"아니, 실장님…."

민경 씨가 똥 마려운 강아지처럼 끙끙거렸다.

"처음부터 말을 했어야지. 그랬으면 일이 덜 복잡했을 텐데. 다시 준비해야 하는 서류도 많아요."

지영 씨에게 대충 설명은 들었지만 그래도 따질 것은 따져져야 하니 잔소리하는 이모처럼 되짚었다. 그렇게 잘난 체하더니, 이런 헛똑똑이가 있나 싶었다.

"그런데 민경 씨 아버지는 왜 가족관계증명서에는 안 나와요? 지난번에 아버지 이야기했던 걸로 봐서는 아버지가 계시는 것 같은데."

"아버지 계시죠. 근데… 엄마랑 사실혼 관계예요. 아니, 사실혼 관계라고 하기도 이상하죠. 아버지는 얼굴 잊을 만하면 한 번씩 엄마 집에 와서 잔소리만 하다가 갔으니까. 쉽게 말하자면 엄마는 아버지 첩이고요. 저는 혼외자예요.

제가 아들이 아니라고 호적에 안 올려줘서 저도 출생신고부터
복잡했어요. 이제 아버지도 늙어서 금방 죽게 생겼나 봐요.
요즘은 코빼기도 안 보인다네요. 엄마랑 나랑 제 딸만
남았어요. 요즘 같은 시대에 이런 사람도 있나 싶으시죠?"

　　엄마는 첩이었고 본인은 혼외자인 데다 미혼모다?
예전에 중견기업 주재원 중에 '높은 사람'의 아들이 있었다.
20대 중반에 학력도 변변치 않고 영어 실력도 형편없었는데
기업체 주재원으로 토론토에 와 있었다. 격무에 시달리는
다른 주재원들과 다르게 하는 일 없이 빈둥대기만 하다가
대만 출신의 캐나다 시민권자 여자를 만나 결혼해 영주권을
받았는데, 그 영주권 수속을 내가 담당했다. 부모의 나이를
보니 노년에 접어들어 막내아들을 본 셈이었다. 형들과
나이 차이도 서른 살 가까이 났다. 대충 봐도 그림이
나오는 가족관계였다. 가족관계증명서에 나온 이름과
생년월일만으로 유추하는 것이긴 했지만 그 남자의 친엄마가
누군지는 알 수 없었다. 그의 부모가 좋은 의도로 오갈 데
없는 고아를 입양했을지도 모른다. 하지만 그렇다기엔 너무
막 나가는 인물이었다. 뭔가 믿는 구석이 있으니 그러지
않겠냐는 게 다른 주재원들의 주장이었다. 그런가 하면 어떤
유학생 엄마가 아이들만 데리고 토론토 고급 동네에 사는데,
실은 그들이 어느 기업체에서 높은 위치에 있는 사람의 첩과
혼외자라는 소문이 파다했다. 이럴 때 '첩, 혼외자'라는 말이
떠오르는데 민경 씨의 아버지도 그런 사람일까?

　　"아버지는 큰 부자도 아니고 대단한 사람도 아니에요.
그냥 시골에서 땅을 조금 가진 정도래요. 엄마가 첫

남편이랑 사별하고 아들 하나 키우면서 밥집을 했는데 그때 들락거리다가 그렇게 됐다네요. 딸만 다섯인데 아들 욕심이 있었나 봐요. 우리 오빠 보면서 그런 아들 하나 있으면 좋겠다고 하더래요. 아들만 낳으면 호강시켜줄 것처럼 꼬셨겠죠. 아버지는 곧 돌아가실 것 같은데 저한테는 십 원 한 푼 안 남겨주실 건가 봐요. 유전자 검사하고 소송하면 상속을 받을 수 있다는 말도 들었어요. 그런데 그것 때문에 한국에 가기도 싫고 그깟 돈 없어도 산다 싶어서 포기했어요. 만약 제가 아들이었다면 우리 엄마 팔자가 달라졌을까요?"

민경 씨는 조신하게 이야기했다. 사람이 달라 보였다.

"아들 하나 낳아주고 팔자가 필 줄 알았던 우리 엄마도 바보죠. 남편 죽고, 혼자 아들 키우면서 죽고 싶을 만큼 힘들었더라도 부끄럽지 않게 살았어야죠. 동네 사람한테 욕먹어도 싸요. 게다가 저도 스무 살에 미혼모가 되고, 대학도 중퇴하고, 겨우 결혼한 남자랑 이혼까지 하고… 정신 못 차리고 살았죠. 손가락질당해도 마땅해요. 그렇다고 다 목매 죽을 수는 없잖아요. 살면서 당한 멸시는 다 잊었어요. 세상이 다 그런 거니까. 그런데 어느 날 보니 여자 셋만 덩그러니 세상에 남았더라고요. 오빠는 엄마 보러 안 온 지가 20년도 넘었어요. 어디 사는지도 모른대요. 엄마 혼자 식당일 하면서 번 돈으로 대학까지 보내줬는데… 찾지 말라고 하더래요. 어차피 반기는 사람도 없는데, 여자 셋이 청승맞게 그 동네에서 살 필요가 없잖아요. 그래서 고향을 떠나야겠다고 생각한 거죠. 어디로 이사를 할까 알아보다가 이왕 떠날 것 나라를 떠나자 싶어서 여기까지 오게 됐어요. 일자리는 미국이 많다길래 미국도 생각했는데 의외로 여자가 살기 좋은 나라 순위에서는 한참 아래더라고요. 그래서 캐나다로 왔는데, 와서 보니 여기도 특별히 대단한 것은 없어요. 캐나다라고 해서 남자 여자가 공평한 것도 아니에요. 맞벌이해서 겨우 먹고사는 사람들끼리 고단하게 사는 것은 어디나 마찬가지더군요.

그래도 여기는 남자랑 여자랑 애 키우고 집안일 나눠서 하는 게 자연스럽잖아요. 한국은 아이들 학교 행사가 있어서 가보면 전부 엄마들만 와요. 그러니 일하는 엄마들이 죽어나는 거죠. 한국에 살면서 아이를 초등학교에 보낼 때는 저도 그게 당연한 건 줄 알았어요. 그런데 여기 와서 보니까 절반은 아빠들이 참석해요. 처음에는 남자들도 아이 교육에 관심이 많아서 그런 줄 알았는데 그보다는 정책이나 직장 근무환경이 달라서 가능한 것 같아요. 그래서 남자들도 집안일을 같이 하고 아이 학교 행사에도 참석할 수 있는 거겠죠. 한국이 좋은 점도 많지만 어쨌든 여자가 살기에는 여기가 조금 더 나았어요.

무엇보다 저 같은 미혼모는 손가락질하는 사람이 없어서 좋아요. 제가 미혼모라는 말을 한국에서는 하기 어려웠어요. 특히 남자들은 미혼모를 쉬운 여자로 취급하고 함부로 대해도 된다고 생각하더군요. 그런데 여기 오니까 주변에 미혼모나 이혼녀가 진짜 흔해요. 흉도 아니고요. 다들 먹고살기 바빠서 그런지 제 이야기 듣고 신경도 안 써요. 그러니까 미리 다 말하는 게 마음이 편해서 처음 만난 사람한테 제가 미혼모라는 이야기를 먼저 꺼내요. 캐나다 사람들은 제 이야기를 듣고, '그래서 뭐? 어쩌라고?' 하는 식이에요. 가끔 뭘 도와줄까 묻는 사람도 있지만 대부분 별 신경을 안 쓰죠. 저도 불쌍해 보이려고 하는 이야기는 아니고요. 그런데 이제 저보다 제 딸이 불쌍해졌어요. 저희 아이가 한국에 계속 살면, 미혼모 딸이라고 무시당하고 연애도 제대로 못 하고 시집가도 평생 주눅 들어 살 거예요. 저도 실패하고 엄마도 실패했지만 딸만큼은 좋은 남자 만나서 행복하게 살았으면 좋겠어요. 그래서 여기 와서 기 펴고 살라고, 얼른 데려오고 싶어요. 이번에 영주권 못 받으면 저는 진짜 큰일 나요."

"민경 씨 남자친구 있다면서요? 배우자 초청해서 영주권 받을 수도 있는데 왜 그렇게 고생해요?"

"지영이가 그래요? 있죠. 있는데… 결혼까지는 잘 모르겠어요. 남자한테 데인 게 많아서 그런가. 전 남편도 결혼하기 전까지는 좋았어요. 그런데 결혼하고 나니까 내가 자기 종인 줄 알더라고요. 아빠도 그랬고, 아이 아빠도 아이 낳은 후 막 대해도 되는 사람 취급하더니 내가 나긋나긋하지 않아서 싫다면서 버리고 갔어요. 진짜 그게 이유였을까요? 이제는 결혼이 겁나서 못하겠어요. 다른 여자들은 남자와 잘도 살던데 왜 저는 안 되는 걸까요. 제가 드세서 그렇다는데, 엄마는 천상 현모양처 스타일인데도 이용만 당하고 결국 저렇게 살고 있잖아요. 어쩌다 불쑥 나타나는 아빠였지만 엄마가 얼마나 떠받들고 살았는데요. 과부 팔자 어쩔 수 없다면서 자기 팔자타령만 해요. 지금은 딸이 버리고 간 손녀 키우면서 저보고 얼른 돌아오라고 성화예요. 그래도 전 안 가요."

민경 씨가 웃었다. 많이 웃어 보지 않은 듯 어색한

표정이었다.

"간호사 일은 힘들지 않아요?"

"무지 힘들죠. 그래도 이제 익숙해져서 괜찮아요. 요양병원에서 일할 때는 죽을 맛이었어요. 할머니 할아버지 수발들다 보면 영주권 받기 전에 나도 맛이 가겠구나 싶었어요. 더럽고 냄새나는 건 참을 만한데 덩치 큰 노인들이 얼마나 무거운지 요령 없으면 못 해요. 게다가 인종차별 하는 노인 만나면 어지간해선 못 버티고 나가요. 거기서 일하는 사람들 대부분 영주권 받아야 하니까 버티는 거예요. '2년만 참자' 하는 거죠. 한국 사람들은 그 일 잘 못 해요. 필리핀 사람들처럼 영주권 받아서 가족 데리고 오고 싶어 하는 사람이나 악착같이 할 일이죠. 한국에서 귀하게 살던 분들은 기겁을 해요. 한국에서 간호사로 일하다 온 사람들도 그 일은 힘들어하더군요. 저같이 밑바닥 경험을 못 해봐서 그래요. 다들 배가 불러서…. 지금 병원 업무는 할 만해요. 의사들도 친절하고 간호사끼리 서로 배려하고요. 여기는 노조(Union)가 잘 돼 있잖아요. 입사하면 병원에서 함부로 못 하니까. 일은 힘들어도 서로 도와가며 잘 지내요. 영어만 문제없으면 돈 없는 이민자가 할 수 있는 일 중에 가장 안정적이죠. 어딜 가나 무식하고 막 돼 먹은 사람들은 있는데, 그건 어디에나 있으니까 괜찮아요. 시간이 지나면 주 공인 간호사(Registered Nurse, RN)도 시도해볼 거예요. 수술방 수 간호사 하는 게 꿈이에요. 멋지잖아요. 일하면서 공부하는 게 쉽지는 않겠지만. 이 악물고 여기까지 왔는데, 대충 살고 싶지는 않아요. 사람들이 저 싫어하는 것도 다 알아요. 차가

없어서 다른 사람들 차 얻어 탄 적도 많고 먹는 거 입는
거 아껴가며 악착같이 살다 보니 민폐녀 소리도 듣고 살죠.
어릴 때부터 평생 손가락질받으면서 살았는데, 독한 년 소리
듣는다고 안 죽더군요. 그러니 실장님, 저희 아이 때문에 일이
복잡해졌어도 돈 더 받겠다고는 하지 마세요."

"나 원 참… 해봅시다. 서둘러 서류 준비해 오세요.
5개월밖에 시간이 안 남았잖아."

차질 없이 수속을 마무리해야 하니 꼼꼼하게 준비해서
이민국에 서류를 제출했다. 케어기버 프로그램은 간호사와
간병인, 보모 직군의 인력이 부족해서 만들어진 이민제도다.
민경 씨는 서류 제출 후 4개월이 채 안 돼서 영주권을 받았다.
서류를 준비하는 동안 수속 담당 직원과 민경 씨의 사이가
좋지 않아서 여러 번 난처한 상황도 있었다. 민경 씨가
말귀도 못 알아듣고 자기 말만 한다면서 직원이 불평을 했다.
맞는 말이다. 어쩌겠나, 남 눈치 볼 겨를 없이 열심히 살다
보니 그렇게 됐나 보다. 민경 씨 딸도 영주권을 받고 곧바로
캐나다에 왔다. 민경 씨가 일하는 병원에 있는 간호사 중
영주권 수속이 필요한 사람들은 국적 불문하고 대부분 나에게
와서 케어기버 영주권 수속을 진행했다. 민경 씨가 내 소문을
꽤 열심히 내준 덕이었다.

어느 날 지영 씨에게 다시 따져 물었다.

"민경 씨 이야기하면서 왜 그렇게 웃었어요? 나 그때 기분
꽤 나빴는데."

"실장님은 민경 언니랑 실장님이 비슷한 거 모르시죠?
말투도 비슷하고 행동도 비슷해요. 화낼 때 보면 똑같아요.

되게 독한 척하고 냉정한 척하는데, 두 분 다 허당이죠. 막
센 척하다가도 금방 미안해하고…. 민경 언니 쫓아낸 날도
제가 먼저 전화 안 드렸으면 실장님은 잠도 제대로 못 자고
저한테 전화하셨을걸요? 민경 언니도 비슷해요. 귀여운 거나
아기자기한 것 별로 안 좋아한다는 말을 입에 달고 사는데
지나가는 아이를 보면 넋 놓고 쳐다봐요. 그러면서도 귀엽냐고
물어보면 아니래요. 애완동물 키워보라고 했더니 자기 몸
하나도 건사 못하는데 딴 생명 책임질 자신이 없대요. 사람을
오래 만나다 보면 그 사람이 어떤 사람인지 대충 눈치채는데,
정작 당사자는 자신이 잘 숨기고 사는 줄 알아요. 두 분이
그래요. 독하지도 못하면서 독한 척, 치밀하지도 못하면서
치밀한 척, 목소리만 크죠. 두 분 생각하면 귀여워요."

　그러니까 민경 씨 때문에 내가 웃음거리가 된 것이
아니라 비슷한 사람끼리 기 싸움을 하는 게 가소롭게 보였나
보다. 그렇구나, 내가 겉으로만 냉철한 척 잘난 척하는
사람이었구나. 여자가 세상에 나와서 살다 보면 소름 돋는
일들이 워낙 많아 솜털들이 가시처럼 곤추서고, 어느 순간
자기가 고슴도치가 된 줄 알지. 고슴도치 흉내를 내며 자기
보호를 할 수 있다면 그나마 살만한 세상이다. 철갑옷을 챙겨
입은 전사가 되지 않고 살아갈 수 있기를 바랄 뿐이다.

이민 가면 행복하냐고 묻는 당신에게 (토론토에서)

발행일	2019년 9월 2일 초판 1쇄
지은이	장혜진
편집	김홍민
디자인	강경탁 (a-g-k.kr)
교정·교열	박혜강
기획·출판	매거진 «B»
제작지원	브런치
ISBN	979-11-6036-080-6 03070

Printed in Korea

매거진 «B»
서울시 용산구 대사관로 11길 47 (한남동)
02-540-7435
http://magazine-b.com
info@magazine-b.com

«이민 가면 행복하냐고 묻는 당신에게»는
제 6회 브런치북 프로젝트의
대상 수상작입니다.